SR. DE PATOT PROFESSEUR ORDINAIRE DES MATHEMATIQUES A DEVENTER NÉ EN 1655.

Voici, par le bel art d'une peinture fine,
Le fidèle portrait de Monsieur de Patot,
Dans son superbe habit, à peser chaque mot;
Il n'a rien que d'humain, à le voir à sa mine,
Mais si l'on examine avec soin ses écrits,
On y verra régner une flamme divine,
Qui lui fait prendre place au rang des beaux esprits.

Du Mont

C L Duflos

LES OEUVRES POETIQUES

DE MONSIEUR

SIMON TYSSOT,

Sr. DE PATOT,

Profeſſeur ordinaire en Mathématiques, dans l'Ecole Illuſtre de Déventer, en Over-Yſſel.

TOME I.

A AMSTERDAM,
Chez MICHEL CHARLES LE CE'NE,
LIBRAIRE.

M. D. CCXXVII.

EPITRE

Dédicatoire, à son Excellence.

Monsieur MATTHEUS DE HAAN Généralissime par Mer & par Terre, des Païs Orientaux, apartenant à Messieurs les Etats Généraux des Provinces unies.

A Monsieur ANTONY HUYSMAN Directeur général de tous les Contoirs renfermez dans ces mêmes contrées de l'Asie.

A Messieurs les Conseillers ordinaires des Indes Orientales, & Membres du grand Conseil à Batavia.

Savoir,

EPITRE.

Savoir,

Monsieur CORNELIS HASSELAAR.

Monsieur JOAN ADRIAAN CRUDOP.

Monsieur DIEDRICK DURVEN.

Monsieur WYBRAND BLOM.

Monsieur PETRUS VUYST.

A Messieurs les Conseillers extraordinaires des Indes Bataviennes, & formant avec les précédens, le Conseil Souverain ou la grande table.

Comme.

Monsieur PIETER GABRY.

Monsieur JOHANNES HERTENBERG.

Monsieur JOAN EVERARD VAN DER SCHUUR.

Monsieur JACOB WILLEM DUBBELCOP.

EPITRE.

Monsieur STEPHANUS VERSLUYS.

Monsieur HENDRIK VAN BAARLE.

Monsieur MICHIEL WESTPALM.

Monsieur JOAN FRANCOIS DE WITTE VAN SCHOTEN.

Monsieur ROGIER THOMAS VAN HEININGEN.

Monsieur CORNELIS 't LAM.

MESSIEURS,

C'Est une vérité, qui est de tous les tems & de tous les lieux, que les principales marques de la Roïauté sont le sceptre & la Couronne : un Monarque a beau être sage,

EPITRE

Prudent, Belliqueux, & mériter par ses actions Héroïques, tout l'honneur que des Peuples doivent légitimement à leur Souverain, il est constant qu'on ne le considére jamais plus que lors qu'on le voit paré de ses vétemens Roïaux, & qu'il porte sur son front un précieux diadéme. Il en est a peu pres de même d'un livre: quoi qu'il soit beau & bien fait, que son Auteur n'ait rien négligé pour le rendre utile & agréable à ceux qui en font la lecture, à moins qu'il ne soit orné du nom de quelque Personnage d'une singuliére considération, il est rarement estimé, on ne le regarde qu'avec une espéce d'indiférence; au lieu que sous de si favorables auspices, chacun est curieux de le voir, & le contenu en reçoit un vif éclat, qui en augmente considérablement le prix, & en facilite la vente.

Suivant ce principe, on ne doit pas être surpris de ce que, dans la résolution que j'ai prise de rendre public ce qui m'est resté de mes œuvres Pöétiques, que je croi digne

digne de voir le jour, je me prévaut de cet avantage, & passe de l'Europe en Asie, pour y chercher des personnes, dont les noms fameux soient capables de lui donner un lustre, qui pénétre jusque dans les autres parties de l'Univers.

Je sai bien qu'il y a des Hommes Illustres par tout, mais je n'ignore pas aussi que la naissance & la faveur ont tant de crédit & de pouvoir, qu'il sufit en bien des endroits, a l'un d'être issu d'un grand Seigneur, pour se voir, dès sa plus tendre jeunesse, les rênes de tout un état en main : & à l'autre, d'avoir l'oreille des plus Puissans, pour parvenir tout d'un coup, aux Emploix les plus considérables d'une République.

Ce n'est pas la même chose parmi vous; l'on ne connoit absolument là que le merite. La plûpart des honnétes gens qui partent d'ici pour les Indes Orientales, n'ont aucun Caractére, qui les distingue, pour ainsi dire, du reste de l'Equipage, il faut qu'ils se fassent connoître par leur bon

EPITRE

comportement, ils ne parviennent à la Régence que petit à petit, après avoir paſſé par tous les degrez qui conduiſent aux dignitez les plus ambitionnées.

Oui, Meſſieurs, vous êtes du nombre de ceux, que de tres rares talens ont élevez aux plus hautes charges des heureux climats, où l'Aurore ouvre tous les matins, aux mortels, les portes de la Lumiére: c'eſt là, où l'on vous voit aller du pair avec les Rois de l'Orient, où vous avez des liaiſons étroites avec les têtes couronnées: c'eſt là, où vous vous rendez redoutables aux autres Peuples de la Terre, & où vous n'exécutez rien qu'avec honneur, & avec l'aplaudiſſement de Meſſieurs les Bewinthebbers, qui ne peuvent aſſez ſe loüer des moïens éficaces que vous emploiez pour entretenir la paix avec tant de Princes, qui ont des maximes ſi diférentes des notres, pour maintenir un floriſſant commerce dans les Païs les plus éloignez, & procurer d'infinis avantages à leur célébre Compagnie, & aux habitans

de

DEDICATOIRE.

de ces bien heureuses Provinces, qui vous regardent comme la source inépuisable d'où leur abondent d'inestimables richesses tous les ans. Cela meriteroit de grandes récompenses du Public, en général, & en particulier, de chacun de ses membres, dont je fais aussi une partie.

N'aiant rien de plus précieux que les fruits de mes veilles, ces chers enfans de mon esprit, conçûs du Divin Apollon, & nez des savantes & fécondes Muses, je prens la liberté, Messieurs, de vous les presenter, comme une ofrande légitimement duë à vos éclatantes vertus : mais soufrez en même tems, que ce soit comme un monument, qui vous marque ma juste reconnoissance, pour les obligations que je vous ai au sujet de Pierre Corneille Tyssot, lequel, des trois enfans males de ma chair, qui sont restez en vie, & dont il y en a deux Capitaines au service de leurs Hautes Puissances, est le plus jeune.

Les biens que vous lui avez faits sont récens, & ils ont fait de trop profondes tra-

EPITRE

ces dans ma mémoire, pour en avoir si tôt perdu le souvenir. Il y a autour de tréze ans que ce jeune homme, qui étoit alors Enseigne dans le Régiment de feu Mr. Lauwik, voiant la paix faite avec la France, & s'imaginant d'avoir l'ocasion favorable, de faire fortune ailleurs, passa à Ceilon, en qualité de simple apointé; cela étoit dur pour un Gentilhomme: Monsieur Becker y eut égard, de sorte qu'à sa recommandation, & en suite à celle de son succeffeur, propre Neveu de mon Epouse, vous eutes la bonté de l'acommoder d'abord d'un Drapeau, peu après, d'une Lieutenance, & enfin, vous l'avez fait Capitaine & chef de toute la Garnison de Jafanapatnam.

Quoi que cet Oficier se loüe extrémement de l'amitié que vous lui témoignez, & qu'il se flate d'aquérir de plus en plus, vos bonnes graces, les grandes & pénibles afaires, qui vous ocupent continuellement, ne vous permettant pas de penser aussi souvent que vous le desireriez à un objet si

peu

DEDICATOIRE.

peu digne de vos soins, on ne sauroit nier que la perte qu'il a faite en la personne de son Cousin, Mr. le Gouverneur Rumpf, ne soit fort considérable.

Faites moi la grace, Messieurs, de supléer à son défaut, prenez le sous votre digne protection, je vous en suplie, procurez lui l'ocasion de faire quelques petites conquétes, qui le mettent en état, avec le tems, de rejoindre sa patrie, & d'y passer le reste de ses jours dans un tranquile repos; vous l'obligerez par là, à joindre ses vœux sincéres à nos priéres les plus ardentes, pour la prosperité de vos Personnes, & moi à publier hautement que je suis avec un profond respect,

MESSIEURS,

Votre tres humble & tres obéissant serviteur

S. TYSSOT DE PATOT.

PREFACE.

JE suis si éloigné de vouloir paroître au premier rang, qu'ocupent les Célébres habitans de la République des lettres, que j'aurai lieu d'être content si les savans me font l'honneur de me placer dans l'un des derniers.

En récompense, je prétens avoir été l'un des plus laborieux amateurs des siences, & avoir noirci autant de papier qu'aucun Ecrivain de mon tems. En éfet, il n'est pas moins vrai que je le di, & que mes manuscrits le témoignent, que j'ai tracé fort proprement, les figures des quinze livres d'Euclide & en ai abrégé les demonstrations.

J'ai composé un cours complet de Géométrie, in folio, aussi beau qu'il s'en soit jamais vû. J'ai fait un excellent Traité de la Fortification, qui m'a servi dans mes Colléges, à former des Ingénieurs, qui se sont distinguez par leur savoir, à l'Armée.

J'ai

PREFACE.

J'ai dicté un volume, à peu près semblable aux deux précédens, de toutes les régles de l'Arithmetique & de l'Algébre; mais que l'arrivée de plusieurs grands hommes, & entre autres, du R. P. Preſtet, me fit abandonner, comme j'en étois venu aux équations cubiques.

J'ai écrit de l'Aſtronomie, de la Géographie, de la Navigation, de l'Horlogéographie, de la Perſpective, de la Mécanique, & de preſque toutes les parties des Mathématiques.

J'avois même entrepris de traiter de l'Histoire & de la Cronologie : mais comme j'en étois venu à Charlemagne, l'Histoire du monde parut : je la trouvai ſi belle, que j'abandonnai entiérement mon deſſein, ne me ſentant nulement en état de faire mieux.

De tout cela rien n'a paru au jour, à cauſe de la grande quantité de figures, dont ces livres ſont remplis, & qui les auroit rendus trop précieux, ſur tout dans un ſiécle, où la ſience des Grandeurs ne ſe cultive preſque plus parmi nous.

Voiant que tous ces beaux & pénibles ouvrages ne pouvoient pas être imprimez, l'envie

PREFACE.

me prit de tirer de cinq ou six tomes de lettres en feuille, que j'avois écrites à mes amis depuis ma jeuneſſe, & dont j'avois gardé des copies, une couple de centaines de celles que je crus les plus diverſifiées, & les plus propres à faire voir à toute la terre, que bien loin d'avoir été oiſif, j'avois leu une infinité de livres, & apris par cette prodigieuſe lecture, à en compoſer moi même. J'envoiai ce recueil à la Haie, de là il fut porté à Rotterdam, en ſuite à Amſterdam, & enfin il retourna au même endroit, où il avoit été la premiére fois, & où, après avoir rodé huit ou dix ans, faute d'avoir trouvé un homme, qui pour avoir eu d'ailleurs, trop d'ocupation, eut pu juſqu'alors, l'entreprendre; il fut pourtant expédié. Pendant ce grand intervale de tems, j'avoüe franchement que j'avois comme perdu l'idée du contenu de tous ces écrits; de ſorte qu'apréhendant qu'il ne s'y trouvât quelque choſe capable d'aigrir le Public, j'écrivis trois fois à l'Editeur pour le prier, ne pouvant pas être ſur le lieu moi même, de ne pas permetre que rien de ſemblable vit le jour.

A cela

PRÉFACE.

A cela il me répondit, comme je le puis faire voir, qu'il ne s'étoit rien trouvé dans ce recueil qu'il crut devoir faire la moindre peine à personne. Cependant, ce même recueil, qui est proprement en abrégé, l'Histoire de ma vie, & que j'ai cru avoir autant de droit de mettre en lumière, que Messieurs de Bassompierre, de Pontis & d'autres, en ont eu de publier la leur, & que j'avois dédié a son Altesse Sérénissime, Monseigneur le Prince d'Orange, Stadt-Houder & Capitaine Général des Provinces de Geldre, de Frise &c. en reconnoissance des bontez que ses Héroiques Ancêtres, & Guillaume le Grand, Roi de la grande Brétagne son parent, de glorieuse mémoire, avoient témoignées à ma famille ; & pour le porter à protéger de même mes fils & mes Neveux, qui sont encore actuellement dans le service, ce recueil, di-je, à ce que j'ai apris, & tout à fait contre mon atente, a été mal reçû à la Cour, tant parce que je n'en avois pas demandé la permission, comme on y est acoutumé dans la maison de Nassau, ce que j'ai absolument ignoré; qu'à cause qu'on prétend qu'il s'y trouve

des

PRÉFACE.

des endroits enjouez, galans & burlesques, qui ne conviennent nulement à un jeune Prince, dont les mœurs sont pures, & auquel on ne veut inspirer que des mouvemens de piété; de sorte que je voudrois de tout mon cœurs n'avoir point commis cette bevüë.

Les choses n'en sont pas restées là, il s'est trouvé des gens qui m'ont acusé d'avoir traité trop cavaliérement des matieres de Religion: & il n'est pas jusqu'à mon Epouse, qui n'ait été estomaquée d'y avoir trouvé une lettre, écrite à Mr. le Professeur Toullieu, au commencement de notre Mariage, dont elle n'avoit aucune connoissance.

Pour répondre aux premiers, je suis obligé de déclarer, ou qu'ils ne m'entendent pas, ou qu'ils sont trop scrupuleux. Je les prie de prendre la peine de bien examiner toutes mes lettres, ils en trouveront quantité, comme par exemple, la 27. du 2 tome, à la Douairiére de Patot, sur le décès de son mari, la 49. à Mr. Keppel, Sr. de Dinx-hof, au sujet de sa conversion, la 102. à Mr. Tyssot, Capitaine à Ceilon &c. qui portent des Caractéres si essentiels de la

droi-

PRÉFACE.

droiture, de la résignation & de la piété de leur auteur, que je ne comprens pas comment on peut lui atribuer des sentimens, dont il n'a seulement jamais eu la moindre pensée.

Je suis Mathématicien de ma Profession, & grand amateur de la Phisique, j'aime fort à raisonner, non en Théologien, ou Dogmatiseur, mais en Philosophe, & suivant mes lumiéres naturelles, de sorte que si je me suis entretenu avec mes intimes amis de quelques passages de l'Ecriture Sainte, qui paroissent obscurs ou douteux, comme ceux de la 31. lettre du 1 tome, ce n'a pas été dans la vûë de les éluder, mais de les éclaircir, comme je l'ai fait en plusieurs endroits, & sur tout, dans la 55. d'une maniere aussi forte qu'il se peut, & où je prouve évidemment l'existence d'un Etre Souverainement parfait.

En un autre lieu j'ai proposé comme une simple spéculation, conjecture, Hipotése, ou telle qu'on voudra la nommer, le moien de concilier les diférentes Nations, par raport à la Cronologie, d'une maniére qui intéresse si peu l'Ecriture, que j'avois composé sur ce sujet,

une

PREFACE.

une Oraison, laquelle j'avois résolu de rendre en public, au cas que Messieurs nos Curateurs m'eussent crée à mon tour, Recteur Magnifique, comme cela m'apartenoit, de droit: & sur quoi je me flatois d'avoir l'aplaudissement de tous les savans; ce que je n'aurois eu garde de tenter si j'avois eu quelque malicieux dessein en tête.

Quand j'ai parlé de l'ame, ce n'a été que dans la vûë de faire voir aux fidéles que quelques argumens que Zénon, Origéne, Tertulien, Spinosa & une infinité d'autres Docteurs, ont emploiez pour prouver qu'elle est corporelle, & par conséquent mortelle, ce ne sont au fond, qu'autant de foibles nuäges, qui disparoissent à l'aproche des Sacrez Oracles, dont le contenu doit être la régle infaillible de notre foi, puis qu'ils nous assurent de la vérité des mistéres les plus incompréhensibles de la Religion que nous professons.

J'ai dit ailleurs que naturellement parlant, il est impossible que le deluge de Noé ait été universel, par raport au globe terrestre, mais simplement à l'égard des hommes, qui ne de-

voient

PREFACE.

voient pas s'étendre fort loin alors : cela est aisé à prouver ; mais je ne le nie pas pourtant ; on n'a pour me fermer la bouche, qu'à mettre ce fait au nombre des Miracles, comme la prise de Jérico, la défaite des ennemis des Israëlites, dont un Ange en défit cent quatre vingt cinq mille dans une nuit, alors j'y donnerai les mains, sans dificulté, puis que je serois au desespoir de prescrire des bornes à une Puissance infinie. Enfin, je n'ai traité Adam d'ignorant tant a l'égard des siences, que l'Ecriture ne ne dit point qu'il ait entendües, au lieu qu'elle nomme fort bien ceux de ses décendans qui ont été Forgerons, Musiciens, Astronomes ; que par raport aux noms qu'il a imposez aux bêtes, qu'après Mr. Malebranche, dans son excellent traité de la recherche de la vérité, imprimé à Paris, avec privilége de Louïs quatorziéme : si j'ai mal fait en cela, c'est à cet Ecléfiastique, consommé dans les Arts & dans les langues, à en répondre, & nom à moi. Et si dans le même discours j'ai avancé quelques conjectures, par raport à la prédestination, j'ai pris pour garant l'Apôtre saint Paul, qui me

paroit

PREFACE.

paroit si fort & si clair, sur ce chapitre là, que je n'ai pas cru me méprendre; de sorte que j'aurois poussé cette matiere plus loin, si je n'avois apréhendé que l'on n'y trouvât à redire.

Il est donc vrai comme je le di, & j'en prens Dieu à témoin, qui je n'ai rien écrit dans tout mon livre à dessein de choquer mon prochain, en quoi que ce soit, si je l'ai fait, ça été par innocence, je lui en demande excuse, & le desaprouve entiérement.

Pour achever de dissiper entiérement ce nuäge épais, qui ne peut avoir été formé que par les vapeurs que l'inadvertance ou le trop peu d'atention, que l'on aura aportée à la lecture de mon ouvrage, plutôt que la malice, & le desir de me rendre odieux à la société, auront insensiblement produites: j'ai cru que je ne ferois pas mal d'inférer dans le premier tome de mes Oeuvres Pöetiques, une dissertation, où je démontre, d'une maniere claire & concise, l'existence de Dieu, & l'immortalité de l'ame, afin que l'on aprenne à juger par là, de mes véritables sentimens.

Pour satisfaire de même, Madame Tyssot,

quoi

PREFACE.

quoi que ce soit une afaire qui n'intéresse point proprement le Public, je proteste que je ne comprens pas comment cette lettre burlesque & obscéne est entrée dans le recueil du petit nombre que j'en ai fait mettre sous la presse, puis qu'étant en vers, si elle avoit dû se trouver quelque part, c'étoit entre les Oeuvres Pöetiques, & nulement parmi la prose; je ne laisse pas d'en faire un sacrifice à sa vertu.

Au reste, ce n'a pas été seulement dans la maniére vulgaire de s'exprimer, que je me suis mêlé d'écrire, j'ai donné aussi quelques heures de mon tems au Parnasse. J'étois encore fort jeune lors que j'avois commencé la correction des Pseaumes, que je ne trouvois nulement de mon goût, & j'en étois environ à la troisiéme partie, quand celle qu'en avoit faite Mr. Conrat, me tomba entre les mains, & m'ota l'envie d'y plus travailler. Je m'étois aussi proposé de faire en vers, l'harmonie des quatre Evangiles, & je me trompe si je n'en étois au quatorziéme Chapitre de St. Mathieu, lors qu'un pareil ouvrage, intitulé l'Emanuel, me fit jetter au feu ce que j'en avois mis sur le papier.

Le

PREFACE.

Le plaisir que j'avois pris dans mon enfance, à la lecture des métamorphoses, & autres semblables fictions, m'en avoit fait mettre plusieurs en rime. Il n'y a guére de vertus morales, au sujet desquelles je ne me fusse exercé: J'avois fait des stances sur la Priére, sur la foi, sur les bonnes Oeuvres, sur la Piété, sur les Richesses, sur la Pauvreté, sur la Patience, & sur tant d'autres sujets semblables, que j'en avois un nombre prodigieux, mais que je sacrifiai en suite à Vulcain, parce que Momus les avoit trouvez dignes de sa censure.

Je n'ai presque conservé que ce que renferment les trois tomes suivans, que j'ai crus en quelque façon, dignes de voir la lumiére : j'avouë pourtant, quelque exact que j'aie été a en retrencher un grand nombre de piéces, les plus enjoüées & les plus jolies, mais capables de choquer de nouveau de certaines oreilles trop chatouilleuses par raport à un homme de mon tempérament & de ma profession, qu'il y a des endroits, qui quoi qu'ils soient infiniment moins licentieux que les ouvrages de Messieurs Marot, de la Bergerie, de la Fontaine &c. au-

roient

PREFACE.

roient pu encore être plus châtiez, mais je me suis imaginé que je n'ai absolument rien avancé qui ne soit fort pardonnable à un Pöéte.

Tout ce que je demande, c'est qu'on n'en tire aucune conséquence qui intéresse ma probité : si mes paroles sont libres, mes actions sont retenuës, modestes & incapables de scandaliser qui que ce soit, c'est de quoi tout l'univers me rendra témoignage. Je suis fort, robuste & de si bonne constitution, que j'ai lieu de douter que le Pére d'Ali, fameux parmi les Turcs, au témoignage de Mr. Chévreau, ait été plus vigoureux & de meilleure trempe que je le suis. Cela sans doute, m'a porté, aussi bien que lui, à aimer le badinage, sur tout depuis cinquante deux ans que je me suis marié pour la premiére fois, me persuadant que la couche est alors sans tache, mais je ne me suis jamais souillé ailleurs, quoi que j'en aie eu les ocasions du monde les plus favorables & que mes Epouses n'aient que rarement répondu à mes caresses assiduës.

Je puis avoir des sentimens, lesquels ne conviennent pas, à tous égards, avec ceux du vulgaire, qui juge ordinairement d'un homme

PREFACE.

par ce qu'il fait semblant de croire, au lieu que je ne regarde principalement qu'à ce qu'il fait, mais je respecte les Loix jusqu'au scrupule, & je croi même la Nature si fort capable de nous punir, lors que nous passons les bornes, qu'elle nous a prescrites, que je défie les habitans de nos Provinces de m'avoir jamais vû faire aucun excès. J'aime à me rendre justice, & à conserver ma santé, autant que je le puis, mais je serois en même tems bien marri de rien faire au préjudice de mon prochain, & de le traiter d'une autre maniére que je ne voudrois que l'on me traitât moi même, puis que j'apréhenderois que le Souverain Maître de l'Univers, que j'adore du plus profond de mon cœur, ne m'en punit.

SIXAIN

SIXAIN

A la loüange de l'Auteur, sur sa savante Déduction.

SI ta plume a-Tyssot, innocemment forfait
Elle répare ici le mal qu'elle avoit fait,
    En prouvant avec évidence,
De l'Etre Souverain la réelle existence;
Et l'immortalité de l'ame des humains,
Dont lui même forma le premier de ses mains.

                      C. D. S. G.

DISSERTATION.

Où Mr. Tyssot de Patot démontre clairement & métodiquement l'existence d'un Etre Souverainement parfait.

Comme aussi l'immatérialité & immortalité de notre ame, & sa réelle distinction d'avec le corps. Ecrite en forme de Lettre, à Mr. T. à Utrecht.

MONSIEUR,

VOtre homme à chicanes n'a pas tort de soutenir que les Géométres sont les seuls Docteurs, qui aimant la vérité toute pure, ne veulent point convaincre par impression, mais par évidence & par lumiére : mais vous avez aussi raison de prétendre qu'il n'y a qu'eux de même, qui paient comtant : aux autres, souvent il faut faire crédit, & leur donner le tems de satisfaire leurs auditeurs.

Les véritez ne sont pas également manifestes,

on a quelquefois besoin d'une grande enchainure de paroles pour les démontrer, cependant il ne laisse pas d'y en avoir, qui sont si nuës & si palpables, qu'on ne sauroit entreprendre de les éclaircir, sans les rendre obscures, & les enveloper de tenêbres.

C'est de cette nature que sont proprement les Axiomes, dans la connoissance des grandeurs : il n'y a point d'ignorant, qui ne sache que, si à choses égales, on ajoute choses égales, les produits en seront égaux : & que les grandeurs égales à une même, sont égales entre elles. Au lieu que si vous vous ingérez de vouloir démontrer à un homme de bon sens, par des régles Mathématiques, que le tout est plus grand que sa partie, vous pourrez tellement embrouiller la Matiére, qu'il lui sera impossible de vous suivre, & qu'il ne vous entendra non plus que si vous vous exprimiez en un langage inconnu. Il en est de même de l'Etre Souverainement parfait, de l'existence du Créateur de toutes choses, plus bien des Philosophes veulent rendre cette vérité évidente, plus ils l'envelopent de nüages épais, où les plus clair-voians ont de la peine à la retrouver. Je la mets au rang des Axiomes, puis qu'il est constant qu'elle est de tout âge, de tout tems, & de toutes les nations.

Aris-

Aristote, qui a cet égard n'étoit rien moins que crédule, a soutenu hautement que la créance d'une Divinité est répanduë par tout le monde.

Les hommes ne peuvent vraisemblablement être parvenus à cette connoissance, que par la révélation, ou par une tradition continuée de siécle en siécle, & passée d'une posterité à l'autre : si c'est par la révélation, c'est une preuve convaincante qu'il y a un Dieu, puis qu'il n'apartient qu'à lui seul de se Manifester aux mortels : & si l'on prétend que cela soit arrivé par une pure tradition, il faut en même tems que l'on montre dans quelles vûës il y a eu des gens assez bêtes pour vouloir abuser les autres Animaux de leur espéce, & se tromper malheureusement eux mêmes : ce seroit un procédé dont la seule pensée feroit honte à l'humanité. Avec tout cela, on ne sauroit nier que de tems à autre, il a paru des monstres vicieux & dégléz, qui peut être, dans l'apréhension, où ils étoient que la persuation d'un Dieu immortel, qui doit un jour nous faire rendre comte de nos actions, & nous juger selon que nous aurons fait, ou bien, ou mal, ne les inquiétât, ont non seulement taché d'éfacer de leur esprit les certitudes d'un fait que la Nature avoit gravées profondément dans leur propre consience,

afin

afin de s'exemter, du moins pendant cette vie, des peines qu'ils apréhendoient de soufrir dans celle qui est à venir : mais leur vanité les a portez jusqu'à soutenir éfrontément que le hazard, seul avoit produit tout ce qui est renfermé dans l'enceinte de l'Univers : mais leur petit nombre, & les obstacles insurmontables qu'ils ont rencontrez lors qu'ils ont voulu introduire des sentimens si préjudiciables à la Société, fait voir évidement qu'ils n'agissoient pas de bonne foi, ou suivant les lumieres de la droite raison, mais par les principes d'un esprit corrompu, qui ne bute qu'au renversement des loix fondamentales des Etats les mieux afermis.

Le Docteur en Médecine, dont vous me parlez, est de cette bande, il ne se contente pas de publier ses erreurs dans presque toutes les compagnies où il se rencontre, il le fait avec tant de profanation, que je ne le voi plus qu'avec dégoût, & que toutes les fois que les vacances m'atirent à Utrecht, j'évite autant que je le puis, de me trouver en sa Compagnie.

Quoi que ces pestes du Genre-humain soient en petite quantité, ils ne laissent pas d'obliger les Philosophes bien intentionnez, pour s'oposer à leur pernicieux dessein, à inventer tous les jours de nouveaux argumens capables de montrer à toute la Terre que non seulement il y a un Dieu, mais qu'il est impossible qu'il n'y en ait pas.

Plusieurs grands Hommes y ont parfaitement bien réussi, Mr. des Cartes, entre autres, a eu à ce sujet, l'aplaudissement d'un nombre infini d'honnêtes gens: vous m'avez, Monsieur, cité deux des principaux argumens de ce célèbre Auteur, dont vous vous êtes servi, pour confondre votre partie; ils sont en éfet démonstratifs.

Un atribut, dit il dans l'un, qui est contenu dans l'idée que l'on a d'une chose, peut être dit avec vérité apartenir à cette chose.

Or l'existence nécessaire est contenuë dans l'idée que nous avons de Dieu.

Donc l'existence apartient à Dieu, & ainsi Dieu existe. Et dans l'autre, voici comme il s'énonce.

La réalité objective de chacune de nos idées requiert une cause dans laquelle cette même réalité soit contenuë formellement ou éminemment.

Or la réalité objective de l'idée que nous avons de Dieu, n'est contenuë en nous, ni formellement ni éminemment, non plus que dans aucune autre créature.

Donc cette idée de Dieu, qui est en nous, demande Dieu pour cause, & par conséquent Dieu existe.

Quoi que ces silogismes soient rangez dans toutes les formes que demande l'art de penser, il s'est veu des critiques, qui comme votre adversaire, y ont trouvé à redire, mais il n'en faut pas être surpris, il y en a bien qui prétendent faire voir à l'œil que bien loin que le tout soit plus grand que sa partie, il est aisé de prouver que, par exemple, la moitié d'un quarrè de quatre piez de contenu, & de huit de circonférence, est infini, & par conséquent infiniment plus grand que son autre moitié, & que la figure entiére n'étoit avant qu'elle fut divisée en deux parties.

Pour apuier leur raisonnement d'une vraisemblance trompeuse; la moitié d'un quarré, disent ils, se peut diviser en deux parties, l'une de ces parties en deux autres, & ainsi de suite; & d'autant que la matiére, suivant l'opinion commune, est divisible à l'infini, & que la moindre parcelle ne peut être réduite en de si petites, qu'elles ne restent encore divisible, il est évident que cette divisibilité se pourra pousser pendant toute l'éternité, sans jamais parvenir jusqu'à un Atome, qui reste indivisible, à moins que de suivre le sentiment d'Epicure, qui est absurde, & ainsi, continuent ils, ce demi quarré sera d'une étenduë infinie, & par conséquent plus grand que n'étoit l'espace superficiel ou corporel, tel qu'on le voudra prendre, dont nous avons fixé le contenu à quatre piez.

Mais qui ne voit que ce Sophifme eft impertinent, ridicule, & incapable d'éblouïr que de fimples ignorans, puis qu'il n'eft pas queftion ici de la divifibilité des parties d'une figure, mais de fon contenu, & que ce qui a été dit de fa moitié, ne pouvant pas être dénié au tout, il s'en fuivra que la divifion de l'un n'ira pas moins loin que la divifion de l'autre, & que les parties de l'entier refteront toûjours doubles de celles du morceau qui en a été retranché.

On pourroit dire la même chofe au fujet des objections que l'on a faites contre les argumens de notre Philofophe François, mais laiffant la queftion indécife, voions fi par une autre métode, dont je me fuis fervi ailleurs, nous pourrons concourir avec lui, à parvenir au loüable but que ce grand Homme s'étoit propofé.

Pour rendre ma propofition évidente par un raifonnement inconteftable, permettez moi de faire une fupofition, qui fera, fi vous voulez, fans exemple, mais laquelle ne laiffe pas pour cela d'être fort vrai-femblable.

Je m'imagine que comme il arrive quelquefois à des hommes de naître fourds, aveugles &c. la Providence, directement par elle même, ou indirectement, fuivant les loix de la nature, vient

vient de me faire passer du non-être à l'être, entiérement privé de l'usage de sens, mais de maniere néanmoins que je sois capable de reflexion. Il est évident qu'en cet état, je n'aurai connoissance d'aucune chose qui soit au monde, sans exception, non pas même de mon propre corps. Les autres individus de mon espéce auront beau m'aprocher, je ne les verrai, ni ne les entendrai point : je serai insensible à l'odeur des esprits les plus pénétrans, & des senteurs les plus fortes : je mâcherai & avalerai machinalement les viandes que l'on me mettra dans la bouche, pour ma nourriture, mais je ne les sentirai non plus que le choc, ou m'expose la rencontre des autres objets qui m'environnent.

Et que l'on ne me dise pas qu'aiant des piez, dont je me sers à marcher, & des mains, que j'emploie à prendre ce que l'on me tend, ou ce qui se rencontre casuellement à leur portée, je ne saurois manquer de m'apercevoir de leur solidité & de leur étenduë, non seulement cela n'est pas véritable, mais il est même absolument impossible qu'il me vienne dans la pensée d'en avoir, ni qu'il y ait rien d'existant, qui ait du raport, à la matiére, comme il n'est pas en la puissance d'un aveugle né d'avoir aucune idée des couleurs, ni d'avoir même jamais songé pendant le sommeil, d'en avoir vû. Cela étant, je donne à juger au plus habile de tous les mortels, si je puis me reprefenter un efpace, un mouvement, une figure, comme le pretendent à tort, les Philofophes modernes; si j'avois quelque fentiment, je faurois, en étendant les bras, que la diftance qu'il y a de l'une de mes mains à l'autre, fait une longueur, que l'on pourroit mefurer, à l'aide d'une ligne droite. En pofant le pouce & deux de mes doigts fur mon eftomac, je formerois un triangle, & trouverois peut être, à force d'y réfléchir, le moien de démontrer que fes trois angles font égaux à deux droits ou à cent quatrevingts degrez. Il me feroit de même aifé de former une figure, dont les quatre côtez feroient égaux, & les angles droits, & d'y trouver entre autre, que deux fois le quarré de fa diagonale eft égal aux quarrez de fes quatre côtez. Aiant encore tiré un cercle, & dans ce cercle deux lignes droites à difcrétion, au travers ou hors du centre, il ne feroit pas impoffible de trouver, par une forte méditation, que le quadrangle, fait des deux fections de l'une de ces lignes, eft juftement égal au quadrangle, conftruit des deux fections de l'autre, & d'étendre ainfi mes lumières, en repaffant toutes les figures, qui me pourroient tomber dans l'efprit, & qui étant en aufli grande quantité que les nombres, renferment

ment tant de proprietez si admirables & si nécessaires dans la culture des Arts, pour le bien de la societé, que quand, par paréntése, il n'y auroit point d'autres preuves, celle-là sufiroit seule pour nous convaincre de l'existence d'une sagesse infinie, à laquelle on en doit nécessairement atribuer la cause, puis qu'il est impossible qu'elles puissent tenir toutes ces sublimes qualitez du hazard ; mais qu'elle aparence ? mes membres sont engourdis, ils sont morts, pour ainsi dire, je ne les sens point, je ne les ai jamais sentis, & j'ignore, par conséquent, qu'ils me soient de quelque utilité.

Je pense cependant, & quoi que je ne sache pas ce que je suis, une substance spirituelle ou materielle, je suis pourtant assuré que j'existe, que je suis quelque chose, & peut être, l'unique chose qui soit : ma connoissance se borne à cela, je n'en ai absolument point d'autre.

Quelque simple qu'elle soit, cette connoissance, elle ne sauroit manquer d'augmenter insensiblement, car pour peu que je rentre en moi même, que je pense à ma maniére d'exister, & d'où j'ai tiré mon origine. Il est indubitable que cela me conduit à l'Etre des êtres, au Souverain Maître de l'Univers.

Car enfin, pour peu d'atention que je fasse à ce qui se passe en moi, il me sera aisé, en réfléchissant sur le passé, sur le present & sur l'avenir, de conclure que je n'ai pas toûjours été ce que je suis à l'heure qu'il est, & qu'il n'est pas fort certain que je serai encore long-tems ce que je suis presentement, puis que je ne me sens aucune des facultez qui me seroient nécessaires pour perpétuer mon existence.

J'ai donc eu un commencement; mais comment suis-je parvenu à l'être? me suis-je produit moi même? est ce moi qui me suis tiré du néant? je ne voi aucune aparence à cela, car pour m'être tiré du néant, il m'auroit nécessairement falu agir, or pour agir il faut indispensablement exister, de maniere que si je me suis fait & formé moi même, c'est une neçessité que j'aie existé avant que je fusse; cela est contradictoire.

De là il paroit clair comme le jour qu'il faut que j'aie tiré mon origine de quelque autre principe; & d'autant, pour le dire en passant, qu'on peut former le même jugement par raport à tous les autres êtres, de quelque nature qu'ils soient, il est incontestablement vrai qu'il faut que ce principe, jusqu'au quel on est sans contredit forcé de remonter, soit un être qui n'ait jamais eu de commencement, qui existe immancablement par lui même, qui soit la véritable cause de tout ce qui est, & auquel on est
con-

convenu de donner le nom de Dieu.

Remarquons de plus que dans l'état, où je me suis supofé, il est naturel que je tombe dans le doute s'il n'y a pas d'autres substances semblables à moi, & au cas qu'il n'y en ait pas, s'il seroit impossible qu'il y en eut ; d'où il paroit que je ne me borne pas à la connoissance que j'ai euë d'abord de l'unité, mais que suivant pié à pié, cette pensée, je remarque que je connois aussi le nombre de deux, de dix, de cent, de mille, & qu'il ne tient qu'à moi de l'étendre jusqu'à l'infini, puis qu'il n'en est point auquel on ne puisse ajouter quelque chose.

Il n'est pas nécessaire, Monsieur, de vous faire remarquer ici qu'en arrangeant les nombres, dont j'ai presentement l'idée, de sorte qu'ils diférent également les uns des autres, comme, 1. 4. 7. 10. 13. &c. je trouve que si j'en prens quatre de suite, par exemple, 4. 7. 10. 13. la somme 17. des deux moiens, 7. 10. égalera, sans exception, celle des deux extrémes, 4. 13. ou que les disposant de maniere que la raison du premier au second soit comme celle du troisiéme au quatriéme, par exemple, 9. à 3. comme 15. à 5. le produit du premier & du dernier 45. sera toûjours égal à celui du second & du troisiéme, & ainsi des autres, & que ce font ces progreffions ou proportions Arithmétiques, Géométriques &c. qui font les principes des Mathématiques, & qui influënt dans toutes les autres fiences ; cela eft évident, je vous l'ai apris autrefois, c'eft un fujet fur lequel il n'eft pas befoin que je m'étende. Mais direz vous, n'aiant aucune teinture de la matiére, & fachant de fience certaine, que vous étes une chofe qui penfe, n'eft il pas évident que vous avez une idée claire de votre ame préférablement à tout ce qui a été tiré du néant ? Je vous en fais juge vous même, cependant je n'en refterai pas là : il eft toûjours fur que cette métode eft beaucoup plus fatisfaifante que celle de Mr. des Cartes, car au lieu que je pofe pour fondement de ma démonftration des prémiffes qui ont au moins de la vrai-femblance, en ce qu'encore que nous ignorions pofitivement l'état d'un Homme qui naîtroit fans l'ufage des fens, nous favons certainement que nous ne nous faifons point d'illufion, & ne prétendons en impofer à perfonne, au lieu qu'on peut douter de la juftefle du raifonnement de ce Philofophe, qui révoque en doute des véritez évidentes par elles mêmes, comme que le tout foit plus grand que l'une de fes parties, que deux & trois faffent cinq, qu'il y ait de l'égalité entre les raions d'un même cercle, & après avoir

avoir nié qu'il ait un corps, en conclut la fpiritualité de fon ame.

Au refte après avoir prouvé qu'il y a un Dieu, qui exifte néceffairement par lui même, de toute éternité, il fuit que ce même Dieu eft infini, & qu'il renferme au fupréme degré, toutes les perfections qui font renfermées dans l'enceinte du monde; il n'y a point d'autre principe que lui, dont elles peuvent avoir été produites. Pour être parfait il faut qu'il foit bon au fupréme degré, Puiffant, Intelligent: qu'il voie tout, qu'il fache touts faffe tout fuivant fa volonté, qui n'eft dépendante d'aucun autre être, qui exifte dans la nature, puis que c'eft uniquement de lui, pour lui & par lui que tout ce qui a été fait, a été fait.

Quand même ce que nous avons dit ne nous conduiroit pas à cette inconteftable vérité, nous en ferions fûfifamment convaincus à la vûë des ouvrages admirables, que cette divine Providence à créez. Vous avez apris l'Anatomie, vous favez la ftructure inimitable du corps humain, la formation & l'arrangement de fes parties, à quoi les péres & les méres ont fi peu de part, qu'ils n'y vont proprement qu'à tatons.

Les bêtes des champs, les oifeaux de l'air & les poiffons de la mer, naiffent, agiffent, fe

nou-

nourissent & font toutes leurs fonctions avec tant d'adresse & tant de précaution, qu'il est impossible qu'ils y soient portez par une puissance aussi aveugle qu'est la matiére, elle en est incapable, il faut incontestablement que la Providence les guide pour parvenir à de si ingénieuses fins.

Je pourrois aisément m'étendre sur la diversité infinie des plantes, sur le contexteure de leurs fibres, sur leur beauté, & sur l'utilité que nous en recevons, si tout cela ne vous étoit connu aussi bien qu'à moi.

Mais sur tout, que ne dirions nous pas, si nous voulions nous entretenir de la vaste étenduë du Ciel, des Astres brillans qui en enrichissent la voute, de leurs diférens mouvemens, des avantages que nous en retirons, & principalement du Soleil, qui porte des marques si essentielles de la puissante main qui l'a tiré du néant, pour nous éclairer de sa lumiére, nous échaufer de ses raions, rendre nos campagnes fertiles, & sans l'aide duquel il ne nous seroit pas possible de sufister, pour ainsi dire un moment, il est sur que nous n'aurions jamais fait.

Ces diférentes Créatures, l'ordre dans lequel elles sont maintenuës, & où nous les voions continuellement emploiées à servir à nos besoin, foins, n'eſt non plus l'éfet de la puiſſance de l'homme, que de la ſoumiſſion volontaire de tant de ſortes d'Agens diférens, il faut qu'une Intelligence ſupérieure les oblige à cela, & cette Intelligence ne peut être autre que celle du créateur, qui par un ſeul acte de ſa volonté, les a produits pour ſa gloire & pour notre uſage.

Toutes ces choſes ont eu un commencement, l'homme, comme nous l'avons démontré, n'eſt non plus éternel que les autres créatures, il faut même qu'il n'y ait pas fort long-tems que le monde que nous habitons, ait été créé, nous en ſommes plus convaincus que jamais depuis la connoiſſance parfaite que nous avons aquiſe de la Navigation, & les grands voiages que des perſonnes curieuſes, ou dans la néceſſité, ont faits, puis que par là, ils ont découvert des païs entiers, qui n'étoient pas encore habitez, ce qui ne pourroit pas être s'il étoit vrai que le globe terreſte fut éternel, comme bien des Auteurs païens l'ont prétendu.

Il y a je ne ſai combien d'arts & de proféſſions, qui ſont tout nouveaux, & dont on n'avoit point oui parler auparavant. Seroit-il poſſible que des animaux raiſonnables fuſſent reſtez des milions d'années ſans découvrir les mines d'Or, d'Argent, de cuivre & des autres métaux & mineraux, que l'on a trouvées depuis peu.

peu. L'invention des Monnoies, de la Boussole, du Verre, de la trempe de l'Acier; l'Ecriture, la Peinture la Sculture, les Horloges, la Poudre à Canon, les Armes à feu l'Imprimerie, tant de Machines diférentes, que l'on emploie, par mer & par terre, à la guerre, & en général les Mathématiques: tout cela est si nouveau que l'on peut dire à point nommé, les lieux & les tems où nos ancétres leur ont vû prendre naiſſance.

Et que l'on ne s'aviſe pas de me dire que les preuves que l'on en donne ſont douteuſes, ce qu'ils en racontent eſt ſi vrai-ſemblable, qu'il n'eſt pas poſſible de le révoquer en doute ſans inſulter à la raiſon & au bon ſens.

Après tout, je croi qu'on peut dire hardiment qu'il n'y a point de demonſtration plus évidente de l'exiſtence d'un Dieu immortel & tout puiſſant que les Miracles, dont pluſieurs célébres Hiſtoriens font mention.

J'avouë que toutes les Hiſtoires ne ſont pas également recevables, il y en a ſans doute de fort ſujettes à caution, mais il eſt conſtant que celle qui traite de la Religion des Juifs eſt inconteſtable, & il n'eſt pas poſſible, ſans vouloir paſſer pour extravagant, qu'on en puiſſe nier les faits, apuiez ſur une infinité de prodiges, tels qu'ils ont été décrits par Moïſe, le plus parfait

His-

Historien qui fut jamais. Ce témoignage que les Circoncis lui rendent, & auquel nous donnons notre consentement, est fondé sur de tres bonnes raisons, puis qu'eux mêmes en ont été les témoins oculaires. Ils ont beau être le rebut de toutes les autres nations, ils n'ont pas laissé, dans tous les coins de la terre habitable, où ils sont malheureusement dispersez, d'en conserver le souvenir, tant par des mémoires autentiques, que par une tradition indisputable. Ces mémoires se lisent tous les jours parmi eux, les copies qu'ils en tirent, sont toûjours les mêmes, ils n'y aportent aucun changement; & ils ont soin d'en inculquer le contenu avec tant de précision à leurs enfans, que quand le monde dureroit éternellement, il se raconteroit sans interruption de la même maniére.

Si ces prodiges, dont la narration se perpétuë de génération en génération, n'avoient pas été vûs de leurs propres peres, comment Moïse, qui n'avoit aucune liaison avec les autres Nations, point de troupes réglées à son service, nule forteresse, où il auroit peu se retirer en cas de besoin, ni pas un des autres moïens humains, dont les Princes se servent pour tenir les peuples dans l'obéïssance, auroit il eu le pouvoir de les charger de loix onereuses, qui n'auroient pas manqué de les porter à la rebellion

dans

dans un tems fur tout, où ils ne ceſſoient de donner tous les jours de nouvelles marques d'obſtination & de deſobéiſſance.

Outre cela, il ne faut qu'examiner avec apli‑ cation, les écrits de ce ſage Légiſlateur, pour être convaincu de la vérité de leur contenu : ils portent par tout des marquer viſibles de ſa piété, de ſon deſintéreſſement & de ſa droiture.

Ses livres ſont les plus vieux que nous con‑ noiſſions ; les loix des plus Anciens peuples ſont tirées des maximes de ce Prophete. Ce qu'il dit de l'origine du monde ſe trouve en ſubſtance dans les Hiſtoires les plus anciennes des Phéniciens, que Sanchoniathon avoit com‑ pilées.

Les Grecs n'ont pas ignoré la création des animaux en géneral, & de l'homme en particu‑ lier, fait à l'image de Dieu. Ovide, à leur imitation, raconte ce fait dans ſes métamorpho‑ ſes. Les Platoniciens ont ſoutenu que tout a‑ voit été fait par la parole de Dieu, conformé‑ ment à ce que nous en raconte Moïſe.

Thales, quoi que Païen, a enſeigné publi‑ quement que Dieu eſt le plus ancien de tous les êtres.

Virgile chante hautement un Eſprit univerſel, comme le ſeul principe de la vie & du mouve‑ ment. Et Maxime de Tir ſoutient que toutes les
na‑

nations conviennent qu'il ne peut y avoir qu'un Dieu, qui soit l'Auteur & le Souverain Maître de l'Univers.

La conformité de cent autres Ecrivains fameux avec l'Histoire des Juifs, que je pourrois nommer ici, si cela étoit nécessaire, me fait conclure que les événemens, dont parle Moïse, doivent avoir eu l'aprobation des autres habitans de la terre, ce qui n'auroit pas été s'il y avoit rien mêlé de fabuleux, puis que les Egiptiens, les Arabes & les autres ennemis jurez des Israëlites, n'auroient pas manqué de se récrier à l'encontre, & de les nier ou les rendre ridicules au reste des Habitans du Globe terrestre.

Non seulement on ne sauroit révoquer en doute ce que cet Auteur célébre assure qui est arrivé de son tems, & dont il y a eu autant de témoins qu'il y avoit d'hommes dans la République d'Israël, mais on ne peu sans impiété, refuser d'ajouter foi à tout ce qu'il raconte dans l'Histoire qu'il nous a laissée de la création du monde, & de ce qui est arrivé devant & après le déluge jusqu'à lui.

La premiere raison qui nous porte à cela, c'est que ce grand Législateur, qui parloit à Dieu, pour ainsi dire, bouche à bouche, ne mettoit rien par écrit que suivant l'ordre précis de la Providence, qui guidoit lui même sa plume, me, & dirigeoit toutes ses pensées par son saint Esprit.

L'autre est que quand ce n'auroit été qu'un simple écrivain, tels que sont ordinairement les autres Historiens, il n'auroit pas manqué pour cela de nous raconter les choses comme elles étoient, sans les entremêler d'aucunes fables, puis qu'il pouvoit aisément savoir par tradition, ce qui s'étoit passé depuis la naissance du monde jusqu'alors, par le moien de huit personnes seulement, qui ont pu se communiquer les choses de bouche, l'un à l'autre, dans l'espace de vingt cinq siécles.

C'est huit personnes sont Adam, Mathusalem, Sem, Abraham, Isaac, Jacob, Lévi, & Amram, Pére de Moïse, c'est à dire que le premier Homme, qui étoit sans doute, instruit à fond de tout ce qui étoit arrivé de son tems, avoit peu le communiquer à Mathusalem, qui naquit en 688. & 242. ans avant la mort de son prédécesseur. Sem parut en 1559, c'est à dire 97. ans avant le decès de Mathusalem, & ainsi des autres. De sorte que Moïse, né en 2469. & âgé de 58. années quand son pére expira, avoit pu aprendre de lui ce qu'Amram avoit entendu raconter à Lévi, Lévi à Jacob, & ainsi du reste, en remontant de la sorte jusqu'au premier des vivans. Tout cela étant positif,

nous

nous pouvons soutenir hardiment, ce que je vous ai promi ci dessus, Monsieur, d'ajouter à ma premiére démonstration, au sujet de l'ame, savoir qu'il faut nécessairement qu'elle soit immatérielle, & par conséquent immortelle, parce que le texte, que nous avons sufisamment montré être d'inspiration Divine, porte au verset 7. du Chapitre II. du Livre de la Genése, que Dieu aiant formé Adam de terre, soufla dans ses narines respiration de vie, & fut fait ainsi en ame vivante; or je croi ne rien risquer, quoi que ce ne soit pas positivement le sentiment de Mr. Calvin, d'assurer qu'au lieu que tout ce qui s'étoit produit au seul son de la voix du tout puissant, comme a été le Ciel, la Terre, la Mer & tout ce que renferme la voute supérieure de son incomparable trône, étoit Matériel, ce qui se forme ici dans la personne du premier homme, du soufle de sa propre bouche, est sans contredit un esprit, une substance pensante, & qui est réellement distincte du corps; ce que je rends par ce silogisme en forme.

Tout ce qui est émané d'une substance immatérielle & immortelle, est de même nécessairement immatériel & immortel.

Or l'ame du premier homme a été émanée de l'Esprit de Dieu, qui est incontestablement immatériel & immortel.

Donc l'ame d'Adam, & par conséquent celle de ses décendents, est spirituelle, immatérielle & immortelle. Et que l'on ne m'aille pas chicaner ici sur le terme d'emaner, comme si j'entendois par là un écoulement de quelque substance, ainsi qu'on prétend que l'a entendu Zénon, lors qu'il a soutenu que notre ame étoit une étincelle du feu divin qui est ignée, embrasée & étincelante.

Ou que je fusse du sentiment des Gnostiques, Manichéens & Pricilianistes dans St. Augustin, qui ont cru que l'ame de l'homme étoit une parcelle de la propre substance de Dieu; comme si dans l'infini il y avoit quelque partie qui ne fut pas infinie.

Par émanation je veux dire l'éfet d'une cause qui vient d'une Puissance supérieure: ainsi, le pouvoir qui est donné aux Juges, est une émanation de la puissance du Prince. Défences émanées du Conseil des Cardinaux. Marc. Schis. l. i.

Et c'est encore ainsi qu'en Philosophie, on dit que l'Ame raisonnable est une émanation de la Divinité. Richelet Dict. Franc.

Cette opinion, comme vous savez, est tres ancienne, les Philosophes Grecs & les Brachmanes des Inde Orientales, l'ont publiquement enseignée: la plûpart des anciens, & les peuples

ples les plus éloignez de nos Climats, l'ont cruë, & ont même reconnu un jugement dernier après cette vie, où le Juge suprême des morts & des vivans, unira la peine avec le crime, le bonheur avec l'innocence, & condamnant les Auteurs des péchez énormes aux suplices qu'ils ont méritez, assignera de même aux actions vertueuses de grandes récompenses, & un repos éternel & assuré.

Et ce que je trouve admirable, & qui semble un véritable acheminement à cette redoutable journée; c'est qu'il y a d'habiles Astronomes qui croïent avoir remarqué que le Soleil s'aproche tous les ans assez sensiblement de la Terre: d'où il semble devoir suivre que comme les hommes ont péri par les eaux d'un déluge universel, à la fin du monde ils périront par le feu. On pourroit me faire ici une objection, au sujet de l'Astre du jour, que je di s'aprocher tous les jours du globe terrestre, savoir au cas que cela fut véritable, à quoi on a pu s'en apercevoir, & si les jours & les années ne dévroient pas à proportion, devenir plus longs, ou plus courts: Mais outre que cette proposition n'a jamais été démontrée, quand même elle seroit véritable, comme cela pourroit fort bien être, ce n'est ici, ni le lieu, ni le tems de traiter cette matiére à fond: tout ce que je vous en puis dire preſentement, eſt que la vie d'un homme ne ſufiroit pas pour s'en apercevoir, & qu'il n'y a point de quadrans, ni d'Horloges, de quelque nature qu'elles ſoient, qui nous y put faire remarquer le moindre changement, c'eſt ce que je pourrois vous démontrer ſans aucune peine, cela ſe fera une auntre fois. Contentez vous pour ce coup, que je vous ai prouvé l'exiſtence d'un Etre Souverainement parfait, & la réelle diſtinction de l'Ame d'avec le corps, d'une maniere auſſi claire & auſſi intelligible qu'il s'en ſoit jamais inventé de perſonne.

Comme la matiere eſt vaſte, & de la derniere importance, j'aurois pu m'étendre beaucoup plus que je n'ai fait, mais au lieu d'une lettre, dont j'ai déja paſſé les bornes, il auroit falu faire un gros livre, ce qui ſeroit fort inutile, puis qu'une grande prolixité ſert quelquefois plus à embrouiller un ſujet qu'à l'éclarcir. Je ſuis,

MONSIEUR &c.

L'HISTOIRE

De la sage & très Illustre

REINE ESTER

Epouse du grand

ASSUERUS

ROI DE PERSE.

Mise en vers François

Par

Mr. S. TYSSOT Sr. DE PATOT,

P. O. E. M.

CHAPITRE I.

EN vain on fait sonner la grandeur de nos Rois,
Ce n'est rien, à l'égard des Princes d'autrefois :

Tom. I.   A   Pour

Pour entretenir cent mille hommes,
Il faut sur le public lever de grosses sommes,
Et mettre un grand païs à sec,
Lors qu'on reçoit le moindre échec.
Du tems des Caldéens, que le Pérou, fertile
En métal précieux, leur étoit inutile,
Qu'à peine l'on savoit encor
Fabriquer des espéces d'or,
Et qu'un déluge épouvantable,
Avoit de la Terre habitable,
Fait un manoir pauvre & desert,
Il n'est point d'Ecrivain, pour peu qu'il soit disert,
Amateur de sience, & versé dans l'Histoire,
Qui, comme vérité notoire,
Ne pose en fait qu'un Empereur,
Pour montrer sa puissance, & porter la terreur
Chez des Princes voisins, ne faisoit point de guerre,
Qu'il n'eut une armée de terre
D'un milion de Combatans.
Le puissant Assuérus, à peu près de ce tems,
Ne le cédoit à nul Monarque,
Un jour, pour donner une marque.
De sa magnificence, & richesse, & grandeur,
Et pour se mettre en bonne odeur
Parmi les Généraux, les Gouverneurs, les Princes,
Qu'il avoit établis sur cent vingt sept Provinces,
Assujetties à ses Loix,
Il leur fit un festin, qui dura six bons mois:

Et

D'ESTER.

Et tous les jours, par complaisance,
L'acompagna de sa presence.
Ce Roi n'en demeura pas là,
Il désira qu'après cela,
Suse, sa Ville Capitale,
Qui dans tout l'Orient n'avoit point son égale,
Jouit pendant sept jours, d'un semblable régal.
  La plaine du Palais royal,
  Devoit servir de Réfectoire;
Et pour rendre ce fait plus digne de l'Histoire,
Des artisans, tirez des meilleurs ateliérs,
  Avoient dressé de hauts piliers,
  De jaspe, de marbre & d'albâtre,
  Et tendu cet Amphitéatre.
Des plus riches tapis, que l'art ait inventé.
Le pavé de porphire, & marbre tacheté,
Etoit, au lieu de bancs ou chaises, pour la table
Couvert de lits brodez, d'un prix inestimable:
  Toute la vaisselle étoit d'or.
On avoit fait venir, aux dépens du tresor,
Les mets les plus exquis, que produisit l'Asie:
  Le Tokai & la Malvoisie,
Le Lacrimæ Christi, vin de si grand renom,
Qui, dans ces tems obscurs, avoit un autre nom
S'y beuvoient jour & nuit, largement à rasades.
Les Bals, les Opéras, les Jeux, les Mascarades,
  Succedoient à chaque repas;
  La Musique n'y manquoit pas,

Les plus charmantes voix, que veut la simphonie,
Des divers Instrumens la plus douce harmonie,
  Enfin, les plaisirs innocens,
  Capables de flater les sens,
  Furent toûjours de la partie.
  Le Prince, qui par simpatie,
Se faisoit un plaisir de voir ses habitans,
S'exciter à la joye, & profiter du tems,
En voulut sur la fin, faire part à la Reine,
  Qui se donnoit aussi la peine,
  De traiter le sexe au Palais.
Les amans aujourd'hui se servent de poulets,
Lors qu'il s'agit d'ouvrir leur cœur à leur Maitresse :
Assuérus qui veut voir l'objet de sa tendresse,
Soit sérieusement, ou sous de vains semblans,
  Lui depute sept Chambelans,
  Pour lui faire la révérence,
La prier en son nom, d'avoir la complaisance
De venir au plutôt joindre sa Majesté,
Et rendre en même tems, témoin de sa beauté,
Un peuple tout entier, qui ne l'avoit point vûë,
  Le sceptre à la main, & pourvûë
D'une Couronne d'or, pleine de diamans,
  Et de ses autres ornemens.
Il est de malheureux momens dans la journée,
  Cette Princesse infortunée,
Cette douce, agréable, & civile Vasti,

       Aiant

Aiant pris fur le champ, le malheureux parti
    De renvoier ces gens à vuide,
    Leur dit d'un air fier & rigide,
Contre fon naturel aifé, bon à l'excès,
Qu'après avoir donné chez elle libre accès
    A fi grand nombre de perfonnes,
Elle aimeroit mieux perdre à l'inftant deux couronnes,
Et fubir les arrêts de la plus dure loi,
    Que de fe rendre auprès du Roi.
Cette brufque réponfe ofença le Monarque.
Je veux, s'écria-t-il, que la cruelle Parque
    Coupe la trame de mes jours,
Si je ne me reffens de ce lâche difcours;
Et regardant alors fes Confeillers en face,
    Avant, leur dit il, que je faffe,
Aux yeux de l'univers, éclater un forfait,
    Que je dois punir en éfet,
    En la perfonne d'une Reine,
    Que l'autorité Souveraine,
Doit fans pretexte aucun, tenir dans le refpect,
    Ne vous pouvant être fufpect,
Parlez moi franchement, dites ce, qu'il faut faire.
Sire, la Reine à tort, je ne faurois le taire,
Répondit Mémucan, le plus ancien de tous,
Un crime, qui t'ofence, & rejaillit fur nous,
    Mérite une peine exemplaire:
Autrement, on ne peut foutenir le contraire,

Tes sujets les plus grands, comme les plus petits,
    Dans peu vont être assujettis
    Aux indignitez de leurs femmes:
Plutôt mourir cent fois des morts les plus infames.
Pour prévenir, Seigneur, un tel renversement,
    Je serois de ce sentiment,
    Que Vasti fut répudiée,
    Et pour jamais congédiée.
En suite je voudrois que par arrêt rendu,
    Il fut bien exprès défendu
    Aux femmes de ce grand Empire,
    D'entreprendre, faire, ni dire,
    Rien, qui put choquer leurs maris,
    Mais que par jeux, danses & ris,
Chacune tachera de se rendre agréable,
Et subira le joug, au lit comme à la table,
    Sous peine, sans distinction,
    D'exemplaire punition,
Sans qu'à la cour on doive en prendre connois-
    sance,
    Que pour confirmer la sentence.
    Le Prince aprouva ce conseil;
    Avant le coucher du soleil,
    La pauvre Reine fut démise.
    Elle eut beau traiter de méprise,
D'innocence, d'abus & de témérité,
Le refus intenté contre sa Majesté,
    On la banit de sa présence:

                                                    Et

Et l'on fit une loi, qui marquoit en substance,
  Jusqu'où s'étendoit le pouvoir,
  Qu'en éfet l'homme doit avoir,
  Sur sa légitime Compagne,
En Perse, qui n'est pas le païs de Cocagne
Pour Aminte, Philis, Isabeau, Léonor,
Si, comme on le prétend, cette loi dure encor.

CHAPITRE II.

Assuérus à l'Amour avoit beaucoup de pente;
  Pour se récompenser de la perte récente,
    Qu'il venoit de faire en Vasti,
    Pour laquelle il avoit pâti,
Il établit d'abord par tout des Commissaires,
    Qui, pour se rendre nécessaires,
    Sans craindre le qu'en-dira-t-on,
    Devoient chacun dans son Canton,
    Rassembler les plus belles filles,
    Sans réfléchir sur leurs familles,
Et par voiture honnête, avec leur atirail,
Les faire convoyer jusque dans son serrail.
    Quoi que cet impitoyable ordre,
    Causât par tout bien du desordre,
    Il fut pourtant exécuté :
    Personne n'en fut exempté.

Efter, Niéce de Mardochée,
Après s'être long-tems cachée,
Et pour parer ce coup, avoir fait maint éfort,
Eut à son tour, le même sort :
Elle vint au pouvoir de Sahasgas l'Eunuque :
Son Oncle en arracha de dépit sa perruque.
Il n'osoit pourtant dire rien :
C'étoit un très homme de bien,
Adroit, savant, d'un grand mérite,
Mais d'ailleurs, pauvre Israélite,
Du nombre des Captifs, punis pour leurs péchez,
Ausquels il étoit bon de se tenir cachez.
Efter, qui le savoit, n'auroit pas pour un ongle,
Dit qu'à suse elle avoit un oncle,
Ni de quelle religion,
Elle faisoit profession :
Elle n'ignoroit pas de même,
Qu'il s'agissoit ici d'un riche diadème,
Auquel elle pouvoit quelque jour parvenir,
Si le ciel la vouloit benir.
Assuérus à chaque recruë,
De ces rares Vénus, faisoit une revûë :
Efter aussi passa, mais ses atraits puissans
Le pensérent priver de l'usage des sens :
Il en devint rêveur, & se mit dans la tête,
A quel prix que ce fut, d'en faire une conquête.
En éfet, on ne peut qu'à tort le contester,
Il est seur que la belle Efter,

Possedoit des vertus, des qualitez, des charmes,
Qui causoient dans les cœurs de terribles alarmes.
  Ses cheveux blonds recoquillez,
  Lors qu'ils étoient détortillez,
La couvroient toute entiére, & pendoient par derriére,
  Au dessous de la jarretiére.
Elle avoit les yeux vifs, & le nez aquilin,
Le front serein, couvert de boucles de fin lin,
La bouche bien fendüe, & les lévres vermeilles,
  Le menton charnu, les oreilles
  A trou petit, & fin ourlet,
Le teint frais, & le sein aussi blanc que le lait,
Enrichi des moitiez de la superbe sphére,
  Dont l'un & l'autre astre polaire,
  Fit par ses rayons décevans,
Perdre la tramontane au premier des vivans.
Tout brilloit en un mot, dans cette aimable fille;
  Elle avoit, en forme de quille,
  Les bras mignons, tournez au tour :
Des mains, où Cupidon, pour donner de l'Amour,
  Avoit fixé son domicile :
Des doigts longuets, menus & triez entre mille.
  Ses piez potelez & jolis,
  Qui donnoient de la honte au lis,
  Soutenoient deux cuisses charnuës,
Que maint amant glouton auroit voulu voir nuës,
  Aux dépens de sa liberté.

De plus, cette rare beauté
Etoit d'une riche ſtature,
Menuë au bas du corps, & de large carrure.
Elle avoit le port grand, libre, Majeſtueux,
Le parler doux & gracieux :
Enfin, ſon abord, ſes maniéres,
Son ſavoir, ſes vives lumiéres,
Son zéle & ſa dévotion,
Surpaſſoient le degré de la perfection.
Le Roi, qui croiroit faire un crime,
S'il ne lui marquoit de l'eſtime,
Lui fit un compliment, qui d'abord l'interdit :
Tôt après néanmoins, la Belle y répondit,
Mais avec tant d'eſprit, tant d'art, tant d'éloquence,
Que le Galant ſurpris, à peine eut la puiſſance
De ſe poſſéder un moment.
Nonobſtant la rigueur d'un ancien réglement,
Qui ne permettoit pas aux Princes de l'Aſie,
Quand ils en auroient eu cent fois la fantaiſie,
De voir l'objet de leur Amour
Dans un lieu ſecret de la cour,
Qu'après les aparats & les cérémonies
De ces tendres Vénus, qui bien ou mal nourries,
Devoient durer un an entier,
Il penſa la mener d'abord à ſon quartier.
Mais ſans avoir égard au feu, qui le conſume,

Il veut obferver la coutume,
Commande qu'on ait foin d'Efter,
Et que l'on lui faffe aprèter
Des habits éclatans, fuperbes, magnifiques.
Il veut qu'elle ait des Domeftiques,
Qui la fervent à la grandeur :
Six pages, huit Dames d'honneur,
Douze laquais au moins, quatre filles de chambre,
Tant de mirre, de mufc, d'huile, de baume,
d'ambre,
Pour faire des parfums, & fe froter le corps :
Et pour la divertir, par les charmans acords,
D'une mufique harmonieufe,
Il prétendoit qu'elle eut une troupe nombreufe
Des plus habiles muficiens,
Qu'on put trouver parmi les fiens.
En fuite on la mena dans le palais des Dames,
Où les Eunuques & les femmes,
Ne l'aprochoient qu'avec refpect.
Quoi que ce traitement ne put être fufpect
A pas un de fon parentage,
Mardochée en prit de l'ombrage :
Selon lui, ce fuperbe & trop bon traitement,
Devoit trouver fa fin dans fon commençement.
La crainte d'un côté, de l'autre l'efpérance,
Le jettoient dans l'impatience.
Tantôt il fe tient à l'écart,

A 6   Tantôt

Tantôt il parle au tiers, & s'informe du quart,
  Ce que doit devenir sa Niéce,
Sans faire aucun semblant pourtant qu'il s'inté-
    resse,
Pour un visage à lui tout à fait inconnu.
Le tour de nôtre Nimphe enfin étant venu,
  Elle fut conduite au Monarque,
  Mais sans donner aucune marque
  De joye ou de contentement :
A sa mine dolente, à son abatement,
On eut dit qu'Egahi la menoit au suplice.
Vertueuse, modeste, ennemie du vice,
  On n'a pas lieu de s'étonner
  Qu'avant que de s'abandonner
Aux desirs criminels d'un adultére infame,
  Elle sentit dedans son ame,
Les plus rudes combats, que peut livrer la chair.
  Le Roi, la voyant aprocher,
  En sentit une joye extréme,
Et fut si content d'elle enfin, qu'un diadéme
  Fut la récompense d'un jour,
Et le gage assuré de son ardent amour.
  Au couronnement de la Reine,
Ce Prince généreux relacha de la chaine
  Mille forçats, de conte fait :
Il traita ses sujets, & par un pur éfet
Du plaisir, qu'il sentoit d'un si doux Mariage,
  Baissa d'un tiers ou davantage,

        Les

Les impôts dans tout son païs.
Cependant Bagathan & Téres, deux spahis
Des Gardes d'Assuérus, s'étoient mis dans la tête
D'environner ce Prince, à la premiére fête,
Et lui plonger chacun un poignard dans le sein.
Mardochée ayant eu le vent de ce dessein,
En avertit Ester, qui s'étant abouchée
Avec son cher Epoux, lui dit que Mardochée
  L'avertissoit que tel & tel,
Lui devoient au plutôt donner un coup mortel.
  On s'en saisit, les misérables,
Après un examen, se trouvérent coupables,
Et l'on n'auroit pas dit quatre fois l'alphabet,
Qu'un bourreau les avoit atachez au gibet.

CHAPITRE III.

Haman paroissoit au contraire,
Très fidéle sujet, & capable de faire,
  Pour son légitime Seigneur,
Tout ce, que peut un homme, & de main, & de cœur.
  Ayant à sa bonne naissance,
Ajouté le savoir, l'adresse, la prudence,
  Assuérus l'estimoit beaucoup,
Et secondant Tiché, l'éleva tout d'un coup,

   Jufques au plus haut de la Rouë.
Devenu tout-puiffant, tout le monde le louë,
Heureux à qui ce grand fait part de fes regards ;
Le Roi même pour lui doit avoir des égards.
Cette haute fortune à peine eft établie,
   Qu'Haman entiérement s'oublie ;
   Mardochée s'en aperçoit,
  Et dans le même inftant conçoit,
Contre ce fortuné, qu'il trouve infuportable,
Un Souverain mépris, une haine implacable.
Les autres à fes piez ont beau fe profterner,
Il cherche à lui déplaire, & le veut chagriner,
Et bien loin du falut, ou d'une révérence,
Il lui tourne le dos auffitôt qu'il s'avance.
   Bien des gens en étoient furpris,
   Mais en vain il en fut repris.
Enfin, des ennemis du peuple Ifraëlite,
   A qui, pour s'en faire un mérite,
Il avoit en fecret, loüé fa nation,
Tachérent de flétrir fa réputation,
   Et pour fa prétenduë ofence,
Porter contre les juifs, Haman à la vengeance.
Ce Seigneur, qui fans doute, avoit bien remarqué
   Que nôtre Hébreu s'étoit moqué,
   De fa grandeur imaginaire,
Frémit à ce récit, & tremblant de colére,
Réfolut de le perdre, & ceux de fon parti.

        Pour

Pour n'en avoir le démenti,
Il fit comprendre au Roi que la loi judaique
Etoit une loi diabolique,
Qui devoit à sa nation
Etre en abomination.
Tes intérêts, lui dit il, Sire,
Me contraignent de te le dire,
Je crains une Sédition,
Les Juifs y sont portez par leur religion :
Si tu veux prévenir ton entiére ruine,
Il les faut extirper jusques à la racine.
Le Royaume est rempli d'Oficiers vigilens,
Qui peut être, pour moins de dix milles talens,
Que je leur donnerai, n'eussé-je plus la maille,
Massacreront cette canaille.
Le Prince, ou bien, ou mal, instruit,
N'eut pas bien consenti qu'Israël fut détruit
Que le sort fut jetté, suivant les loix de Perse,
Pour savoir quand cette perverse
Et sole résolution
Seroit une fois mise en exécution.
Lors qu'on en sçût le jour, Haman, au nom du Prince,
Envoya dans chaque Province,
Ville, Bourg, Vilage, Hameau,
Un ordre scélé du grand sceau,
A tout Seigneur, Régent, Magistrat, Bailli, juge,

De

De faire un horrible déluge
Du fang des perfides Hébreux :
Et que s'il arrivoit à quelque malheureux,
D'en conferver une parcelle,
Dans le fein d'un enfant encore à la mamelle,
Il fut découpé par morceaux,
Et donné pour pâture, aux plus fiers lionceaux.
Sufe, où la belle Efter étoit Reine régente,
N'en devoit pas même être exemte.
Cet arrêt infernal fut par tout publié,
Et l'on n'avoit pas oublié,
Pour exciter le peuple à ce maudit carnage,
D'y donner tous les biens des Hebreux au pillage.
A ce bruit, le Païs eft dans un deuil profond,
Le plus infenfible fe fond.
Dans l'humide torrent de fes larmes améres;
Le mari plaint fa femme, & les dolentes méres
Sont prétes à perdre les fens,
Lors que fe figurant leurs enfans innocens,
Sous une puiffance inhumaine,
Menacez d'une mort prochaine,
Sans les en pouvoir garantir.
Haman, gai cependant, fonge à fe divertir :
Le Prince & lui font des merveilles,
A nétoyer des plats & rincer des bouteilles.

CHA-

CHAPITRE IV.

MArdochée senfible aux funeftes accens
  De tant de pauvres innocens,
Qui prêts d'être immolez à la vengeance horrible
  De L'homme le plus inflexibles,
  Atendoient, pour remplir leur fort,
  Tous les jours le coup de la mort,
Déchira fes habits, prit le fac & la cendre,
  Et pour fe faire mieux entendre,
Après avoir couru Sufe, de bout en bout,
S'en vint comme un piquet, fe planter tout debout,
  Devant la porte du Monarque,
La loi ne foufrant pas qu'avec la moindre marque
D'un deuil, qui put caufer de l'altération,
  On ofât fans permiffion,
  Entrer jufque dans le Portique.
Efter l'ayant apris par plus d'un Domeftique,
  Elle lui députa Hathac,
  Pour le prier d'oter fon fac,
Ou paffer par deffus une robe de foye,
  Que pour cette fin elle envoye,
  Et dire le fujet de fon affliction.
L'Eunuque s'aquita de fa commiffion;
  Il revint, & furprit la Reine,

Lors qu'il lui déclara que la mortelle haine,
Qu'avoit conçuë Haman contre sa nation,
  Tendoit à sa perdition.
La chose, lui dit il, n'est que trop véritable,
  Mardochée n'est pas capable
  De vous en vouloir imposer;
  Et pour ne vous point amuser,
  Madame, voila l'ordonnance.
  Il vous fait bien la révérence,
  Et vous conjure fortement
  D'aller parler dans le moment,
Au Prince vôtre Epoux, & par plus d'une instance,
Tacher de le porter à casser la sentence,
Renduë contre un peuple, incapable d'avoir
  Rien pensé contre son devoir.
Qu'au reste, sa Grandeur devoit être assurée
  Que sa douleur démesurée
Le traineroit plutôt mille fois au cercueil,
  Que de vouloir poser le deuil,
  Avant qu'il eut obtenu grace.
  Je voi bien que ce, qui se passe,
Reprit Either, voudroit que j'agisse en éfet,
Mais peut il ignorer, Hathac, qu'il n'est forfait,
  Dans le fond, plus irrémissible,
Qu'est à la cour, celui de se rendre visible,
  Sans un ordre de l'Empereur:
Depuis un mois entier je n'ai pas eu l'honneur.

De voir un seul moment sa face :
Que veut donc Mardochée à present que je fasse?
Le peuple Juif m'est cher, je voudrois bien mourir,
Si je le pouvois secourir.
Mais risquer de perdre la vie,
Sans lui faire aucun bien, je n'en ai point envie:
En arrive ce qu'il pourra.
Va-t-en, poursuivit elle, & vois ce qu'il dira.
L'Eunuque, homme prudent & sage,
S'aquita très bien du message.
A quelle extrémité faudra-t-il me porter?
O ciel! comment, la Reine Ester
Me tient, dit Mardochée, en courroux, ce langage!
Dieu n'abandonnera jamais son héritage.
Croit elle qu'étant Reine, Haman l'épargnera?
Au contraire, elle périra,
Avec le dernier de sa race,
Sans qu'il en reste aucune trace.
Celui, qui de tout tems gouverne l'univers,
Et protége les bons, en dépit des pervers,
Saura pourvoir d'ailleurs à nôtre délivrance:
Mais qui sait si la Providence,
L'Auteur des grands événémens,
Du dernier des abaissemens,
A voulu l'élever jusques à la couronne,
Qu'afin qu'elle fut la Patronne
De la désolée Sion?

Son ancienne condition
Ne touche plus son cœur, la presente la flate;
Elle aura beau faire, l'ingrate,
L'Eternel n'aura point d'égard à sa grandeur,
Si, par des mouvemens d'ardeur,
Pour l'avancement de son régne,
Malgré les loix, elle ne daigne
Risquer, & la Tiare, & la vie, & l'honneur,
En s'allant prosterner aux piez de son Seigneur,
Et faire toute diligence,
Pour le porter à la clémence.
Quoi que le Juif fut oncle, & grand ami d'Ester,
Ce reproche sanglant pensa la démonter,
Et l'inciter à la vengeance,
Mais en voyant la conséquence,
Elle envoya Hathac, pour la troisiéme fois,
Dire à ce bon viellard, que nonobstant les loix,
Qui lui déféndoient de paroître,
De son pur mouvement, devant le Roi son Maî-
Elle vouloit le hasarder, (tre,
Moyennant que le ciel voulut la seconder:
Qu'il faloit du Seigneur implorer cette grace,
De concert, & pendant l'espace
De trois jours tout entiers le prier & jeuner.
Qu'il devoit pour ces fins, de sa part ordonner
Aux Juifs de la Ville de Suse,
Dont elle ne vouloit entendre aucune excuse,
Ni pour enfans, ni pour viellards,

De

De ne point exercer les métiers & les arts,
Mais se ceindre d'un sac, se couvrir de poussiére,
Et passer avec elle & sa cour toute entiére,
  Ce tems dans la dévotion.
Mardochée aprouva la bonne intention
De la prudente Reine, & par sa diligence,
Tout suse exécuta sa pieuse ordonnance.

CHAPITRE V.

TRois jours après Ester, dans un habit royal,
  Qui n'avoit point eu son égal,
Ointe d'un baume exquis, fait de civette & d'ambre,
Et belle comme un Ange, au sortir de sa chambre,
  Se fit mener dans le Parvis
De l'Hotel, où le Roi, justement vis à vis,
  Ocupoit son superbe trône.
D'abord qu'il aperçoit sa charmante Amazone,
  Il en est charmé de nouveau,
Baisse sa verge d'or, la lui tend de niveau,
  Pour lui marquer sa bienveillance.
La Reine, à ce signal, lui fait la révérence,
S'aproche avec respect, & touche de la main,
  Le sceptre de ce Souverain.
Qu'as-tu, lui dit le Prince, incomparable Reine?
        Le

Le trouble, où je te voi, me cause de la peine;
    As-tu rien à me demander ?
    Il ne faut pas tant marchander,
Je m'ofre à t'acorder, avant que de t'entendre,
Ce, que d'un puissant Roi, l'Epouse peut pré-
    tendre.
Sire, je ne saurois trop loüer ta bonté,
J'aspirois seulement à voir ta Majesté,
J'en ressens un plaisir, qui tout plaisir surpasse,
Reprit Ester, Seigneur, acorde moi la grace,
    Pour le prolonger d'un moment,
De diner aujourd'hui dans mon apartement :
Le régal est tout prêt, viens vite, je te prie,
    Et qu'Haman soit de la partie.
    Je n'aurois point été marri
    De vous voir sans mon favori,
Madame, dit le Roi, mais comme je l'estime,
    Vous savez, sans que je m'exprime,
Que pour me témoigner une entiére amitié,
    Il faut qu'il y soit de moitié.
On pourroit en passant, se donner la licence
    De marquer la magnificence
    De ce repas, de point en point,
    Mais le texte n'en parle point.
    Je croi, sans craindre la satire,
    Devoir pourtant hardiment dire
Que chacun fut content de ce beau traitement :
Le Souverain du moins, le parut tellement,
    Qu'a-

Qu'après s'être coifé de vin de Canarie,
Je suis très satisfait, Madame, je vous prie,
  Dit il, en regardant Ester,
  De me dire, sans hésiter,
  Ce qu'on peut pour vôtre service,
Mon or & mon argent, mon crédit, ma milice,
  Tout est à vous, disposez en.
Sire, reprit Ester, j'aimerois mieux d'un an
  Ne mettre denier dans mes cofres,
Que de penser jamais abuser de tes ofres.
  Tout ce que je voudrois, Seigneur,
  C'est que tu me fisses l'honneur,
  De revenir demain sans faute,
  Encore avec nôtre même hôte,
Profiter du repas, que l'on doit m'aprêter.
  J'y consens, ma divine Ester,
  Dit le Roi, la grace est petite.
Haman, après avoir exalté le mérite,
La grace, la douceur, la générosité,
De la Reine, sortit charmé de sa beauté.
  Mais à peine il est à la porte,
  Que sa colére le transporte,
De voir le Juif assis, où s'adressent ses pas,
Qui loin de se lever, ne le regarde pas,
Mais le laisse passer avec indiférence,
  Sans lui faire la révérence.
Il étoit démonté lors qu'il entra chez lui.
Jupin, s'écria-t-il, se peut il que celui,
      Qu'Este

Qu'Efter reçoit en frére, & qu'Afluérus honore,
  Puiffe rien fouhaiter encore?
Mes biens & mes emploix furpaffent mes defirs,
Faut il qu'un malheureux traverfe mes plaifirs?
Aujourd'hui j'ai reçû, oui, Meffieurs & Madame,
Parlant à fes amis, & regardant fa femme,
Un honneur, dont mortel ne fauroit fe vanter;
  La Reine vient de me traiter,
En prefence du Roi, qui l'aime à la folie,
Nous avons pour demain relié la partie;
  Cependant dans cette faveur,
  Mardochée me rend rêveur;
  Il m'eftime moins qu'une bête;
Quand il me voit paroître, il me branle la tête,
  Et fe moque en face de moi.
Il n'eft pas malaifé de deviner pourquoi,
  Repliqua Zérès, fa Compagne:
Mais en tout cas, pourquoi vouloir qu'il acompagne
  Les autres Hébreux à la mort?
Leur terme eft limité, fuivant les loix du fort,
Il peut les précéder. Plante en la grande Place,
Un gibet élevé de vingt fois une braffe,
Et fuplie le Roi qu'on l'y pende demain.
On ne peut, felon moi, paffer pour inhumain,
D'exterminer un chien, indigne de la vie.
  Le confeil de cette harpie

Plût,

Plût, le gibet fut préparé,
Mais pour toute autre fin qu'ils n'avoient efpéré.

CHAPITRE VI.

Afsuérus ayant beu plus qu'à fon ordinaire,
Refta toute la nuit fans fermer la paupiére,
Il la paffa dans la langueur;
Pour en abréger la longueur,
Il s'étoit fait donner le livre des Croniques:
Comme l'un de fes Domeftiques
Le lifoit à voix haute, un endroit le furprit.
Cela me remet dans l'efprit
Qu'en éfet, dit-il, Mardochée,
Qui fans doute à l'ame atachée
Fortement à mes intérêts,
Découvrit que Bigthan & le lâche Térès
Vouloient facrifier ma perfonne à leur haine;
De quelle récompenfe a-t-on payé fa peine?
D'aucune, reprit le Lecteur.
Comment! dit Affuérus, marquer de la lenteur
Dans une rencontre femblable?
Je ne voi la rien d'équitable;
Cela ne fe peut pas, & felon mon avis....
Mais que l'on regarde au Parvis,

Peut-être que quelque autre en aura connoiſſance.
Haman, fort matineux, venoit à l'audience,
Pour acuſer le Juif, & le faire punir.
   Aſſuérus l'ayant fait venir,
Se mit à lui parler du devoir des Monarques,
En ce qu'ils ſont ſenſez devoir donner des mar-
    ques
De leur ſévérité, par divers chatimens,
Aux infracteurs des Loix, & de leurs réglemens :
Mais qu'ils ſont obligez de même en conſience,
   D'honorer de leur bienveillance,
   Et de leur libéralité,
   Les perſonnes de probité :
   Cela ſans doute, eſt néceſſaire.
   En ce cas, que faudroit il faire,
Haman, pourſuivit il, à celui que le Roi
Conſidére en ſon cœur, & chérit comme ſoi ?
   Le Miniſtre, avide de gloire,
   Et qui n'auroit jamais pu croire
Qu'on en voulût qu'à lui, repliqua promtement,
   Voici, Sire, mon ſentiment.
Il faut que le premier de ta cour le courronne,
Lui vête tes habits, & le méne en perſonne,
Sur ton meilleur cheval, par toute la Cité,
   Publiant que ta Majeſté
   Honore, ce grand Perſonnage,
Pour ſon rare mérite, & ſon ferme courage.
Ce jugement me plaît, il eſt bon en éfet,
       Que

Que ce que tu m'as dit soit fait
Au plutôt, dit le Roi, va prendre Mardochée,
Sa secte ne m'est point cachée,
Il est Juif, je le sai, mais enfin, Juif ou non,
Il est digne de grand renom.
On a beau lui porter envie,
Après m'avoir sauvé la vie,
Je le protégerai jusqu'au dernier instant.
A ce commandement, Haman, il est constant,
Tremble, & tombe comme des nuës;
Il falut obéir. En parcourant les ruës,
Où l'air doit jusqu'aux Cieux retentir de sa voix,
Il pensa sucomber, & mourir mille fois.
Le Juif, à son retour, au Parvis reprit place,
Mais Haman de dépit, aussi froid que la glace,
S'en retourna dans sa maison.
Sa femme & ses enfans étoient avec raison,
Dans des trances plus que mortelles:
Ils voyoient bien qu'à ces nouvelles,
Les enfans de Jacob aloient reprendre cœur,
Et que Mardochée vainqueur,
D'un mortel ennemi, pour peu qu'il fut sensible,
Humainement parlant, il étoit impossible
Qu'il ne les immolât à son ressentiment.
Plongez dans cet abatement,
Et craignant le revers d'un accident sinistre,
On vint de par le Prince, inviter le Ministre,
A se rendre en personne, au plutôt chez Ester.

CHAPITRE VII.

LE diner, que la Reine avoit fait aprêter,
Comme le précedent, étoit trés magnifique:
Haman, fort abatu, toûjours mélancolique,
  Ne s'en aperçût presque pas;
Le Roi fit au contraire, un excellent repas,
Et fut si satisfait du régal de sa femme,
  Qu'il s'engagea de cœur & d'ame,
  A cultiver son amitié,
Et la récompenser au moins de la moitié
Des biens, s'il le faloit, qu'il avoit dans l'Asie.
  Je ne demande que la vie,
  Et la Continuation,
Lui dit elle, Seigneur, de ta protection,
  Pour les pauvres Israëlites.
Un fameux sélérat, le roi des hipocrites,
A formé le dessein de les exterminer;
  Le tréziéme de février,
Un torrent de leur sang doit innonder l'Empire,
Et pour autoriser ce maudit ordre, Sire,
  On l'a scélé de ton cachet.
Recevant bien & mal, toûjours comme il m'échet,
S'il ne s'étoit agi que de l'entiére perte
De nos biens temporels, ou d'une guerre ouverte,
       Con-

    Contre la maison de Sion,
J'aurois tû le sujet de mon afliction :
    Mais vouloir d'une main cruelle,
Tüer jusqu'aux enfans, qui sont à la mamelle,
    Cela ne se peut suporter.
    Assurément, ma chére Ester,
    Vous vous figurez un fantome,
Qui n'est pas, reprit il, dans ce vaste Royaume,
    Ni peut être dessous les cieux :
    C'est un soupçon malicieux,
    Qui vous fait parler de la sorte ;
    Je prétens, avant que je sorte,
Que vous me déclariez à qui vous en voulez ;
Fut il de mes sujets, fidéles & Zélez,
Le plus ardent, Madame, à me rendre service,
Foi de Roi Souverain, je vous ferai justice.
Mais je maltraiterai de même également,
    Celui, qui sans nul fondement,
Vous a mis dans l'esprit un fait abominable,
Qui ne me paroit pas seulement vrai-semblable.
L'auteur de ce fait, Sire, est dit elle, connu,
    Vous voyez son visage à nud ;   (que,
C'est Haman, le per.... ciel ! s'écria le Monar-
Après t'avoir donné chaque jour quelque marque
    De ma sincére afection,
Lui dit il, tu commets la plus noire action,
    Dont le plus ingrat soit capable ;
    Ce crime n'est pas pardonnable,

La dessus il sortit, enflamé de courroux.
L'acusé cependant se tenoit à genoux,
Implorant en tremblant, le secours de la Reine;
Mais voyant sur son front des marques de la haine,
Que d'un trenchant burin, y gravoit son délit,
Il se laissa sans poux, abatre sur son lit.
Le Prince à son retour, comme un Roi de l'Asie,
    En conçût de la jalousie,
Il en rougit; comment, l'impudique voleur,
    Voudroit il bien, dans son malheur,
Entreprendre, dit-il, d'abuser de Madame?
    Alons, qu'on l'empoigne, l'infame,
De crainte qu'il n'échape à mon ressentiment.
Harbona, la dessus, s'en saisit promtement,
Et le Prince ayant sçû qu'un desir de vengeance
Avoit porté Zérès, à faire une potence,
Pour pendre Mardochée, il y fut ataché;
Et le Roi du depuis, ne parut plus faché.

CHAPITRE VIII.

APrès la mort d'Haman, sa famille orgueil-
    leuse,
    Fut entiérement malheureuse:
On leur ota leurs biens, confisqua leur maison,
    Suivant les loix & la raison,

                Et

Et même on en banit plusieurs de la Province.
    La Reine, par arrêt du Prince,
Devoit seule jouïr de ces rares éféts,
    Mais voulant combler de bien-faits
    Son parent, son vénérable oncle,
Elle n'en retint pas pour la valeur d'un ongle.
Le Prince ayant de même apris que le vieillard
    Savoit parfaitement bien l'art
D'augmenter tous les jours largement les finances,
    Et tenir les autres Puissances
    Dans les bornes de l'équité;
    Qu'il avoit de la probité,
Et que sans contredit, sa conduite admirable
    Le rendoit fort recommandable,
    Lui mit an doigt l'aneau d'Haman,
    Et l'établit, en moins d'un an,
    Chef des Oficiers de police,
    Et de sa nombreuse milice.
    Ce favorable changement
    Méritoit un remerciment.
Le plus intéressé fit en sa propre langue,
    Sur ce sujet, une harangue,
    Qui charma le Prince & sa Cour.
    La Reine de même eut son tour;
Mais de peur d'encourir un sensible reproche,
Sachant, dit elle au Roi, que le moment aproche,
    Auquel mon Peuple doit périr,

Si l'on tarde à le fecourir,
Abatuë à tes piez, Seigneur, je te fuplie
De ne permettre pas qu'on atente à fa vie,
 Révoque l'arrêt infernal
 D'Haman, l'ennemi capital
 De tes fujets & de ta gloire.
 Immortalife ta mémoire,
 Par un coup fi digne de toi.
 Il ne faut, Sire, felon moi,
 Qu'un ordre exprès de ta Perfonne,
 Aux Oficiers de ta Couronne,
 Qui fous peine de chatiment,
 Les charge pofitivement
 De prêter aux Juifs affiftence,
 Et d'empêcher que la fentence
De l'exécrable Haman s'exécute jamais.
 Madame, je vous le promets,
 J'aurai foin de vous fatisfaire,
 Dit Affuérus, ou pour mieux faire,
 Ecrivez, Mardochée & vous;
 En qualité de vôtre Epoux,
Voila, je vous remets mon cachet & mes armes:
Vous tirerez par là, de leurs rudes alarmes,
Des gens, qui font au fond, dignes de mes bontez,
 Mes fceaux font par tout refpectez,
Ils produiront l'éfet, que feroit ma prefence.
 Après une humble révérence,
Efter fe retira dans fon apartement,

         Et

Et dépêcha dans le moment,
Des postes à relais, dans toutes les Provinces,
Avec des lettres pour les Princes,
Gouverneurs, Magistrats, Protecteurs de la Loi,
Ecrites au nom de leur Roi,
Par lesquelles on les exorte
A protéger les Juifs, & leur préter main forte,
Contre leurs ennemis mordans,
Qui, comme des Lions, les vouloient de leurs dents,
Déchirer jusques aux entrailles.
Les peuples, à l'abri des superbes murailles
De la ville de Suse, où se tenoit la cour,
Furent témoins le même jour,
Comment avec magnificence,
On publia par tout une même ordonnance.
Mardochée couvert d'un vetement Royal,
Paré d'une couronne, & porté d'un cheval,
Que le Roi ne montoit qu'à quelque bonne fête,
Etoit comme un Prince, à la tête
Des Hérauts de sa Majesté,
Présens pour honorer cette solennité. (céres,
Comme les Juifs étoient simples, dévots, sin-
Et promts de toutes les maniéres,
A secourir les indigens,
On voyoit les honnêtes gens
Aplaudir à leur délivrance,
Et prendre double part à leur réjouïssance.

Les Hébreux des autres endroits,
Se voyant de nouveau, retablir dans leurs droits,
Hors des traits dangereux des juges tiraniques,
    Firent dans des fêtes publiques,
    Retentir la voute des Cieux,
    De leurs Himnes harmonieux,
En signe d'une heureuse & complette victoire,
    Dont ils donnoient à Dieu la gloire.
    Une si loüable action
    Fut en édification
    A bien des habitans de Perse,
Qui loin de leur penser venir à la traverse,
    Ou troubler leur dévotion,
Se firent à l'instant de leur religion,
Et n'auroient pas manqué de soufrir le martire,
    Aussi tôt que de s'en dédire.

CHAPITRE IX.

Les Juifs enflez de leur bonheur,
    Quoi qu'assurez que la teneur,
Des arrêts de la cour, étant bien entenduë,
    Aucune raison prétenduë,
    Ne porteroit un des Persans
    A vouloir en tordre le sens,

Et songer seulement à se mettre en posture
  De leur faire la moindre injure,
S'assemblérent aux jours, qu'Haman avoit mar-
  quez,
Pour les exterminer, & loin d'être ataquez,
Voyant que les Payens n'avoient point pris les
  armes,
  Firent d'exécrables vacarmes,
Et sans aucun égard, massacrérent tous ceux,
  Qui se trouvérent devant eux.
  Le nombre, tant aux champs qu'en ville,
S'en montoit, dit le texte, à septante cinq mille.
  Cette action faisoit horreur,
  Mais une Pannique terreur,
Qui les avoit saisis, leur otoit la puissance
  De faire aucune résistance :
Outre que Mardochée, au plus haut du degré,
Qui n'auroit pas manqué par la force, & malgré
Les plus grands, de punir le premier de l'Em-
  pire,
Qui se fut seulement ingéré de rien dire,
  Leur étoit tellement suspect,
  Que pour lui marquer leur respect,
  Ils aidérent ces téméraires
  A massacrer leurs propres fréres.
  Le Roi ne fut point satisfait
D'entendre que dans Suse, à ses yeux, on eut fait
  Un carnage à peu près semblable :

Se sentant néanmoins un amour inéfable
Pour Ester, digne objet de son afection,
  A sa Solicitation.
Il permit que les Juifs déchargeassent leur bile
  Encore une fois sur sa Ville,
Et que dix fils d'Haman, sur la terre étendus,
Sans forme de procès, fussent aussi pendus.
  Pour perpétuer ce miracle,
Où la fureur du Juif ne trouva point d'obstacle,
La Reine commanda, par ordre de la Cour,
D'en célébrer chaque an, la fête au même jour,
Par de riches presens, que l'on se devoit faire,
Au milieu des plaisirs & de la bonne chére.

CHAPITRE X.

Cependant Mardochée étant dans la faveur,
  Paroissoit jour & nuit réveur,
  De voir le Tresor presque vuide,
Sans pouvoir le remplir. Son maître étoit avide
  D'or & d'argent, dans le dessein
De tenter une guerre, & l'épée à la main,
  Aux dépens de cent mille têtes,
Tacher de faire ailleurs de nouvelles conquêtes.
  Pour contenter ce Conquérant,
       Qui

Qui, faute de deniers, lui paroiſſoit mourant,
   Il falut, contre ſon génie,
   Ennemi de la tiranie,
   Qu'il exigeat des habitans,
Un onéreux tribut, inconnu de tout tems,
Qui juſques à preſent, ſe léve encore en Perſe:
Et d'autant qu'en éfet la maxime perverſe
D'épuiſer les Petits, a cours parmi les grands,
Le Prince commanda, pour l'honneur des Parens,
   Et du culte de Mardochée,
   Que cette taxe fut couchée,
Comme étant proprement de ſon invention,
Joint au juſte ſujet de ſa promotion,
   Dans le livre de ſes Croniques.
   Les Nations Aſiatiques
   Sontiennent unanimement
   Qu'il ſe voit plus d'un monument
Dans ces heureux climats, qui prouvent que
     l'hiſtoire
De la pieuſe Eſter, d'éternelle mémoire,
   Eſt d'une notorieté,
   Depuis l'obſcure antiquité,
   Qui leur paroit inconteſtable,
Et qu'un honnête Juif doit croire véritable.

B 7   LE

LE TRIOMPHE
DE LA
PATIENCE,

Ou l'Histoire du Saint Homme

JOB,
PRINCE ARABE.

Mis en vers François

Par

Mr. S: TYSSOT Sr. DE PATOT,

P. O. E. M.

A DEVENTER.

SONNET.

A la loüange de l'Auteur.

Que du saint Homme Job, tu décris bien l'Histoire,
Acablé de malheurs, sensibles & divers,

Par

Par tout sa patience éclate dans tes vers,
Et ta plume subtile Illustre sa mémoire.

Si par de durs revers, il aquit de la gloire,
Ton travail n'a pas moins mérité que ses fers:
Ainsi vous devez être également couverts
De verdoyans lauriers, en signe de victoire.

Mais ce, qui doit un jour surprendre nos Neveux,
C'est que sans négliger * l'Idole de tes vœux,
Ta Maitresse, tu fis cette œuvre en six semaines.

Les Grecs & les Latins, que l'on estimoit tant,
Auroient pour t'égaler, Tyssot, perdu leurs peines,
S'il avoient entrepris d'en vouloir faire autant.

Prélude.

Ce n'est pas mon dessein d'embellir cette histoire,
Digne qu'un monde entier l'imprime en sa mémoire,
A son lustre il n'est rien, que je puisse ajoûter,
Un mortel, sans orgueil, ne sauroit s'en vanter.
C'est trop que de toucher à cette œuvre sublime,
C'est trop que de vouloir la publier en rime;
Loin d'y mettre la main, j'aurois crain d'y penser,
Si Dieu, par son Esprit, ne daignoit m'y pousser.
Sans

* La première Epouse de l'Auteur, à laquelle il faisoit alors l'Amour, & écrivoit toutes les postes, en vers & en prose,

Sans le secours du ciel, on n'y voit que nuages;
Qu'écueils, où les savans font de fréquens nau-
＿＿＿frages;
De sublimes leçons pour les plus beaux esprits,
Un livre, qui surprend les gens les mieux apris.
Il n'est rien sous les cieux de semblable à sa force,
L'homme ne peut qu'à peine, en découvrir l'é-
＿＿＿corce.
Le corps dur & massif, ne s'en peut pénétrer;
Il faut de grands éforts pour y pouvoir entrer.
Que ne suis-je pourvû d'autant d'intelligence
Qu'étoit Job de ferveur, qu'il fut de patience;
Que n'ai-je son esprit, que n'ai-je son savoir,
Que ne puis-je remplir comme lui, mon devoir;
Alors ma Muse, promte à seconder mes veilles;
Chanteroit du Dieu fort les bontez nompareilles,
Et ma plume sans peine, écriroit les hauts faits
Du Seigneur des Seigneurs, du Parfait des parfaits.
Mais helas! je connois mon extrême foiblesse;
Un si noble Sujet veut de la politesse;
En vain je veux écrire, en vain je dois parler,
Sans Dieu je ne puis rien, il y doit travailler.
Si pour toi seul, Seigneur, j'ose bien entreprendre
Ce, que sans ton secours, on ne sauroit com-
＿＿＿prendre,
Subviens à mes défauts, embrase ce mortel
Du feu vif & sacré de ton divin autel.
Tu promets de m'aider, je m'assure en toi même,
＿＿＿＿＿＿＿＿＿＿＿＿＿＿＿＿＿＿＿＿Ta

Ta promesse est certaine envers celui, qui t'aime ;
Comme saint, comme juste, ô Dieu, tu chéris ceux,
Qui pour devenir tels, ne sont point paresseux.
C'est pour ton seul honneur que ma plume s'éforce
De tracer en ces vers, ta grandeur & ta force ;
Et pour faire éclater les soins & la bonté,
Que Job remarque en toi, dans sa nécessité.
Fais donc que je commence, & que plein de courage,
J'achéve avec succès, ce merveilleux ouvrage :
Alors ton serviteur, d'un cœur humble & soumis,
Te rendra mille vœux, il te les a promis.

CHAPITRE I.

L'AUTEUR.

DU tems que Farao, ce cruel politique,
Exerçoit sur les Juifs un pouvoir tiranique,
Qu'Israël soupiroit, & qu'un joug odieux
Exigeoit tous les jours des larmes de ses yeux,
Hus étoit le séjour d'un fameux personnage,
De Job, homme de bien, clément, honnête, sage,
Et qui n'ayant pour but que la crainte de Dieu,
S'éforçoit à bien faire, en tout âge, en tout lieu.

Auſſi le Tout-puiſſant, qui remarquoit ſon zéle,
Qui connoiſſoit ſon cœur, qui le voyoit fidéle,
Ne répondoit pas moins à ſa grande ferveur,
Que ce ſaint aux bontez de ſon divin Sauveur.
Dieu pour éternifer ſon heureuſe mémoire,
L'avoit porté lui même au faîte de la gloire :
On le conſidéroit, on lui faiſoit honneur ;
Il étoit en un mot, & Prince, & Gouverneur.
S'il étoit honoré des plus nobles familles,
Sept beaux fils, qu'il avoit, & trois charmantes
      filles,
Ne paroiſſoient pas moins parmi leur nation,
Dont ils faiſoient la joye & l'admiration.
Le mérite étant joint à leur haute naiſſance,
Il poſſédoit en eux beaucoup d'intelligence,
Du zéle, de la foi, mille rares vertus,
Dont mêmes les plus ſaints n'étoient pas revêtus.
Ses palais étoient beaux, ſes terres ſpacieuſes,
Ses anes, ſes brebis & ſes vaches nombreuſes,
Et parmi ce bétail, ocupant ſes Hameaux,
On voyoit un troupeau de trois mille chameaux.
Enfin, pour éviter des récits inutiles,
Aucun ne l'égaloit dans les meilleures villes ;
Les autres devant lui, reſſembloient au néant,
Et ſon luſtre éfaçoit le brillant d'Orient.
Ces honneurs éclatans, ce bien conſidérable,
Ne pouvoient altérer ſon ame inébranlable ;
Le faſte & la grandeur faiſoient peu ſes plaiſirs ;
                              Le

Le Ciel seul à toute heure ocupoit ses desirs.
Ses enfans, quoi que saints, ne vivoient pas de-
　　　même,
Souvent leur piété ne sembloit pas la même,
Ils aimoient les festins, les divertissemens
Leur prenoient quelquefois de précieux momens.
Se sentant néanmoins de l'horreur pour les vices,
Ils gardoient la pudeur dans tous leurs exercices ;
Leurs discours familiers n'étoient jamais lacifs,
Et leurs plus grands repas n'étoient point ex-
　　　cessifs.
Cela n'empêchoit pas que Job, leur tendre Pére,
Ce Job, qui ne pouvoit se lasser de bien faire,
Leurs jeux étant finis, ne les fit convier
A se rendre chez lui, pour jeuner & prier.
Alors vous l'eussiez vû de pleurs baigner sa cou-
　　　che,
En sortir à minuit, le cantique à la bouche,
Ofrir à Dieu le prix de cent oblations,
Et reclamer sa grace & ses compassions.
Je tremble, disoit il, & ce n'est pas sans cause,
L'heure veut, il est vrai, que le corps se repose,
Mais le Seigneur aussi demande des parfums,
Qui purgent les mortels avant qu'ils soient dé-
　　　funts.
Si je fais à ses yeux de sanglants sacrifices,
Je le dois, & je crain qu'en ces vains exercices,

　　　　　　　　　　　　　　Mes

Mes fils n'ayent commis contre le Roi des cieux,
Mille enormes péchez, déplaisant à ses yeux.
Nonobstant ce grand Zéle, au milieu de sa pompe,
Un contretems facheux le surprend & le trompe :
Dieu permet que ses biens, en cent ans amassez,
Soient comme en un instant, en cent lieux dispersez.
Un jour qu'au pié du trône, où Dieu donne audience
Aux Ministres Sacrez de sa Divine Essence,
Un jour que ces Hérauts, pleins d'émulation,
Venoient pour s'aquiter d'une sainte action,
Et comme humbles sujets du Roi de leur Empire,
Lui rendre les respects, que lui même en désire ;
Satan, à qui ce lieu n'étoit point interdit,
Comme eux, sans hésiter, à l'instant s'y rendit.
D'abord que Dieu le voit, il connoit à sa mine,
Que de quelque Mortel il cherche la ruine :
Il le fait aprocher, & lui parle en ces mots.

L'ETERNEL.

Quoi, Satan, que je sache, & les biens, & les maux,
Que mes Ministres font aux Peuples de la Terre,
Ce qui peut t'obliger à leur faire la guerre ;

Com-

Comment tu viens de mettre en exécution
Les arrêts inférez dans ta commiſſion,
Déclare d'où tu viens.

SATAN.

D'achever une ronde,
Courir, voir, fureter, par tous les coins du monde;
D'élever des débats, cauſer des différens
Entre péres & fils, entre amis & parens.

L'ETERNEL.

N'as-tu pas contemplé mon ſerviteur fidéle,
Qui n'a que pour moi ſeul de l'amour & du Zéle;
Et qui n'eſtimant rien, au prix de la vertu,
Deſire avec ardeur de s'en voir revetu?

SATAN.

Si Job paroit dévot, il n'eſt pas qu'il ne feigne,
De tout tems, on le ſait, l'hipocriſie régne;
Ton Culte ne rend pas les hommes diligens;
L'honneur & l'intérêt font agir bien des gens.
Tous les jours, il eſt vrai, tu reçois ſes victimes:
Mais fut il ſans péché, fut il exemt de crimes,
Tes ſoins & ton amour ſont d'aſſez grands motifs
Pour atirer à toi, les coeurs les plus rétifs.

Que voit-on, dont ce Prince, à souhait, ne jouisse?
Le monde à son égard, n'a rien, qui ne florisse;
Ta bonté le protége, & ton bras tout puissant,
Pour le favoriser, n'est jamais languissant.
Pourquoi l'aimer si fort sans une juste cause?
Tu préteus qu'il soit saint, mais sans faire autre chose
Si pour t'en éclaircir, & pour me contenter,
Tu voulois m'ordonner de l'aller tourmenter,
Je suis seur qu'à l'aspect d'un foudroyant orage,
Tu lui verrois monter la fureur au visage,
Blasphémer, renier ta haute Majesté,
Qu'il bénissoit sans fin, dans sa prosperité.

L'ETERNEL.

Ce n'est pas d'aujourd'hui que j'ai pris connoissan-
De ses mœurs, de sa foi, de son obéissance, (ce
Et que j'ai remarqué que le plus grand malheur
Ne feroit pas changer de son front la couleur.
Mais pour te faire voir qu'il est constant & sage,
Qu'il a de la raison, qu'il en sait faire usage,
Je consens librement à la destruction
Des tresors, dont ce saint est en possession.
Ses enfans, son crédit, ses droits, son bien im-
    mense,
Te sont abandonnez, tout est en ta puissance;

Epar-

Epargne seulement sa personne ; son corps
M'est trop cher pour sentir l'éfet de tes transports.

L'Auteur.

Satan à ces propos, n'use point de replique,
Il court exécuter son dessein tiranique ;
Un malheureux l'ocupe, il ne fait que songer
Par quel moyen fatal il pourra l'afliger.
Il apelle les Cieux, il consulte la Terre,
Il se bande avec eux, pour lui faire la guerre ;
Et pour comble de rage & d'indignation,
Ils viennent le troubler dans sa dévotion.
Ce saint est à genoux, son zéle le transporte,
Lors qu'un de ses sujets vient fraper à sa porte ;
Il entre en soupirant, ses gestes, sa couleur,
Sont des signes certains d'un insigne malheur.

Le premier Messager.

Tes bœufs, dit-il, Seigneur, labouroient la campagne,
Tes anesses paissoient au pié de la montagne,
Et de fiers Sabéens, sont venus ce matin,
Qui, malgré nos éforts, en ont fait leur butin.
Tes serviteurs n'ont pû limiter leurs conquêtes,

Ils

Ils les ont fans pitié, traitez comme des bêtes,
Tellement que celui, qui t'en fait le raport,
En eft feul échapé par le divin fuport.

L'Auteur.

Comme il vouloit pourfuivre, un autre fe prefente,
Preffé des mouvemens, que caufe l'épouvante,
Et jettant l'œil fur Job, prêt à fe fondre en eau,
Il lui fait le récit d'un defaftre nouveau.

Le fecond Meffager.

Tes Bergers diligens, s'ocupoient dans la plaine,
A tondre tes moutons, chargez de fine laine,
Dit il, lors qu'en grondant, un foudre injurieux,
A fait fondre fur nous mille carreaux des cieux;
Nous avions beau fuïr, ces feux inexorables
Se rendoient à nos yeux toûjours plus redoutables;
Le Zéle, ni le foin, n'ont pu les empêcher
De confondre un troupeau, qui nous étoit fi cher.
Tes gens mêmes n'ont pas évité leurs furies,
Ils ont tout confumé, jufques aux bergeries;
Enfin, je fuis le feul, qui te parle à prefent,
Auquel le ciel a fait de la vie un prefent.

L'Auteur.

Il eut continué, mais un autre fut caufe

DE JOB.

Que Job, pour l'écouter, lui fait faire une pause,
Il le quite en tremblant, se tourne vers celui,
Qu'il voit, la larme à l'œil, venir parler à lui.

Le troisiéme Messager.

Je te viens, lui dit il, aporter des nouvelles,
Dont le triste recit à des suites mortelles :
D'un visage serain, tu reçois les malheurs,
Mais celui-ci va seul t'acabler de douleurs.
Tes serviteurs étoient dans un repos tranquile,
A deux pas de ta Garde, & de ton domicile,
Et tes fiers ennemis les ont environnez,
Surpris, batus, vaincus, défaits, exterminez,
Ils les ont fait passer par le fil de l'épée,
La terre de leur sang étoit toute trempée,
Et dans ce rude choq, ils se sont vûs périr,
Sans pouvoir espérer qu'on les vint secourir.
Après avoir enfin, d'une extréme furie,
De ce plaisant séjour fait une boucherie,
Ils ont pris tes chameaux, & je suis fort trompé,
Si je n'ai seul, Seigneur, à leur rage échapé.

L'Auteur.

Ces mots n'étoient pas dits qu'un autre entre &
s'écrie.

L'HISTOIRE

Le quatriéme Meſſager.

Je ſuis ravi, Seigneur, de te trouver en vie,
Mais pour ne point aprendre un malheur ſans égal,
Je ne ſai ſi la mort te ſeroit un grand mal.
Tes chers enfans étoient au chateau de leur frére,
Leur ainé les traitoit, c'étoit ſon ordinaire,
Quand le ciel, pour finir leurs plaiſirs innocens,
A produit des éfets de ſes éforts puiſſans.
Un tourbillon afreux s'eſt fait ſentir ſur l'heure,
Les vents ont aſſailli cette Illuſtre demeure,
Et réduit, par un coup, qui me paroit nouveau,
Ses fondemens maſſifs & ſa cime au niveau.
Mais qui pis eſt, hélas ! c'eſt que ſous ces maſures,
La fleur des jeunes gens, dix ames des plus pures,
Par des liens mortels, demeurent détenus,
Et que même on ne ſait ce qu'ils ſont devenus.
En un mot, des témoins de ce triſte ſpectacle,
Je penſe être le ſeul, & c'eſt par un miracle,
Que le ciel a ſauvé, pour te le raporter,
Qui t'en fait le recit.

L'Auteur.

Job, ne pouvant douter
De ces fatals revers, dont le moindre le preſſe,
Pouſſe mille ſoupirs, témoins de ſa triſteſſe,

Il

DE JOB.

Il déchire sa robe, & son sort malheureux
Lui fait prendre le sac, & tondre ses cheveux.
Au lieu de s'emporter, de jurer, de maudire,
Il se met à bien faire, il commence à bien dire,
Et pour nous faire voir qu'il craint le Roi des Rois,
Il veut jusqu'à la mort, se soumettre à ses loix.
Je suis, s'écrie-t-il, vers son Seigneur & Pére,

JOB.

Je suis sorti tout nud du ventre de ma Mére,
Et nud demême aussi, lors que j'expirerai,
Dans le ventre fatal du tombeau j'entrerai.
A quoi bon murmurer, puis que de toute chose,
Le Souverain Monarque à son vouloir dispose;
C'est lui, qui l'a donné, c'est lui qui me l'a pris,
Le Dieu, que je benis, n'en peut être repris.

L'AUTEUR.

C'est ainsi que ce saint reçoit en patience,
Les plus grands châtimens, dont on ait connoissance:
Quoi que son Dieu lui fasse, il ne dit jamais non,
Et s'il fait des éforts, c'est à loüer son nom.

CHAPITRE II.

Cependant le Dieu fort, d'une voix redoublée,
De ses esprits servans convoque l'assemblée ;
Aussi tôt chacun d'eux venant à le savoir,
S'y rencontre, & Satan se range à son devoir.
Le Seigneur, qui vouloit faire entendre à ses anges,
Combien son favori méritoit de loüanges,
Se léve, & de son œil, qui par tout resplandit,
Il fait signe à Satan, il l'apelle & lui dit.

L'Eternel.

Vien, avance, dis moi d'où tu viens à cette heure?

Satan.

De parcourir la terre, où je fais ma demeure ;
De repasser les bourgs, les villes & les champs,
Et de voir ce que font les bons & les méchants.

L'Eternel.

As-tu pris garde à Job, ce serviteur aimable,
Qui n'a point son pareil sur la terre habitable?
Homme juste, benin, charitable à celui,

Qui

DE JOB.

Qui dans son indigence, a son recours à lui ?
En un mot, pur & saint, & qui dans ce tems même,
Après tant de malheurs, dont le moindre est extréme,
Où par ton bras cruel, je l'ai précipité,
Fermement persévére en son intégrité ?

SATAN.

L'Homme de sa nature, estime fort la vie ;
Il ne sauroit soufrir qu'elle lui soit ravie ;
Riche, pauvre, en santé, débile, jeune ou vieux,
Pour se la conserver, rien n'est trop précieux.
Cette maxime en Job, jusqu'à l'ame est empreinte;
Si ses biens sont perdus, si sa race est éteinte,
Il trouve du plaisir à se voir épargner,
Et se croit trop heureux s'il peut vivre & régner.
Mais si tu voulois bien me donner la licence
D'exercer sur lui même, un moment ma puissance,
Et que, pour découvrir, & son fiel, & son fard,
Tu voulusses aux cris n'avoir aucun égard,
Tu lui verrois vomir mille horribles blasphémes,
Maudire ton saint nom, tes jugemens suprêmes,
Et contre tes décréts agir, & contester,
Avec tous les humains.

L'ETERNEL.

      Pour ne point réſiſter
A ta demande fole, importune & cruelle,
Je veux te faire voir qu'il eſt ſaint & fidéle,
Et que malgré les maux, dont je vai le punir,
Il ne ceſſera pas pourtant de me benir.
Va donc, des aujourd'hui, je conſens à ſa peine;
Montre en ce patient des éfets de ta haine;
Fais lui ſentir des maux pires que le trépas;
Mais prens garde à ſa vie, & ne l'en prive pas.

L'AUTEUR.

Après cette ſentence, auſſi rude que fèrme,
Ce cruel ennemi ne veut point d'autre terme;
Il quite l'aſſemblée, & s'en vient aſſaillir
Celui, que l'œil divin n'avoit point vû faillir.
Il le frape, il l'abat, d'une extréme colére,
De ſon corps tout entier il ne fait qu'un ulcére,
Et l'aflige de maux, ſi durs & ſi preſſans,
Que ce ſaint preſque en perd la raiſon & les ſens.
Rien ne le peut guérir, tout ce que l'on ordonne
Ne fait aucun éfet, & chacun l'abandonne;
La charité voudroit qu'on l'allât viſiter,
Mais l'odeur, qu'il exhale, oblige à l'éviter.
Son gîte eſt un fumier, ou tout couvert de cendres,
Il fait de vains éforts de ſes ongles trop tendres;
            Un

Un test pour se grater, ne sufit souvent pas,
La peau lui cuit sans cesse, & trouble ses repas.
Un mal si désolant n'est pourtant pas capable.
D'émouvoir sa constance, elle est inébranlable;
Il soufre sans se plaindre, au lieu de murmurer,
A peine l'entend on quelquefois soupirer.
Tout ce qui paroit dur à cette ame si belle,
C'est que sa femme tache à corrompre son zéle;
Son mal l'aflige moins que l'infernal propos,
Dont l'impie se sert pour troubler son repos.

Dina Femme de Job.

Te voila, lui dit elle, acablé de tristesse,
Le mal, de toutes pars, t'environne & te presse;
Tu n'as plus rien d'entier, ton corps, ta belle peau,
N'est que l'embléme hideux d'un noir & vieux
    Drapeau.
Ton ame à s'envoler semble être toute prête,
Tu te vois dans les maux plongé jusqu'à la tête,
Et pire enfin que ceux, qui chargez de leurs fers,
Sont tourmentez du diable au plus bas des enfers.
Néanmoins tu benis, tu loüe en tout âge,
Celui, qui pour te perdre, à donné son sufrage,
Tu lui demande grace, & ton cœur tout transi,
S'éléve vers les cieux, pour lui crier merci.
Crois tu, pauvre innocent, que son bras soit ca-
De changer ton état en un plus favorable? (pable

Quand même il auroit pu t'aporter du secours,
Je doute qu'il en eut voulu hâter le cours.
En vain en atens-tu les biens, que tu desires ;
Reviens de ton erreur, tandis que tu respires :
Puis qu'il est naturel & doux de se venger,
Fais lui le déplaisir enfin, de l'outrager,
Et te moque de lui.

JOB.

     Tu parle en volage,
Comme les insensez, tu n'en es pas plus sage,
Et sans considérer les propos, que tu tiens,
Tu fais tort à toi même, & tu flétris les tiens.
Quand Dieu nous benissoit, qu'il nous étoit pro-
Tu chantois ses bontez, tu loüois sa justice, (pice,
Et maintenant qu'il veut justement nous punir,
Tu veux demême aussi cesser de le benir.
S'il ne voit rien en nous, qui l'oblige à nous faire.
La moindre des faveurs, que le moindre en espére,
Pourquoi murmure-tu contre sa volonté,
Dont la régle certaine est toûjours l'équité ?
Chacun se doit ranger sous son obéïssance :
Il faut tout prendre en gré de sa divine essence ;
Et quoi qu'il nous chatie, & nous fasse endurer,
Nous ne pouvons qu'à tort, nous plaindre, & mur-
 murer.

            L'Au-

L'Auteur.

A merveilleux prodige, Illuſtre patience,
Que tu fais en ce ſaint, admirer ta puiſſance:
La mort & ſes frayeurs ne ſauroient l'empêcher
De vouloir rafermir ceux qu'il voit trébucher.
Il donne des leçons, il ofre des préceptes,
Qui ménent au ſalut, par des voyes directes;
Enfin, loin de ſonger à ſe faire guérir,
Il exorte à bien vivre, enſeigne à bien mourir.
Cependant la Province, au bruit de ces nouvelles,
Produit des ſélérats, engendre des libelles;
Chacun avec Satan, ſemble être déchainé,
Pour inſulter aux maux de cet infortuné.
Il s'en rencontre peu, qui pleurent ſa miſére,
Elle leur paroit juſte, & nulement ſévére:
Eliphas, & Bildat, & Tſophar, mieux apris,
Semblent de ſes malheurs être les plus ſurpris.
Je ne ſai ſi le Zéle anime leur courage,
Si c'eſt la charité pour la mettre en uſage,
Mais ſans l'en avertir, & ſans beaucoup rêver,
Ils aſſignent un jour pour le venir trouver.
Ce terme s'acomplit, ils partent au plus vite;
A faire ce voyage enfin tout les invite,
Un extréme deſir, qu'ils ont de lui parler,
Les contraint de courir, les force de voler.
Ils aprochent dans peu le lieu de ſa demeure,
En regardant par tout, leur vuë les aſſeûre

Que c'eſt lui que de loin, on aperçoit couché
Sur un fumier, de vers & de mouches jonché.
Mais hélas! au moment qu'ils le voyent paroître,
Malaiſément un d'eux le peut-il reconnoître:
Ce ſpectacle les touche, un ſi grand chaugement,
Leur donne de la crainte & de l'étonnement.
Ils tremblent de le voir en un tel équipage,
D'abord un deuil mortel paroit ſur leur viſage;
Et marque qu'ils en ont un vif reſſentiment,
Ils déchirent leur robe avec emportement.
Enfin laſſez d'agir, & de ſe faire entendre, (dre;
A peine l'ont ils joint qu'ils ſe couvrent de cen-
Et loin que leur ſavoir faſſe ici ſon éfet,
Ils reſtent ſans parler, ſept jours de conte fait.
Ils ſont à ſes côtez, ils croyent qu'il expire,
Et dans ce triſte état, ils n'ont rien à lui dire;
Leur bouche eſt comme cloſe, & leur cœur abatu
Les rend ſans mouvement, ils n'ont point de ver-
Lui même ne dit mot, il garde le ſilence, (tu.
Son mal, pour l'acabler, n'a que trop de puiſ-
  ſance;
Il cherche du repos, il voudroit ſommeiller,
Mais ſes vives douleurs le forcent de veiller.
Après avoir pourtant bien ſoufert ſans rien dire,
Sentant de plus en plus, augmenter ſon martire,
Il paſſe tout d'un coup de la tranquilité,
A l'état violent d'un homme tranſporté,
Et s'écrie, en grinçant.

      CHA-

CHAPITRE III.

JOB.

Que mandite soit l'heure,
Que le ciel ici bas, assigna ma demeure,
Que le moment fatal dans lequel je suis né,
Soit un moment d'honneur, au chagrin destiné.
L'épaisse obscurité des plus noires tenèbres,
Le deuil, le desespoir, & ses suites funébres,
Ce qu'à de plus afreux, & l'enfer, & la mort,
Triomphent à jamais de son malheureux sort.
Jour, digne que les cieux, & la Mer, & la Terre,
Te fassent tous les ans une mortelle guerre;
Pourquoi soufrir, ô jour! que je franchisse un pas,
Où les mortels à peine, évitent le trépas.
Que ne suis-je expiré, vrai Dieu, des la matrice,
Que n'étois-je de glace avant que j'en sortisse,
Et que l'instant auquel je parus ici bas,
N'a-t-il été celui de mes derniers combats?
Pourquoi m'ont prévenu les genoux, les mamelles,
Si le ciel m'aprêtoit des peines immortelles?
Et pourquoi le tombeau ne tient il enserré,
Ce corps, qui pour languir, a si long tems duré?

Je ferois des alors, dans un repos tranquile,
Le sepulcre à present feroit mon domicile;
Si je n'étois que poudre, au moins je serois tel
Que doit être dans peu, le plus heureux mortel.
Mon rang feroit égal à celui des Monarques,
Qui n'ont point évité la puissance des Parques,
Et que la mort, qui rend tous les hommes égaux,
A rudement ateint du trenchant de sa faux.
Pourquoi me faire un corps si fort, & si durable?
Que n'ai-je aux avortons plutôt été semblable,
Qui n'ayant jamais vû la lumiére du jour,
Ont eu le creux tombeau pour leur premier séjour?
Là, les plus inhumains, là, la rage félonne,
N'ont plus aucun moyen de tourmenter personne;
Le malheureux forçat, pire qu'un serviteur,
N'entend plus là sonner la voix de l'exacteur.
Là, le Prince, le Roi, l'Empereur, le plus brave,
Quoi qu'ici plus puissant, est semblable à l'esclave;
L'un & l'autre repose à l'abri des combats;
Ausquels on est sujet, tant qu'on est ici bas.
Quel plaisir pour un Dieu, d'exercer sa colére
Contre un foible sujet, que sa main vient de faire?
Il nous donne la vie, & par un rude sort,
Lui même nous oblige a desirer la mort.
Mes beaux jours ont passé, je ne voi sur ma tête,
Que des signes certains d'une horrible tempête;
L'état est diférent, tout m'y paroit nouveau,

Un changement, si promt me trouble le cerveau.
Je ne posséde plus d'espérances, qui flatent,
Mes sens sont altérez, & mes forces s'abatent;
Mon mal sans cesse augmente, & ce mal inoui,
Me fait cent fois le jour, tomber évanoui.
Le Seigneur, qui voit tout, sait que durant ma vie,
Les méchans se sont plus à me porter envie,
Et quoi que j'aye été très riche, & très dispos,
J'ai rarement joui d'un solide repos.
Enfin, avec mes soins, mes travaux & ma peine,
Je n'ai rien avancé, mon espérance est vaine;
Le ciel m'a tout repris, il m'a tout emporté,
Jusques à mes enfans, jusques à ma santé.

L'AUTEUR.

A ces mots, il se tait, Eliphas l'en conjure;
Il croit que ses transports méritent sa censure;
Que le devoir d'ami l'engage à l'exorter,
Et que Job ayant tort, il le doit écouter.

CHAPITRE IV.

ELIPHAS.

APrès avoir, dit-il, jetté toute ta bile,
Et vomi le venin d'un discoprs inutile,

Vou-

Voudrois-tu bien permettre à l'un de tes amis
De blâmer des propos, qui ne sont point permis?
Mais qui pourroit ici, par un lâche silence,
Cacher aux assistans ce que son cœur en pense?
On ne sauroit t'entendre un moment sans rougir,
Ni voir, qu'avec dédain, tes maniéres d'agir.
Depuis qu'avec plaisir, j'ai l'honneur de connoître
Ceux, qui sont après Dieu, les auteurs de ton être,
Tu passes avec eux, je le dis devant toi,
Pour sage, franc, dévot, libre & de bonne foi.
Les afligez ont eu recours à ta tendresse,
Tu faisois succéder la joye à leur tristesse ;
Aujourd'hui que le ciel aussi ta visité,
Tu cries, tu te plains, & tu fais l'emporté.
Quoi que ton mal soit grand, comme chacun l'avouë,
Quoi que ton corp brisé semble être sur la rouë,
Tu ne dois pas pourtant dégorger tant de fiel,
Et comme un insensé, cracher contre le ciel.
Ne crains-tu le Seigneur qu'afin qu'il te soit tendre ?
N'est ce que des faveurs que l'homme en doit atendre ?
Regarde, & souviens-toi, sans faire l'étonné,
Si jamais on a vû le juste abandonné.
Ce sont les méchans seuls, qu'il frape, & qu'il chatie,
C'est contre les mondains que Dieu se rend partie,

Et

Et que, pour les punir des maux, qu'ils ont com-
Il suscite contre eux des miliers d'ennemis. (mis,
Tout s'opose à leurs soins, tout s'acorde à leur
    perte,
La mort pour les ravir, leur tient la gueule ouverte;
Jamais exemts de deuil, toûjours dans le tour-
    ment,
Ils soufrent à la fin comme au commencement.
Comme Dieu par les loix de son pouvoir im-
    mense,
Contient d'un fier lion la rage & l'arrogance;
Il terrasse les grands, il confond leurs projets,
Et fait les égaler à leurs moindres sujets.
Si le plus furieux des tigres, que l'on voye,
Languit souvent de soif, périt faute de proye,
Et si quoi que terrible autant que généreux,
Il ne peut éviter de se voir malheureux;
Les hommes insensez, les esprits fantastiques,
Font en vain des éforts, leurs mauvaises pratiques
Ne les garderont pas de sentir les éfets
Des maux, qu'ils ont conçûs, des crimes, qu'ils
    ont faits,
Mais si Dieu quelquefois met le juste à l'épreuve,
S'il frape l'orfelin, s'il aflige la veuve,
Leur constance & leur foi, rappellant ses bontez,
Le forcent de songer à leurs nécessitez.
Il veut être assuré d'une ferveur extréme,
Il veut voir si leur cœur sera toûjours le même,

Si

Si le bonheur, la force, un accident leger,
N'auront pas le pouvoir de les faire changer.
Ne fois pas étonné de ce que je t'exhorte
A mieux penser, je dois en user de la sorte,
Et ne me croyant pas tout à fait ignorant,
Je ne te dois aussi pas être indiférent.
J'ai par mes soins, apris ce que c'est que doctrine,
J'en sai l'utile, j'en connois l'origine,
Et le Seigneur m'a fait par révélation,
De ses plus hauts secrets participation.
Un jour que mon esprit agité de pensées,
Repassoit en secret mille choses passées,
Une horrible frayeur, s'emparant de mes sens,
Sembloit me présager quelques malheurs pres-
Un Ange, Messager de la divine Essence, (sants.
Passa devant mes yeux, troublez de sa presence,
Ce spectacle nouveau fortement m'opressa,
Mon cœur en tressaillit, mon poil s'en hérissa.
Après il s'arrêta soutenu d'un nüage,
Sans que je pusse à rien connoître son visage,
Et comme je tachois de voir ce qu'il faisoit,
Je fus surpris d'entendre une voix, qui disoit.
L'homme simple, mortel, abjecte créature,
Sera-t-il plus que Dieu, l'auteur de la nature ?
Sera-t-il plus entier, sera-t-il plus parfait,
Que n'est le saint des saints, que celui qui l'a fait ?
C'est lui seul, qui remplit d'esprit & de sagesse
Ceux, qui sont les plus promts à servir sa Hautesse,

Et

Et qui, pour obéir à ses commandemens,
Renverseroient la terre & tous les élémens.
Cependant le Seigneur, a beau voir & connoître
Leur foi, leur loyauté, leur puissance, leur être,
Tout ce qu'il voit en eux, leurs grandes actions,
Sont à l'égard de Dieu, des imperfections.
Si leurs œuvres ne sont que les ombres des siennes?
Que deviendront ô ciel! des masses terriennes?
Que feront ces esprits rampant dans des maisons
Sujettes aux malheurs comme aux rudes saisons?
Maisons, dont la plus ferme, & belle, & mieux
Est un fragile corps, d'une courte durée, (parée
Et qui par les éforts du moindre vermisseau,
Se voit réduire en poudre, en un petit morceau.
L'homme, comme une fleur, que le printems fait
  naître,
Germe, pousse, meurit, & cesse bien tôt d'être;
Il s'en va, mais hélas! il ne peut emporter
Ce, qu'il croit sufisant à pouvoir l'arrêter.
Sa pompe, ses tresors, ces titres de naissance,
Le voyent disparoître avec indiférence;
Et souvent, sans qu'il sache, ô triste souvenir,
Ce qu'il fut, ce qu'il est, ce qu'il doit devenir.

CHA-

CHAPITRE V.

ELIPHAS *continuë.*

TEmpête, jure, crie, apelle tout le monde,
Vois s'il est sous les cieux vivant, qui te réponde,
Les méchans ne sauroient aprouver tes discours,
Et si tu veux des bons implorer le secours,
Qui d'eux, même au plus fort des maux que Dieu t'aprête,
Voudra pour t'écouter, avoir l'oreille prête?
Ha! ce n'est pas ainsi qu'il se faut emporter,
Le dépit fait mourir, ou du moins augmenter
La douleur que souvent quelque malheur nous cause;
Ce ne sont que les foux, qui pour la moindre chose,
Sont saisis de fureur, & rongez de souci;
Les hommes bien sensez n'en usent pas ainsi.
Mon œil, qui dans tel cas, malaisément se trompe,
A vû souvent le sot, dans sa plus grande pompe,
Abandonner son ame aux sales voluptez,
Mais j'ai prédit aussi, voyant ces vanitez,

Que Dieu, qui pour punir, ne trouve aucun ob-
    stacle,
Le gardoit à deffein pour un trifte fpectacle :
Et qu'il lui feroit voir, avant que de mourir,
Ses biens & fes enfans entiérement périr.
Rien, nous le favons tous, n'arrive à l'avanture,
Nous fuivons rarement le cours de la nature;
Les bons font protégez, il n'eft que les pervers,
Que Dieu, dans fa fureur, abîme d'un revers.
Si l'homme n'eft ici que pour agir fans ceffe,
Pour ne vivre qu'en pleurs, & mourir en trifteffe?
A quoi bon t'emporter, & mandire le jour,
Que le ciel te donna la terre pour féjour? (mes?
Pourquoi tant de combats, de foupirs & de lar-
La puiffance de Dieu n'a-t-elle plus de charmes?
Ses graces & fes foins, fa douce afection,
N'ont ils fait dans ton cœur aucune impreffion?
N'imite point mon cher, ces efprits fanatiques,
Qui cherchent le Seigneur par des chemins obli-
    ques,
Cours à lui, fes fentiers, que toi même as tenus,
Sont encore auffi beaux que tu les as connus.
Tu fais qu'il tient les cieux, & la Mer, & la Terre,
Dans le creux de fa main, qui lance le tonnerre;
Que fes faits merveilleux ne fe peuvent fonder,
Que par tout nous voyons fes graces abonder;
Qu'il fait croître & meurir les fruits dans les cam-
    pagnes,

Qu'il

Qu'il rend les prez féconds, fertiles les montagnes,
Et que pour consoler quelquefois les Petits,
Il aflige les grands, & les rend abrutis.
Doutes-tu que l'état, où ton ame se trouve,
Soit un juste moyen, par lequel il t'éprouve ?
Et qu'après qu'il t'aura pour un tems abatu,
Il te revéte enfin de force & de vertu ?
Non, non, n'en doute point, prend seulement courage,
Il ne permettra pas que tu fasses nauffrage;
S'il nous veut à dessein, quelquefois chatier,
Ce n'est point pour toûjours, il n'en fait point métier.
Les méchans seulement, cette race mondaine,
Sentent à tous momens renouveller sa haine;
Pour borner leurs desseins, il arrête le cours
De leurs mauvais complots, & de leurs vains discours.
Loin de prendre plaisir à voir qu'ils réusissent,
Il retire son bras au moment qu'ils périssent:
Cette haine contre-eux, ne vient que du péché,
Dont leur cœur corrompu, jusqu'au centre est taché.
Mais s'il ravit leurs biens, sa bonté s'intéresse,
A garantir le pauvre, où le danger le presse;
Rarement il permet qu'il se voye soumis
A l'injuste fureur de ses fiers ennemis.
En un mot, il prend soin de l'ame pénitente,

Con

Confole fes enfans, répond à leur atente :
Pour leur faire fentir l'éfet de fes bontez ;
Il fubvient tôt ou tard, à leurs néceffitez.
Heureux donc le mortel qu'en ce monde il chatie ;
Heureux, qui fans murmure, & qui fans repartie,
Atend de fes bontez, & reçoit de fes mains,
Les verges, qu'il envoye ici bas aux humains.
Au defir bien fouvent, la force n'eft pas jointe,
Tel bleffe un jeune enfant, navre une femme enceinte,
Qui les voyant après, fur le point d'en mourir,
Voudroit bien, mais en vain, les pouvoir fecourir.
Il n'en eft pas ainfi de ce juge fuprème,
Les playes, qu'il nous fait, il les bande lui même,
Il confole, il guérit celui, qu'il a bleffé,
Par un foin tout fincére, un amour non forcé.
Il eft vrai, tu languis, & même je confeffe
Que ton deuil eft profond, grand le mal, qui te preffe,
Et qu'à te voir foufrir, le plus dur pleureroit ;
Mais quand même ce mal encore augmenteroit,
Je fuis perfuadé que fon bras formidable,
Avant qu'il foit long-tems, te fera favorable,
Et qu'étant las enfin, de t'avoir chatié,
Il entendra tes cris, il en aura pitié.
Sa main, qui porte écrit la pniffance divine,
Banira de chez toi, la pefte & la famine ;
Ses fleaux, qui de plufieurs cauferont le trépas,

Sans

Sans force à ton égard, ne te toucheront pas,
Il te garantira sur l'onde & sur la Terre,
Des brigands inhumains ; & des foudres de guerre :
Contre tes envieux il te protégera,
De leurs traits enflamez, il te préservera ;
Les méchans n'auront pas la force de rien faire,
Qui trouble de ton corps le repos ordinaire ;
Et lors qu'ils se verront en désolation,
On n'aura peur chez toi, d'aucune afliction :
Crainte d'aucun danger au milieu des orages,
Ni dans un bois épais, des animaux sauvages.
Les cailloux des chemins, où tu voudras passer,
Fuiront de devant toi, pour ne te point blesser.
Tout ce qu'a formé Dieu, tout ce que l'œil du monde,
Découvre, en poursuivant sa course vagabonde ;
La foudre, les éclairs, le pervers, le méchant,
N'auront qu'à te servir du zéle & du penchant.
Le ciel n'atendra pas que de fortes instances
L'obligent à lâcher ses douces influances ;
T'ayant enfin tiré de ce pas dangereux,
Il ne permettra plus que tu sois malheureux.
Ta famille après toi, sera de même heureuse,
Toûjours dans les honneurs, toûjours belle & nombreuse ;
En un mot, cher ami, bien loin de soupirer,
De veiller, de soufrir, de languir, d'expirer,
Tu verras plein de jours, rassasié d'années,

Tes

Tes desirs acomplis, tes peines terminées;
Et délogeant un jour de ces terrestres lieux,
Les séraphins t'atendre à la porte des cieux,
Les Anges s'empresser à te faire caresse,
Les saints du Paradis te montrer leur tendresse,
Et Dieu te dire; viens, je le veux desormais,
Viens, serviteur loyal, triompher à jamais,
Des biens & du repos, ausquels le juste aspire.
Voila ce, que j'avois maintenant à te dire,
Fais en bien ton profit.

CHAPITRE VI.

JOB.

Peut être ai-je failli,
Quand j'ai jugé qu'à tort, on m'avoit assailli,
Mais je souhaiterois que l'on pesât mes plaintes
Contre le mal cuisant, dont je sens les ateintes,
Vous resteriez confus, tout le monde verroit
Que plus qu'elles ce joug mille fois peseroit.
Il m'est bien plus pesant que ne sont les monta-
    gnes,
Sur le fertile sein de nos plates campagnes;
Et sans exagérer, plus dur & plus amer,
Que mes cris inouis ne peuvent l'exprimer.

Car

Car d'un Dieu courroucé les fléches décochées,
Dans mon cœur tout percé, bien avant font fichées :
Ses frayeurs, jour & nuit, se presentent à moi,
Son ire m'épouvante, & me remplit défroi.
Mais comme un fier taureau, dans un gras paturage,
Insulte au fort de ceux, qui manquent de fourrage,
Vous, de qui les dangers fuyent également,
Qui dormez sans souci, qui veillez sans tourment,
Ne daignez regarder qu'avec indiférence,
Ce qui souvent me force à perdre patience.
En éfet, vous jugez de mes pressans malheurs,
Comme un aveugle né raisonne des couleurs.
Vos plus beaux entretiens sont des contes frivoles,
Je me trouve choqué de toutes vos paroles,
Leur douceur est amére, elles n'ont rien de beau,
Qui ne soit plus afreux que ne m'est le tombeau.
Qu'est devenu le tems que j'aurois fait scrupule
De voir un corps souillé de la moindre pustule ;
Et que je ne pouvois que dificilement,
Sentir ce qui me sert aujourd'hui d'aliment.
Je n'ai plus rien d'entier, des piez jusqu'à la tête ;
Je me meurs, & mon Dieu rejette ma requête ;
Je demande à mourir, plutôt que d'endurer,
Mais il veut que je soufre avant que d'expirer.
Que n'a-t-il la bonté, sans plus long-tems atendre,

De

De réduire à l'inftant, mon foible corps en cendre,
Et que fon puiffant bras, qui ne m'épargne pas,
Ne me fait il paffer de la vie au trépas.
Que dis-je ? il n'eft déja que trop épouvantable ;
Son courroux me paroit extréme & redoutable ;
Mes maux font fi cruels, & fi grands mes com-
    bats,
Qu'il a lui même horreur de m'avoir mis fi bas.
Cela n'empêche pas que je ne me confole
De ce que j'ai toûjours annoncé fa parole ;
Et que perféverent en mon intégrité,
J'ai par tout conftamment fon faint nom exalté.
Mais quoi que j'aye en lui ma confiance entiére,
De quoi fuis-je capable au bout de ma carriére ?
Que fuis-je pour pouvoir plus long-tems réfifter
A ce torrent de maux, qui me veut emporter ?
Ma peine fans la mort, doit refter infinie ;
Et puis que, tôt ou tard, il faut perdre la vie,
Qu'il faut de ces bas lieux une fois déloger,
A quoi bon pour un peu, la vouloir prolonger.
Mon cœur eft il d'acier, pour pouvoir davantage
Suporter la douleur, qui m'abat le courage ?
Je me fens dénué de force & de vigueur,
Et privé de fecours, au fort de ma langueur.
Quand celui, qui craind Dieu, mais d'une
    amour fincére
Voit fon ami foufrir, languir, dans la mifére,
Il ufe de prudence, il parle fagement,

Et tache à lui donner un doux foulagement :
Mais pour moi, je me voi, dans ma douleur a-
 mére,
Foulé de mes amis, & des fils de ma Mére ;
Je ne leur fuis plus rien maintenant qu'un objet
De haine, de mépris, & cela fans fujet.
Ils fe moquent de moi, loin de pleurer ma perte,
On voudroit me voir mort, & ma maifon déferte ;
Secourir l'afligé, le plaindre, eft une erreur ;
Un corps comme le mien, donne de la terreur.
Ne vous ayant pas crus capables d'inconftance,
Je fuis émerveillé de voir vôtre arrogance ;
Vôtre infidélité ne m'a pas moins furpris,
Que vous paroiffez l'être au feul fon de mes cris.
Non, je ne puis vous voir qu'auffi tôt je ne penfe,
A cette eau de torrent, qu'un air apre condenfe,
Et que l'aftre du jour, quand le printems revient,
Retire de ces creux, où l'hiver la retient.
Puis lors que les fujets de quelque autre Puiffance,
Des marchands de Séba, flatez de l'efpérance
De trouver dans ces lieux de quoi defalterer
Ceux qu'une ardente foif pourroit faire expirer :
Son départ imprévû leur abat le courage ;
Un grand étonnement paroit fur leur vifage ;
Et fouvent, fi le ciel ne les rafraichit pas,
Ils font enfin contraints de reconter leurs pas.
Vous étes à ces eaux parfaitement femblables,
Au lieu d'être obligeans, vous étes intraitables ;
Ce

Ce n'eſt pas d'aujourd'hui que je vous ai connus,
Mais à rien aujourd'hui vous êtes devenus.
J'eſpérois, mais en vain, des roſes ſans épines,
Des conſolations touchantes & divines,
Quelque exemple benin, quelque grave propos,
Plus propre à me guérir, qu'à troubler mon repos.
Vous êtes de concert, venus à main armée,
Pour blâmer ma conduite, & d'une ire enflamée,
Tacher de m'oprimer, quoi qu'il vous en coutât:
Vous avez vû de loin, mon déplorable état,
Mais avec les frayeurs que la brebis dolente
Sent à l'aſpect d'un loup, dont l'œil ſeul l'épou-
    vante,
Et m'ayant aproché, vous n'avez eu deſſein
Que de me décocher mille traits dans le ſein.
Suis-je à charge à quelqu'un, ai-je prié perſonne
De repouſſer pour moi, le mal qui m'environne,
D'ofrir à Dieu le prix de cent oblations,
Et de me ſecourir dans mes aflictions ?
Qu'ai-je fait, qu'ai-je dit, qui vous ait pu déplaire?
Qui peut avoir rendu vos cœurs comme la pierre?
Si ce n'eſt le dépit, l'inſenſibilité,
Et le plaiſir, qu'on a, de me voir tourmenté ?
Penſez-vous que je péche, avez-vous la croyance
Que je me plaigne à tort de vôtre ſufiſance?
Je ſuis auprès de vous, je vous ſens, je vous vois,
Rapellez vos eſprits, élevez vôtre voix,
Et percez en des cieux la voute la plus haute;

Reprenez, tanſez moi, faite moi voir ma faute,
Répondez hardiment quand je vous parlerai,
Et ſi vous dites bien, je vous écouterai.
J'aime aſſez, on le ſait, les oraiſons ſolides,
Toûjours des beaux diſcours mes eſprits ſont avides,
Mais vos propos cuiſans, ſi peu ſentencieux,
Sont autant importuns que vous malicieux.
A quoi bon maintenant tant de paroles vaines?
Dites en plutôt moins, & qu'elles ſoient plus ſaines,
Et ne me penſez pas, & tancer, & fouler,
Parce que je ſuis preſque hors d'état de parler.
Ne dévriez vous pas avoir l'ame touchée
De voir au fond d'un lit ma perſonne atachée,
Et ne pas me prétendre acabler ſous le faix
D'un torrent de diſcours, mal tournez, & mal faits.
Que ne feriez vous pas, ô gens impitoyables,
A la veuve, au pupile, aux pauvres leurs ſemblables
Puis que pour eviter de rien faire à demi,
Vous tachez d'aterrer vôtre meilleur ami?
Vous déchargez ſur moi vôtre noire furie:
C'eſt moi, qui ſans ſujet, vous ſers de moquerie,
Qui ſans ſavoir pourquoi, par quelle intention,
Soufre les durs éfets de vôtre paſſion.
Inſidieux orgueil, ſource, où le mal abonde,
Que ton indigne empire eſt puiſſant en ce monde,
Que l'amour propre eſt fort, les hommes ſufiſans,

Et

Et que la vertu seule a peu de partisans.
Au point, où je me voi, comment est il possible
Que mes meilleurs amis n'ayent rien de flexible,
Comment sont ils si fiers, d'où vient qu'ils sont si faux ?
Pourquoi sont-ils si promts à dire mes défauts,
Et sans aucun sujet, me charger d'invectives ?
Eux, qu'on peut comparer à des mules rétives,
Qui sont si pleins de fraude, & si malicieux,
Que leurs iniquitez montent jusques aux cieux?
Puis que Dieu voit le tort qu'on fait à ma justice,
Gardez qu'il ne me venge, & qu'il ne vous punisse;
Evitez sa colére, en tachant d'obtenir
Les moyens de lui plaire, & de me soutenir.
Sachez que j'ai raison de vous porter mes plaintes,
Que je sai dicerner de mes maux les ateintes,
D'avec les biens, qui m'ont autrefois abondé,
Et que je ne dis rien, qui ne soit bien fondé.

CHAPITRE VII.

JOB. *continuë.*

CElui, qui dans sa main, toutes choses enferre,
Celui qui fit les cieux, & la mer, & la terre,
N'a-t-il pas les projets des hommes limitez ?

Doutez-vous, dites moi, que nos jours soient contez ?
Ne confessons-nous pas qu'il nous donne la vie?
Qu'il nous la peut ôter lors qu'il en a l'envie?
Si donc le suplier qu'il m'en prive aujourd'hui
Est un si grand péché, je m'en raporte à lui.
Me flatant que la mort me seroit salutaire,
Il est vrai, je n'ai pu tant soufrir, & me taire;
Je doute que le ciel ait deu s'en courroucer;
Du moins je n'eus jamais dessein de l'ofencer.
Des que l'Astre du jour recommence sa course,
Qu'il nous rend la clarté, dont lui même est la source.
Le laboureur se léve, & tranquile, & content,
Va doucement se rendre au travail, qui l'atend :
Il agit avec joye & ce n'est pas sans cause,
S'il s'exerce le jour, la nuit il se repose;
Mais j'ai beau soupirer après l'obscurité,
Mon travail dure hélas! à perpétuité.
De jour mon cœur languit, mon ame est en martire,
La nuit me tarde trop, cent fois je la désire;
Et si je suis couché dans mon lit, mon séjour
Me paroit un enfer si je ne voi le jour.
Le repos a pris fin pour moi, je le confesse;
Mon corps est devenu tout noir de sécheresse;
Mes os, au lieu de chair, sont déja tout couverts
D'ordure, de venin, d'ulcéres & de vers.

Je

Je suis en pire état qu'on n'eſt quand on expire;
Mes jours s'en vont, & Job ſe fond comme la cire,
Il ſe fond de triſteſſe, il créve de dépit,
De ſavoir la miſére, où lui même croupit.
Mon mal eſt trop cruel, je ne ſai plus que faire,
Le monde me déplaît, la vie m'eſt amére;
En vain l'eſpérerois-je auſſi bien à preſent,
Le ciel fulmine trop pour m'en faire un preſent.
Néanmoins c'eſt à toi, Seigneur, que je m'adreſſe,
C'eſt toi, qui vois mes maux, qui connois ma
 foibleſſe,
Et qui, malgré les faits, dont on veut m'acuſer,
Eſt ſenſible à ma peine, & la peux apaiſer.
De grace, ſouviens toi que ma foible nature
Doit bien-tôt ſucomber aux douleurs, que j'en-
 dure;
Que mes yeux étant clos, & mes membres per-
 clus,
Du nombre des vivans, je ſuis prêt d'être exclus.
Il eſt vrai que tous ceux, qui me portent envie,
Ne m'afligeront plus, j'aurai perdu la vie,
Et qu'ayant à ſoufrir mille maux douloureux,
L'inſenſibilité me rendra plus heureux.
Mais ſi je ſuis exemt des ſoucis de ce monde,
Giſant dans une foſſe, odieuſe & profonde,
Je profiterai peu de ton ſoin paternel.
Et ne benirai plus le nom de l'Eternel.
En vain l'Aſtre du jour produira ſa lumiére,

Ses rayons au tombeau, ne percent point la biére;
Ton œil seul me verra dissoudre par le ver,
Jusqu'à ce que ton bras me vienne relever.
Comme un nüage nait, augmente, change & passe,
L'homme dans un instant, perd la forme & la grace;
Il tombe au moindre choc, & sa chute lui rend,
Tout ce que l'on peut voir au monde, indiférent.
Sa famille aussi tôt renonce à son empire,
Son bien change de maître, au moment qu'il expire,
En quitant sa maison il se doit assurer,
Qu'il a perdu le droit d'y jamais demeurer.
Ses plus zélez amis n'auroient aucune envie
De l'aller embrasser, s'il revenoit en vie,
Sa femme & ses enfans, vû son grand changement,
Pourroient le regarder, mais indiféremment.
Ceux qui l'auroient vû mort, ceux qui l'auroient vû naître
S'éforceroient en vain à le bien reconnoître,
Et quoi que l'homme en dise avec tout son savoir,
Je ne sai si lui même en auroit le pouvoir.
Certes après cela, je ne me saurois taire;
L'on a beau me traiter d'ingrat, de téméraire,
Puis qu'en causant, mon mal me paroit plus leger,
J'en ferai le récit, je veux me soulager.
Qu'aperçoit-on en moi, qu'ai-je de formidable?
Suis-je un monstre, un géant, un roc impénétrable?

Te faloit-il, Seigneur, afin de m'abimer,
Bander contre moi seul, & la terre & la mer?
L'Univers tout entier m'a déclaré la guerre;
De jour une douleur de toutes pars me serre,
Comme un cachot hideux l'auteur d'un noir délit,
Et si je veux la nuit, étendu sur mon lit,
Procurer du repos à mon ame dolente,
Mille songes afreux lui donnent l'épouvante,
Et contraignent mon cœur, lassé de soupirer,
D'envisager la mort, & de la desirer.
Quelle espérance hélas! ai-je aussi bien de vivre!
Tandis que les malheurs ne cessent de me suivre?
Puis que ta Loi défend de vivre ici toûjours,
Abrége encore un coup, le terme de mes jours.
Permets que ton secours toût à fait m'abandonne,
Fais qu'une prompte fin ta clémence m'ordonne,
Et que bien que je sois rempli de vanité,
Je ne reçoive point ce, que j'ai mérité.
Je l'avoüe, Seigneur, un mortel, quoi qu'il fasse,
Est toûjours un objet indigne de ta grace;
Mais aussi, mon sauveur, tu m'as tant afligé,
Que d'un torrent de maux on me voit assiégé.
Si tu ne peux soufrir qu'aucun secours m'arrive,
N'empêche pas au moins le cours à ma salive;
Et si je ne dois pas étoufer promtement,
Permets que je respire un peu plus librement.
J'ai péché, je le veux, mais que pourrois-je faire
Pour apaiser l'ardeur de ta grande colére?

Que feroit un mortel contre un Dieu rigoureux,
Qui, je ne fai pourquoi, m'a rendu malheureux?
Ton ire à chaque inftant, redouble avec ma peine,
Et chacun me choifit pour l'objet de fa haine.
Hier mon luftre & mes biens étoient autant d'a-
 gens,
Qui me rendoient captifs les cœurs de mille gens;
Les plus qualifiez me voyoient en perfonne,
Aujourd'hui je n'ai rien, le monde m'abandonne;
Mon mal à mes amis donne de la terreur,
Et mon ame elle même a mon corps en horreur.
Eface mes péchez à mon humble priére,
Et foufre alors, grand Dieu, que couvert de pouf-
 fiére,
Dans le creux d'un tombeau je dorme deformais,
Afin que les malheurs ne puiffent plus jamais
Sur mon fragile corps avoir aucune prife.

CHAPITRE VIII.

BILDAT.

TU te crois faire honneur d'une pure fotife,
 Jufques à quand dois-tu tant de mots pro-
 férer,
Qu'on ne fauroit ouïr, qu'on ne peut endurer?

Raisonnons de sang froid ; penses-tu, misérable,
Que Dieu puisse un moment cesser d'être équitable ?
Qu'un Dieu, qui de ton culte est l'adorable objet,
Voulût t'avoir frapé sans un juste sujet ?
Ne te souvient il plus du triste sacrifice,
Qu'il a de tes enfans, ofert à sa justice ?
De quelle patience il a dû se munir,
Et ce qu'il a soufert, avant que de punir ?
Au lieu de murmurer, sois lui toûjours fidéle,
Ne te lasse jamais de lui montrer ton zéle,
Invoque le sans cesse, implore sa merci,
Et de tout ce qu'il fait, ne sois point en souci.
Si tu te connois pur, si ton ame est entiére,
Ne doute pas que Dieu n'exauce ta priére,
Et que pour te benir, comme il fit autrefois,
Il n'employe la terre & ciel à la fois.
Celui-ci te rendra les saisons abondantes,
L'autre pour ton bétail, produira mille plantes,
Et concourant ensemble à tes plus hauts desirs,
Ils enséveliront ton cœur dans les plaisirs.
Le magnifique éclat de ta premiére pompe
Etoit grand, il est vrai, mais si je ne me trompe,
La gloire plus sublime, & le bien, qui t'atend,
Te rendront plus heureux, & beaucoup plus content.
Si tu ne me crois pas, consulte les plus sages,

Entends d'eux ce que c'eſt que des divins ouvrages,
Et ſi tu veux ſavoir ce que Dieu fait aux ſiens,
Jette l'œil ſur l'hiſtoire écoute les anciens.
Ce n'eſt pas du moment de nos courtes années
Qu'il faut s'entretenir pour voir nos deſtinées
Nos jours ne ſont plus rien, Dieu les retrenche exprès
La naiſſance & la mort ſe ſuivent de trop près.
L'homme expire aujourd'hui dénué de ſience,
Le plus ſage de tous n'a point d'expérience,
Si tu veux donc aprendre à te bien comporter,
Il faut lire nos Loix, & les bien méditer.
Tu comprendras alors les ſublimes miſtéres
Des jugemens de Dieu contre ſes adverſaires,
Et tu verras comment il protége & ſoutient
Celui, qui pour lui ſeul, de mal faire s'abſtient.
Comme le jonc courbé malaiſément ſe dreſſe
Qu'un humide agité ne le baigne ſans ceſſe,
Le méchant ne peut vivre, & ne peut triompher,
Qu'au milieu des plaiſirs, qui trainent en enfer.
Il ſe plaît dans le monde à croupir dans les vices,
Sa vie eſt un tiſſu des plus grandes délices,
Et traitant le ſalut de pure fixion,
Il ne croit rien d'égal à ſa condition.
Il fleurit, il verdit, en dépit de l'orage,
Il a ce qu'il deſire, & même davantage,
Le Ciel lui permet tout, il ne le punit pas,

Et

Et sous cette indulgence, il suit toûjours ses pas.
Mais aussi tôt que Dieu, lassé de le voir faire,
Le prive de ses biens, le frape en sa colére,
Que ce Divin Soleil vient, comme à ces roseaux,
Du feu de ses rayons faire tarir ses eaux,
Sa verdeur se flétrit, sa vigueur diminuë,
Et comme si la cause en étoit inconnuë,
Il trouve fort étrange, & plus mal à propos,
Que le ciel en courroux, altére son repos.
Il change de couleur, il perd toute espérance,
Il reste sans suport, il se voit sans puissance,
Et dans ce triste état, qui le rend furieux,
Il courbe pour jamais son chef audacieux.
L'hipocrite se flate, en vain il se tourmente,
Il a beau se parer d'une mine dolente,
Son misérable sort n'aura rien de plus doux,
Il périra de même, & nous le verrons tous.
Au calme de leurs jours succédera l'orage;
Leurs biens & leurs enfans seront mis au pillage,
Mille malheurs divers les environneront,
Et leurs peines sans fin se renouvelleront.
Voila la portion, le funeste héritage
Du fou, qui comme tel, n'estime point le sage,
Et qui n'ayant pour but que la méchanceté,
Ne chérit que le vice, & que la volupté.
Le fidéle au contraire, est semblable au lierre,
Qui jette ses rameaux contre une tour de pierre,
Il l'embrasse, il la serre, & s'y fait atacher,

De sorte qu'il n'est rien, qui l'en puisse arracher.
Dieu l'arrose souvent de ses graces divines,
Il fait croître son bois, étendre ses racines;
Et pour mieux conserver sa verdeur en tout tems,
Il le garde, & lui donne un éternel printems.
Par tout, il le soutient, sa bonté, sa puissance,
Combatent au besoin, pour sa seule défence,
Et de peur qu'il ne soit, ni vaincu, ni soumis,
Il le rend invincible à tous ses ennemis.
Enfin, comme il se sent une haine mortelle
Pour celui, qui sans honte, à ses loix se rebelle,
Il protége avec soin, il aime avec plaisir
Ceux, qui de lui complaire ont un ardent desir.
Je te conseille donc de reprendre courage,
As-tu du jugement, n'atens pas davantage?
Aproche toi de lui, tout plein d'humilité,
Et repens toi du mal, si tu l'as projetté.
Implore son secours, fléchis le par tes larmes,
Le reméde est puissant, il mettra bas les armes;
Alors nule disgrace, alors plus de refus,
Tes adversaires seuls demeureront confus.

CHAPITRE IX.

JOB.

JE suis persüadé de ce que vous me dites,
Je sais que Dieu fait tout, n'usez point de re-
    dites,
Qu'il est grand, qu'il est juste, & qu'en tous lieux
    & tems,
Il gouverne le monde & tous ses habitans.
Mais s'il est tout puissant, comme je le confesse,
Si l'homme, à son égard, n'est que pure foiblesse,
De quel front rejetter une acusation,
Et soutenir le droit de la moindre action?
Que lui répondra-t-il, quand il aura l'envie
De lui faire en courroux, le détail de sa vie?
Et de quel bras hélas! pourra-t-il repousser
Les traits, que sa main lâche, afin de le percer?
La vigueur des enfans, le secours de leur pére,
Ne sauroient empêcher le cours de sa colére;
Il triomphe par tout, il est toûjours vainqueur,
Nos cris même souvent, lui touchent peu le cœur.
Sa force est sans pareille, & sa sagesse immense,
Est un riche tresor, un fond de sapience;
Enfin, l'homme à ses loix n'a jamais résisté,

Qu'il

Qu'il n'ait été puni de sa témérité.
Sa redoutable main, sans le secours des armes,
Au milieu de la paix, met le monde en alarmes,
Et son bras tout puissant, en moins qu'en un clin d'œil.
Fait triompher par tout, ou la joye, ou le deuil.
C'est lui, qui de son soufle enléve les montagnes,
Qui fait fondre les monts, & trembler les campagnes,
Bruire les grosses eaux, crouler leurs fondemens,
Et cesser, quand il veut, l'ordre des élémens.
Les étoiles, la Lune, & le bel œil du monde,
Poursuivent par ses loix, leur course vagabonde;
Chacun d'eux s'intéresse à faire ce qu'il dit;
Une autre voix chez eux, ne trouve aucun crédit.
Il commande à la mer, préside sur la terre;
Le Ciel sans son vouloir, ne lance aucun tonnerre,
Et de tout ce qu'on voit, rien ne se peut mouvoir,
Que par sa Providence & son Divin pouvoir.
Ils ont beau se montrer sous diverses figures,
Grands, riches, forts, puissans, il sont ses créatures.
Il a formé le Char, Acturus, Orion,
Les signes du Midi, ceux du Septentrion;
En un mot, il a fait tant de si belles choses,
Dont l'homme ne connoit, ni le fond, ni les causes
Qu'il faut être sans foi, sans loi, sans jugement,

Si l'on ne les contemple avec étonnement.
Ce qu'on estime ici le plus beau, le plus sage,
Ne porte qu'un rayon de sa vivante image ;
Et le soleil lui même, en sa comparaison,
N'est que comme le creux d'une obscure prison.
Lors que, pour nous punir, il nous livre la guerre,
Nous ne lui paroissons que des vaisseaux de terre ;
Il nous hausse, il nous baisse, & cependant il faut
Aprouver sa conduite, exemte de défaut.
Le Tout-puissant n'a point d'égard à l'aparence,
De tout ce qu'il décide, il en a connoissance,
Et sachant qu'il est seul juge du genre humain,
Il tient toûjours pour tous, la balance à la main.
Il est seur néanmoins que lors qu'il fait justice,
C'est souvent pour sa gloire, autant que pour le vice,
Et que de mille arrêts, qu'il rend, de conte fait,
On ne fait pas de deux un jugement parfait.
Puis qu'un Roi Souverain, un Monarque invincible,
Ne sauroit résister à son courroux terrible,
Que les plus éloquents, & les plus beaux esprits,
Aux Oracles, qu'il rend, nous paroissent surpris;
Comment pourrois-je moi, résister à son ire?
Que faire, qu'aléguer, qu'entreprendre, que dire?
Si je veux pour mon droit, le tirer en procès,
Vers qui, pour le plaider, pourrai-je avoir accès?

En

En vain m'éforcerois-je à soutenir ma caufe,
Il eft trop fort pour moi, qui ne puis, & qui n'ofe,
Sachant que fa bonté jamais ne finira,
J'aime mieux me foumettre à tout ce qu'il vou- (dra.
Je confeffe pourtant qu'au fort de ma trifteffe,
Quand je reclamerois fa divine hauteffe,
Que ma voix pénétrât jufqu'au plus haut des cieux,
Que Dieu parût touché des larmes de mes yeux,
Qu'il répondit enfin, d'une maniére afable,
Et promît de me tendre une main favorable,
Ne me fouvenant pas de l'avoir ofencé,
Je douterois encor qu'il m'auroit exaucé.
Je ne fai que trop bien que c'eft ce Divin Etre,
Qui m'a pris les enfans, que le Ciel me fit naître,
Et que m'ayant plongé dans un deuil fi profond,
Il eft caufe qu'en pleurs tous les jours je me fons.
Mes malheurs font fans fond, fans rivage ma peine
Je ne puis prefque plus reprendre mon haleine;
J'étoufe, je me pâme, & mon cœur tout tranfi,
Ne fubfifte qu'en crainte, & ne vit qu'en fouci.
Je fuis foible, & je fai que ma partie eft forte,
C'eft un Dieu, ce n'eft pas un homme de ma forte;
Puis qu'au monde il n'eft point de juge entre nous deux,
Il faut céder, & craindre un combat hafardeux.
Il eft feul Souverain, je ne puis me défendre;

J'ai

J'ai beau le reclamer, il ne veut point m'entendre,
Et lors que je m'éforce à paroître innocent,
Il m'acufe de crime, & mon cœur y confent.
Au moins quand fes enfans alument fa colére,
S'il ufoit de pitié, s'il les traitoit en pére,
Ou qu'au lieu de les mettre en un lit de langueur,
Leur mort fut le plus promt éfet de fa rigueur;
Mais il femble que Dieu prenne un plaifir extréme,
A fe venger fur ceux, qui n'aiment que lui même,
Et qu'il ne fait foufrir les faints les plus conftants,
Qu'afin que leurs foupirs faffent fon paffe-tems.
Aujourd'hui les méchans gouvernent tout le monde,
Leur puiffance s'étend fur la terre & fur l'onde;
Il aplaudit lui méme à leurs deffeins pervers,
Ou quelque autre que lui, gouverne l'univers.
Au lieu que, s'il me veut permettre de le dire,
Moi, qui ne me foumets qu'aux loix de fon Empire,
Moi, qui malgré Satan, qui me vient envahir,
Tache de lui complaire, & lui veux obéïr,
Je foufre mille maux, j'endure plus de peines
Qu'un malheureux forçat, au milieu de fes chaines;
Mes jours ont été courts, mauvais le plus fouvent,
Et fe font écoulez plus vite que le vent.
Si je veux arrêter le torrent de mes larmes,

Son

Son ire renouvelle auſſi tôt mes alarmes,
Je crains, quoi qu'innocent, & cependant mortel,
Qu'il ne m'eſtime impie, & ne me juge tel.
Mes plaintes, mes diſcours, toute mon éloquence,
N'eſt abſolument rien, qu'un rien en ſa preſence;
J'ai beau crier ſans ceſſe, & j'ai beau l'apeller,
Tout ce, qu'il me répond, ne me peut conſoler.
S'il eſt privé d'amour, s'il n'a point de tendreſſe,
A quoi bon me ſoumettre à ſa main vangereſſe?
Puis qu'il ne daigne pas écouter mes clameurs,
Que ſert il à ſes loix de méſurer nos mœurs?
En vain par mes bien-faits, je cherche ſa loüange,
A peine je ſuis net, qu'il me couvre de fange,
Et ſachant qu'il eſt grand, & que je ſuis petit,
Il frape, & de ſes coups rien ne me garantit.
Enfin, je pers courage, & je n'ai plus d'atente,
Ma ruine eſt certaine, & ma perte évidente;
Ceux qui portent le glaive & le caſque d'airain,
Ne peuvent rien pour moi, contre ce Souverain.
Il eſt vrai que leur force, à l'égard de la ſienne,
Quoi qu'elle ſoit très grande, égale aſſez la mienne,
Et qu'ils ne pourroient pas, par leur commandement,
Nous forcer de paroître enſemble en jugement.
Que n'ai-je, ô juſte ciel! à faire à mon ſemblable;

Fau-

DE JOB.

Faudra-t-il que je passe à present pour coupable?
Qu'il soit dit desormais que mon Dieu m'a ravi
Mes biens & mes honneurs pour l'avoir mal servi?
Plût à ce Souverain que l'horrible tempête,
Qui d'un air menaçant, roule encor sur ma tête,
S'écartât, & qu'ayant rétabli ma santé,
Il voulût m'écouter mieux qu'il ne m'a traité;
Je m'assure qu'alors, lui même à bouche ouverte,
Vous diroit qu'un péché n'a point causé ma perte,
Que les crimes sanglants, que vous m'atribuez,
Sont des monstres hideux, que vous desavoüez.
Alors on entendroit qu'il m'aime & qu'il m'estime,
Que ma cause innocente, est juste & légitime,
Et que s'il m'a voulu mettre à l'extrémité,
Ce n'est aucunement pour l'avoir mérité.

CHAPITRE X.

JOB continuë.

HA! ma peine redouble, & mon ame se pâme,
 Mon sang bout dedans moi, mon cœur est
  tout en flamme,
Je suis las de languir, sans pouvoir expirer;
Puis qu'il n'est plus de biens, que je doive espérer,
Je permettrai le cours au torrent de mes plaintes;
         Pour

Pour foulager les maux, dont je fens les ataintes,
Et fi dans ce difcours, où je me fens porté,
Je fais quelque péche, qu'il me foit imputé.
A quoi bon s'adreffer à qui n'a point de force?
On peut courir à Dieu, fans tenter un divorfe;
Lui remontrer fon droit, lui parler à loifir,
N'eft pas à fa Grandeur faire aucun déplaifir.
Je lui dirai tout net, parlant comme à mon pére,
Dis moi, pourquoi m'es-tu fi rude, fi févere?
Quel gain te revient-il de me voir foupirer,
Et quel profit as-tu de me faire endurer?
Seigneur, fi c'eft fur toi que mon cœur fe repofe,
Ne me condanne point fans m'en dire la caufe;
Ne permets pas, grand Dieu, que mes voifins ja-
    loux,
Me croyent juftement, l'objet de ton courroux.
Puis que des vains détours, tu défens l'artifice,
Que tu chéris le jufte autant que la Juftice,
Pourquoi ne me fais-tu ce que ta loi promet
Au cœur humble & bénin, qui t'aime & s'y foumet?
Sera-t-il dit qu'un Dieu, parce qu'il eft augufte,
Se rit de fes Elus, & fe moque du Jufte,
Et que celui, qui doit protéger les humains,
Prend plaifir d'oprimer les œuvres de fes mains?
Pourquoi m'abaiffes-tu jufqu'au fond des abimes,
Pour porter jufqu'aux Cieux des gens noirs de
    leurs crimes.
Et qui n'ayant jamais tes miftéres compris,
                                            Ont

Ont tes ſtatuts en haine, & tes loix en mépris?
As-tu, Seigneur, égard à l'aparence humaine?
Ne dois-tu pas donner ſuivant les maux, la peine?
Et ne pas reſſembler à ces Rois terriens,
Qui n'ont rien que pour ceux, qui poſſédent des biens?
Dois-tu prendre une fin, à l'égard des fidéles?
Tes graces, tes faveurs, tes bontez paternelles,
Sont elles pour jamais banies de ce lieu,
Et ton amour pour moi, n'aura-t-il plus de lieu?
Faut-il qu'un Dieu ſi grand s'enquête de ma vie,
Pour faire un jugement conforme à ſon envie?
Que la terre inſenſible, & le Ciel, qu'il a fait,
Publient ma juſtice, ou diſent mon forfait?
Tu ſais, j'en ſuis certain, il n'eſt pas néceſſaire
D'e chercher des témoins, qu'en toi mon ame eſpére,
Et que ſi je te crains, c'eſt plus pour ta bonté,
Qu'à cauſe des éfets de ta ſévérité.
Aux rigueurs de mon ſort ta coléte ſuccéde,
Cependant c'eſt de toi que j'atens du reméde:
Tu veux qu'on aille à toi, j'y cours de tout mon cœur,
N'abuſe point des droits d'un pére, & d'un vainqueur.
Quel honneur auras-tu d'avoir lancé ta foudre
Contre un corps de limon, qu'un tems réduit en poudre?

Un corps, que ta main propre a tiré du néant,
Peux-tu l'exterminer, l'acte est il bien-séant ?
Il est vrai, quoi que foible & de basse naissance,
Que c'est toi, qui m'as fait, par ta toute puissance,
Et qu'étant tout à toi, tu peux en disposer,
Comme quand tu daignas ainsi me composer.
Qu'y ferai-je, c'est toi, qui veux que je soupire
Sous ta puissante main, sans t'oser contredire ;
Tout ce que tu m'a pris, tu me l'avois donné
Ton conseil éternel l'avoit déterminé.
Je puis néanmoins dire en bonne conscience,
Que si je t'ai choqué, c'étoit par ignorance,
Et que si j'ai péché contre ta Majesté,
C'est par un pur éfet de mon infirmité.
Mais si j'ai bien vécu, si j'ai taché de faire
Ce, qui pour t'obéir, me sembloit nécessaire,
On ne me vit jamais, non plus au port qu'à l'œil,
En paroître moins humble, en avoir plus d'orgueil.
J'ai taché seulement de franchir la barriére,
Qui vouloit faire obstacle au cours de ma carriere,
Afin qu'en excitant le monde à te chercher,
Chacun d'eux s'éforçât à vivre sans pécher.
Jette donc l'œil sur moi, mets fin à ta colére,
Qui m'est insuportable, & qui me desespére ;
Voi mon afliction, qui n'a rien de pareil,
Et selon la froissure, ordonne l'apareil.
Ma douleur croit encore, & ma misére augmente,
Ta main de plus en plus, m'aflige & me tourmente,

DE JOB.

Ton ire renouvelle à tous coups mon éfroi,
Et montre au genre-humain tes merveilles en moi.
Au lieu que je t'ai vû, si doux, si débonnaire,
J'aperçois que mon mal ne te peut satisfaire,
Et qu'ayant fait serment de ne te point lasser,
Tu frotes ton image, afin de l'éfacer.
Ce changement cruel, qui me paroit extrême,
Me force de parler souvent contre moi même,
Et je croi que sans toi, qui m'y fais résister,
J'aurois déja taché de me précipiter.
En éfet, je voudrois, pour le bien de mon ame,
N'avoir jamais été conçû par une femme,
Ou du moins qu'aussi tôt que je parus au jour,
Le sepulcre eut été mon unique séjour.
Dieu n'est il pas content, me porte-t-il envie,
A-t-il trouvé trop long le terme de ma vie?
Que prétens-tu, Seigneur, après m'avoir oté
Ma famille, mes biens, les honneurs, la santé?
Il ne m'est rien resté que la simple carcasse,
Je ne reconnois plus, ni mes mains ni ma face,
Et sans prétendre user de discours superflus,
Je ne sai si je suis, ou si je ne suis plus.
Sois touché de mes pleurs, sois sensible à mes
    larmes ;
Cesse de me fraper, mets enfin bas les armes,
Abrége les momens de l'heureuse saison,
Qui me doit aporter une ample guérison.
Permets que je reléve, afin que je bénisse

Tom. I.   E   Celui

Celui, qui dans mon mal, m'aura paru propice;
Fais que je voye encore en ton œil, clair & beau,
Ce que l'on ne voit plus dans le creux d'un tombeau :
Tombeau, qui de l'enfer n'est que l'ombre funeste,
Tombeau qu'avec raison, tout le monde déteste,
Et dans lequel chacun parvenant à son tour,
Trouve que tout y fait obstacle à son retour.

CHAPITRE XI.

Tsophar.

A ce coup, de fureur mon ame se transporte,
D'entendre si long-tems discourir de la sorte;
Je ne puis endurer qu'un si vil animal
Regimbe contre un Dieu, qui ne peut faire mal.
Que penses-tu gagner par tant de vanteries,
Crois-tu nous faire taire avec des menteries;
Crois-tu par ton caquet, fléchir le Tout-puissant,
Et rendre de la force à ton corps languissant ?
De nous & de nos soins tu ne tiens aucun conte;
Il semble qu'on ait peur de rien faire à ta honte,
Et que pour rabaisser ton prétendu crédit,
On n'ose divulguer ce que tu nous as dit.

On

On t'a vû cependant, tout enflé d'arrogance,
Protester hautement d'une entiére innocence,
Et sans considérer s'il étoit juste ou non,
T'atribuer la gloire, où tu n'as pas le nom.
Non, tu n'estimes rien, au prix de ta conduite,
Les hommes sont pécheurs, toi seul as du mérite;
Le ciel t'aflige à tort, tu pourrois lui prouver
Qu'un plus juste que toi ne sauroit se trouver.
Mais je voudrois que Dieu, quitant son trône auguste,
Vint assister lui même, à ta fole dispute,
Quatre mots sufiroient pour te persuader
Que contre un si grand juge il fait mauvais plaider.
Tu verrois qu'à l'égard de ce que tu mérites,
Tes maux sont trop legers, tes douleurs trop petites,
Et que s'il regardoit à tes emportemens,
Il pourroit redoubler ses justes chatimens.
Sache donc que ton Dieu te fait beaucoup de grace,
Que sa clémence doit te paroître éficace,
Et qu'il est plus sensible à tes calamitez,
Que toi reconnoissant de toutes ses bontez.
Penses-tu par tes cris & ton impatience,
Découvrir les secrets de cette illustre Essence?
La cause de son ire, & l'unique motif
Du changement d'un Prince en celui d'un Captif?
Non, ne te trompe pas, sa nature ingénuë,
De mortels comme nous, ne peut être connuë;

Sa fageſſe divine & ſon conſeil profond,
Sont des goufres, mon cher, ſans rives & ſans fond.
Il ſufit qu'il connoit nos cœurs & nos penſées,
Qu'il tient un rôle exact de nos fautes paſſées;
Et que s'il nous punit quelquefois rudement,
Ce n'eſt qu'après l'avoir mérité doublement.
En éfet, pourquoi lui, qui chérit la juſtice,
Aimeroit-il le mal, ſoufriroit-il le vice?
Pourquoi permettroit-il à de riches puiſſans
D'inſulter ſans ſujet, ſes fidéles enfans?
Mais il ſemble aujourd'hui qu'un homme miſérable,
Brutal comme un anon, abject & mépriſable,
Veuille paſſer pour juſte, être eſtimé parfait,
Et trouver à redire à tout ce que Dieu fait.
Ton prétendu ſavoir te rend inexcuſable,
Tes péchez ſont ſi grands qu'ils n'ont rien de ſemblable,
Et le nombre étant tel, qu'on ne les peut conter,
Tu n'es que trop coupable, il n'en faut plus douter.
Si tu veux néanmoins te repentir des crimes,
Dont ton cœur s'eſt ſouillé, ſans cauſes légitimes,
Et tenant vers les cieux toûjours les yeux fichez,
Demander à ton Dieu pardon de tes péchez,
Je ſuis ſeur qu'à l'inſtant il calmera l'orage,
Qui t'a tant menacé d'un dangereux naufrage,
Sa colére ceſſant, qui pourroit t'ataquer?

Un

Un éternel repos ne te sauroit manquer.
A ce promt changement succédera la gloire
D'avoir sur le malin remporté la victoire;
La joye & le plaisir de te voir rétabli,
Te feront mettre enfin, tous tes maux en oubli.
Dieu t'environnera d'une pompe royale,
Il ne s'en verra nule ici bas, qui l'égale;
Et s'il veut une fois avec toi s'alier,
Il te sera toûjours soleil & bouclier.
Le ciel t'embrassera, la terre universelle
T'acordera les biens, que tu demandes d'elle;
Le monde, qui t'avoit autrefois tant chéri,
Te voyant rétabli n'en sera point marri.
Ton Illustre maison surpassera les nôtres,
Ton régne s'étendra par dessus tous les autres,
Tes sûjets t'aimeront; plusieurs viendrond de loin,
Implorer ton secours, & t'aider au besoin.
Enfin, tu seras tel, que les biens de ce monde
Te seront plus communs que l'écume sur l'onde;
Aucun homme vivant ne pourra t'égaler;
Tes ennemis auront beau faire & beau parler,
Leur force sera vaine, & malgré leur audace,
Ils fondront devant toi, comme un songe, qui passe.

CHAPITRE XII.

JOB.

SI vous connoissiez bien vôtre condition,
Vous n'auriez certes pas tant de présomption,
Mais vous flatant en vain, de grande intelligence,
Vous ne me regardez qu'avec indiférence.
Après tout, aprenez que Job est mon vrai nom,
Qu'il ne vous sied pas bien de m'apeller anon,
Et sachez que je suis, je le dis sans peut-être,
Plus, ou du moins autant, qu'un de vous sau-
    roit être:
Et que si vous avez de l'esprit, du savoir,
Je m'imagine aussi comme vous d'en avoir.
Que dis-je, de l'esprit, pour des gens de vôtre âge,
Où trouver un enfant, qui n'en ait davantage?
L'orgueil seul vous domine, & cette passion
Ne régne que sur vous dans sa perfection. (me,
Rien n'est bon, selon vous, c'est même une maxi-
Si l'on ne vous entend en faire de l'estime;
Vos mésures, vos poids, donnent le prix à tout,
Et n'y pas consentir, c'est vous pousser à bout.
Quand le juste est en pleurs, vous n'en faites
    que rire,

Je ne sai que penser, je ne sai plus que dire;
Ma playe encore ouverte, & les maux, que je sens,
N'ont ils rien, juste Ciel: qui vous touche les sens?
Si je me prétendois venger par des injures,
Je voudrois aprouver moi même vos censures,
Mais chacun voit le zéle & la dévotion,
Que j'opose aux rigueurs de mon afliction.
Le Seigneur, quoi que juste, à … ent trop sévére,
Semble être plus que vous, touché de ma misére;
Au lieu que mes sanglots ne vous sont que du vent,
Il y paroit sensible, il leur répond souvent.
Bien loin de s'éforcer à me donner courage,
On tache d'augmenter la douleur, qui m'outrage;
On me blâme, on soutient avec beaucoup d'ardeur,
Que Dieu n'en veut qu'à ceux, qui nient sa grandeur.
Il n'est, me dites vous, que les ames perverses,
Qui dans leurs faux desseins, ont toûjours des traverses,
Mille maux sur la terre, & d'abord qu'ils sont morts,
Au plus bas des enfers, de sensibles remords.
Ces foibles argumens m'empêchent de me taire,
Mes yeux à tout moment, me font voir le contraire,
Et si vous n'étiez pas mes ennemis mortels,

Vous vous garderiez bien de m'en forger de tels.
Par vous seuls on pourroit prouver avec justice,
Que ceux-là sont heureux, qui sont enclins au vice,
Qu'ils ont plus de bonheur que ceux, dont les desirs
Ne tendent qu'à joüir des célestes plaisirs.
Pourvû que vous parliez de Dieu, de sa puissance,
Vous croyez posséder beaucoup d'intelligence :
Ce seul mot, il peut tout, semble être sufisant,
Pour rendre un sot discours, & solide, & plaisant.
C'est autrement qu'il faut contrefaire le sage,
Les plus lourds animaux en disent davantage :
Une Essence immortelle, un être tout divin,
N'est pas plus ignoré que l'Aurore au matin.
Les cieux de sa sagesse ensemble s'entretiennent,
La Lune, dont les rais jusques à nous parviennent,
Et le Soleil, qui fait admirer sa splendeur,
Publient sa puissance, indiquent sa grandeur.
Les oiseaux, les poissons, nous donnent à connoître
Qu'ils ont reçû de lui le mouvement & l'être ;
Les fleuves & les Mers, la Terre en général,
Suit les ordres sacrez de ce grand Amiral.
En un mot, c'est à lui qu'apartient la sagesse,
La puissance, l'honneur, la gloire, la hautesse,
Et qu'étant nôtre Maître, & nôtre Créateur,
Nous n'entreprenons rien qu'il n'en soit le moteur.

On

On a beau se cacher pour commettre une ofense,
Avant qu'on la projette, il en a connoissance,
Il éprouve les reins, il sonde jusqu'aux cœurs,
Des Monarques puissans, des augustes vainqueurs.
C'est lui, qui les abat, & qui les livre en guerre
Aux plus foibles mortels, qui rampent sur la terre;
Il confond leurs complots, renverse leurs desseins,
Et leur donne la mort lors qu'ils se croyent sains
Il leur reprend souvent le septre & la couronne,
Au moment qu'il n'est rien de grand, qui les é-
    tonne;
Et pour les mieux punir de leurs crimes hideux,
Il permet qu'on en rie, & qu'on se moque d'eux.
Il n'estime ni port, ni fard, ni rétorique;
Il hait le babillard autant que le critique;
L'Orateur, le Poëte, & le simple nigaud,
Quoi qu'à nous diférens, lui sont toûjours égaux.
Il répand le mépris sur se plus noble Prince,
Qui s'érige en tiran sur la moindre Province;
Au milieu de son faste, au fort de ses projets,
Il l'abaisse & le rend pire que ses sujets.
Les piéges, les détours, la ruse, la finesse,
N'est qu'un fard, dont son œil découvre la foi-
    blesse,
Il entend & sait tout, ses yeux toûjours ouvers,
Au moindre mouvement, pénétrent l'Univers.
Quand il veut désoler ou dépeupler la terre,

Il l'aflige de peste, il lui donne la guerre :
Il épard, il assemble, il envoye, il réprend ;
Un si grand changement vous trouble & vous sur-
  prend.
Tel est puissant & fort, tel fut hier redoutable,
Qui se verra demain chétif & misérable ;
Et tels sont à la Cour, dans un des premiers rangs,
Qu'un exil au commun va rendre indiférents.
Dieu considére peu la pourpre & l'écarlate ;
L'homme n'en vaut pas mieux quand son habit
  éclate ;
N'ayant aussi jamais égard qu'à l'intérieur,
Il fait grace au sujet comme à son supérieur.
L'inique évite en vain les éfets de son vice,
Si son corps est heureux, son ame est au suplice ;
Le mal ne peut toûjours demeurer impuni ;
Celui, qui fuit le ciel, en doit être bani.
Comme des bien-vivans la vie est le partage,
Le méchant doit avoir la mort pour héritage ;
En un mot, s'étant vû du monde jouïssant,
Il doit se voir un jour aux enfers gemissant.

CHA-

CHAPITRE XIII.

JOB *poursuit.*

CEla paroit si clair qu'il n'est pas nécessaire
Qu'un fils, pour s'en instruire, incommode son Pére,
On s'en entretient moins qu'on n'a fait ci-devant,
Qui le sait n'en est pas estimé plus savant.
A quoi bon s'éforcer à me faire comprendre
Ce, que les moins sensez ne doivent plus aprendre?
On doit négliger l'art de trouver un milieu
Où l'on sait qu'aujourd'hui l'expérience à lieu.
Quelles comparaisons, pour des gens de vôtre âge,
Quelles foibles leçons, qui n'en sait davantage?
Vous vous lassez en vain, il faut vous épargner:
Mais on ne peut se taire, & l'on veut m'enseigner.
Pensez qu'aux yeux de Job, il est des choses nuës,
Qui couvertes pour vous, ne vous sont pas connuës,
Et que, sans vous blesser, on dit que mon savoir
Surpasse un peu celui, que vous croyez avoir.
L'orgueil vous flate trop, vous trouvez agréable,
De penser qu'ici bas, rien ne vous est semblable,
Que l'audace est permise, & qu'on peut sans danger,

Fou-

Fouler un misérable, en rire, & l'outrager.
Mais sans plus m'amuser à beaucoup de paroles,
Je fermerai l'oreille à vos discours frivoles,
Et m'assurant en Dieu, qui connoit mes malheurs,
Je lui déclarerai ma peine & mes douleurs.
Aussi bien, il paroit, c'est en vain que j'espére
De recevoir de vous un secours salutaire ;
Vous feignez de vouloir hâter ma guérison,
Et vos médicamens ne sont que du poison.
Vos conseils imprudens n'ont rien, qui ne me
    ronge,
Vous étes des moqueurs, amateurs du mensonge,
De simples ignorans, des médecins sans nom,
Dont l'esprit trop palpable, est semblable au re-
    nom.
Vôtre sang, mon repos, l'un & l'autre s'altére,
Il vaudroit mieux pour vous & pour moi de vous
    taire.
Taisez vous, je vous prie, autant qu'il se pourra,
Puis que par le silence, on vous estimera.
Ecoutez moi plutôt, vous me ferez service,
Mes discours sont sans fard, ils n'ont point d'ar-
    tifice ;
Je ne vous dirai rien, qui n'ait pour fondement,
Le corps solide & fort d'un bon raisonnement.
Si vous voulez plaider pour un Juge suprême,
Qui préside, qui juge, & fait grace lui même,
Plaidez fidélement, & n'allez point chercher

De ces detours grossiers, qu'on ne me peut cacher.
En croyant l'obliger, en voulant lui complaire,
Vous l'ofencez plutôt, vous lui faites la guerre,
Et lors que vous pensez qu'il me va condanner,
C'est alors qu'il conclut de vous exterminer.
Vous n'avez certes pas à faire à vos semblables;
Dieu ne s'amuse point avec des misérables;
Qui s'y jouë s'y perd, à moins que ce ne soit
Avec tout le respect, qu'un fidéle conçoit.
Vous discourez de tout à vôtre fantaisie,
Vous ne parlez de lui qu'avec hipocrisie,
Et quand ce vient sur Job, au fort de l'action,
Chacun voit des éfets de vôtre passion.
Il est vrai, je ne puis vous rendre le semblable,
Je ne le voudrois pas, quand j'en serois capable,
Mais Dieu, qui se maintient, & qui m'aime beau-
    coup,
Se chargera du soin de nous venger un coup.
L'ire que vous aurez vous mêmes alumée,
Réduira vos énfans & vos biens en fumée,
Ce courroux enflamé vous épouvantera,
Et son brasier ardent vous exterminera.
Amandez vous pécheurs, ou chacun fera gloire
De flétrir après vous, vôtre indigne mémoire,
Et ceux, qui maintenant ne vous haïssent pas,
Vous auront en horreur après vôtre trépas.
De tant de qualitez, dont vous flatez vôtre ame,
La meilleure est abjecte, & trop digne de blâme;

Cessez

Cessez donc d'agiter mes esprits par le flus
De vos discours perçans, que je n'écoute plus.
Je me sens fatigué d'entendre vos reproches,
Vôtre cœur insensible est plus dur que des roches;
Les maux que je ne puis qu'à peine suporter,
Ne vous empêchent pas de me persécuter.
J'aurai recours au Ciel, Dieu sera mon adresse,
Il a beau m'acabler, je l'aime avec tendresse;
Si je sors quelquefois des régles du devoir,
Il sait que j'ai pourtant en lui seul mon espoir.
Oui, je puis protester en bonne consience,
Que j'ai fondé sur lui toute ma confiance,
Que quand de mille coups, il me lapideroit,
Que du feu de sa bouche il me consumeroit,
Qu'il me feroit languir, & que son bras supréme
M'afligeroit de maux, pires que la mort même,
Rien ne m'empêchera, jusqu'au dernier instant,
D'être à ce Dieu fidéle, & de mourir constant,
Les méchant font beau dire, il n'est que de bien
  faire   (pére,
Si le Seigneur nous frape, il fait comme un bon
Aussi je suis certain qu'il me délivrera,
Et qu'un jour sa colére envers moi cessera.
Il est vrai que souvent il reprend & chatie
L'homme, qui ne craint point de le prendre à
  partie,
Mais si son œil très pur abhorre le péché,

Il aime aussi celui, qui n'en est point taché.
Je vous prie, observez un moment le silence,
C'est un ami navré, qui demande audience,
Un ami misérable, un ami maltraité,
Moqué, batu, meurtri, sans l'avoir mérité.
Ma consience est nette, & mon ame est très pure,
Mon esprit & mon corps n'ont jamais fait rupture,
Et n'ayant, Dieu merci, point de peur de faillir,
Je défie tous ceux, qui viendront m'assaillir.
Qu'ils viennent, mais au moins qu'ils n'atendent pas l'heure,
Que je n'habite plus cette triste demeure,
Afin qu'avant ma mort je leur montre en éfet,
L'équité de ma cause, & le tort, qu'on me fait.
Apaise seulement, ô mon Dieu! ta colére,
Ne m'épouvante plus par un regard sévére,
Et j'oserai sans peur, guidé de ton fanal,
Paroître librement devant ton tribunal.
Ne permets point, Seigneur, que ta grandeur m'étonne,
Fais que de toutes pars, ta grace m'environne,
Que je résiste à ceux, qui les jours & les nuits,
Renouvellant ma peine, augmentent mes ennuis.
Si tu ne me veux pas encore être propice,
Fais leur au moins, Seigneur, fais leur voir ma justice,
Permets que je leur dise en toute liberté,

Que

Que je suis afligé sans l'avoir mérité.
Mais à dire le vrai, quel peut être mon crime?
Qu'ai-je fait, qu'ai-je dit, qui ne soit légitime?
Et si j'ai bien vécu, pourquoi te caches-tu,
D'un corps seché de deuil, sous tes piez abatu?
Quel honneur auras-tu d'avoir montré ta force
Contre un pin, dénué de racine & d'écorce?
Un pin, heurté, poussé, secoüé si souvent,
Qui fut tombé lui même, au moindre coup de vent?
Faut il que ton courroux me brûle & me consume,
Que tu n'abreuves plus mon cœur que d'amer-
 me,
Et qu'un péché commis peut être, innocemment,
Soit cause que j'endure un si grand chatiment?
Tu mets mes piez aux ceps, mon ame à la torture,
S'il est de durs tourmens, c'est moi, qui les en-
 dure;
Je me cache, je cours, je tache d'échaper,
Et par tout, où je suis, tu me viens atraper.
Mon corps ressemble au bois, que la vermine
 ronge,
Mon cuir est comme un sac, mes os comme
 une éponge
Et mes yeux maintenant devenus deux ruisseaux,
Voyent tomber ma chair tous les jours par mor-
 ceaux.

CHA-

CHAPITRE XIV.

JOB passe outre.

L'Animal né de femme, est de courte durée,
Son ame de sa loge, est bien tôt séparée,
Un instant voit sa fin & son commancement,
Le terme de ses jours n'est qu'un facheux moment.
Il nait comme une fleur, & belle, & vigoureuse,
Mais sa fin, comme d'elle, est aussi malheureuse.
Nonobstant sa santé, son air, son embonpoint,
Il passe comme un vent, qui ne s'arrête point.
Un jour il est puissant, on le voit en parade,
L'autre disgracié, pauvre, défait, malade,
Et tel semble au matin, robuste, alerte, beau,
Qui va passer la nuit couché dans le tombeau.
Enfin, c'est une chose, & si basse, & si vile,
Un batiment abject, un vase si fragile,
Que vouloir qu'il soit saint, n'est pour en bien juger,
Que chercher un prétexte afin de l'afliger.
Puis qu'on ne peut tirer de nos bourbiers infames,
Rien de pur, rien de net, d'où vient que tu me blâmes ?
Si tu m'as fait infirme, & fragile, & mortel,

Pourquoi t'étonnes-tu de ce que je fuis tel?
Au moins, puis que c'eſt toi, qui fais nos deſtinées,
Toi, qui tiens dans tes mains, nos jours & nos années,
Et qui, par un arrêt, que toi même as donné,
Retires ſouvent l'homme auſſi tôt qu'il eſt né,
Tu dévrois, ce me ſemble, au lieu de le pourſuivre,
Conſidérer de près, le terme, qu'il doit vivre,
Et pour mieux lui donner ſujet de te benir,
Le combler de tes biens, rarement le punir.
Il eſt vrai, j'y conſens, & chacun le confeſſe,
Nous n'abuſons que trop de biens de ta largeſſe;
Souvent ceux que ta main porte au plus haut degré,
Sont les plus négligens à t'en ſavoir du gré.
Quoi qu'il en ſoit, Seigneur, c'eſt pourtant ton ouvrage
Il eſt ſeul ſous les cieux, qui porte ton image,
Et pour qui tes bontez ont orné l'univers
D'aſtres ſi lumineux, & d'objets ſi divers.
En vain juſqu'à preſent, j'atens une amniſtie,
Mon ame eſt toute prête à faire une ſortie,
C'eſt preſque fait de moi, je ne puis plus parler,
Mes jours ſont expirez, il s'en faut en aller.
Cependant je ſai bien que ta force eſt ſi grande,
Qu'encore que la terre à preſent me demande,
Si tu veux à mon corps renvoyer la ſanté,

Tu

Tu le peux à l'inſtant, & ſans dificulté.
Ceſſe donc, ô mon Dieu, ceſſe de me pourſuivre,
Fais que j'achéve en paix le tems que je dois vivre;
Qu'après un grand travail, j'aye au moins le plaiſir
De me ſentir diſpos repoſer à loiſir.
Quoi qu'un arbre ſoit vieux, & mort en aparence,
De lui rendre la vie, on a quelque eſpérance,
On l'arroſe, on l'ébranche, il ſort de ſa langueur,
Ce rafraichiſſement lui rend de la vigueur.
L'homme plus malheureux, n'a pas cet avantage,
Il perd en un clin d'œil, la force, le courage,
Et d'abord qu'il eſt froid, on a beau lamenter,
Il n'eſt point de mortel pour le reſſuciter.
Comme l'eau s'évapore, & s'éléve en nüages,
Pendant que le ſoleil éclaire ſes rivages,
L'homme tombe ſouvent au cœur de ſon prin-
    tems,
Et lors que ſa vigueur le flatoit pour long-tems.
Quand des étangs profonds, quand des fleuves
    tariſſent,
Ce n'eſt que pour un tems, les ſources les rem-
    pliſſent,
Mais lors qu'il a paſſé, c'en eſt fait juſqu'au jour
Que Dieu l'enlevera dans ſon Divin ſéjour.
Je voudrois que celui, qui lance le tonnerre,
Conclût, pour m'engloutir, de faire ouvrir la
    terre,
Et qu'étant la preſſé, jeuſſe ſoir & matin,

Sujet

Sujet de détester mon horrible destin ;
Le plus rude tourment me seroit suportable,
S'il asfuroit de m'être à la fin favorable,
Et que, m'en voulant bien indiquer le moment,
Je pusse atendre un jour, mon rétablissement.
Mais pourquoi souhaiter une chose si vaine ?
Ne suis-je pas tout prêt de voir finir ma peine ?
Et si dans cet instant je me sens expirer,
Que me serviroit-il de plus rien espérer ?
Non, je veux seulement atendre en patience,
L'éfet de tes bontez, & de mon innocence ;
Tu n'as qu'à commander, je suis prêt de partir ;
Il vaut mieux s'en aller, que rester & pâtir.
Je voudrois qu'un marteau frapât ma dérniére heure,
Que ton Ciel aujourd'hui dût être ma demeure ;
Heureux, cent fois heureux, si ce dernier moment
Devoit avec mes jours, terminer mon tourment.
Je serois avec toi, dans un état tranquile,
Exemt des embaras d'une vie servile,
A l'abri des dangers, du mal & du souci,
Qu'on ne peut éviter tandis qu'on est ici.
Là, je serois heureux, au lieu que ta colére
Me fait trouver ici ma propre vie amére,
Et que le soin, qu'on prend de me faire périr,
Augmente mon chagrin, m'empéche de guérir.
Tu m'observes par tout, tu me suis, tu m'épies ;

De

De tout ce que je fais, tu tires des copies,
Et souvent mes péchez ne me sont pas connus,
Qu'ils sont sans contredit, jusqu'à toi parvenus.
Ce n'est pas sans raison que l'homme se compare
A l'état inconstant d'une fangeuse mare ;
Fût il comme un géant, aussi haut qu'une tour,
Il ne peut éviter de tomber à son tour.
Comme un grand tremblement, ébranlant les
  montagnes,
De rochers escarpez fait de plates campagnes,
Que l'eau ronge le marbre, & qu'un débordement
Désole nos moissons, & pourrit le froment,
Quand tu veux sur lui même exercer ta puissance,
Le cœur lui faut d'abord, il perd toute espérance,
Ta grandeur l'épouvante, & son peu de crédit
Le prive de courage, & le rend interdit.
Il a beau s'élever, & tacher de paroître,
Jamais il n'est si fort que tu n'en sois le maître,
Et son terme ici bas n'étant que d'un clin d'œil,
Il est à peine éclos, qu'on en porte le deuil.
La mort, le plus félon de ses fiers adversaires,
Met bien tôt une fin à toutes ses afaires ;
Le coup, qu'elle lui porte, & qui le met à bas,
Termine ses plaisirs, & finit ses combats.
A ce sinistre coup, il devient insensible,
Il ne connoit plus rien de bon, ni de nuisible,
Et le bien & le mal, que l'on commet ici,
Lui sont indiférens, il n'a plus de souci.

N'étant plus, ses enfans ont beau changer de face,
Leur perte & leur profit, chez lui n'ont plus de place,
Il ne les connoit plus, l'amour est afoibli,
Son cerveau dissipé les à mis en oubli.
Le tems, l'unique tems, qu'il rampe sur la terre,
Est celui, qui lui cause une mortelle guerre,
Et dans lequel n'étant que rarement dispos,
Il est toûjours en peine, & jamais en repos.

CHAPITRE XV.

Eliphas.

JE ne m'étonne pas, lors que le mal t'acable,
De ce que tu te plains, l'acte est fort tolérable;
On aprouve toûjours, & le deuil, & les pleurs,
Qui procédent d'un cœur acablé de douleurs.
Mais je suis bien surpris de ce qu'un homme sage.
Comme Job le prétent, tienne un si sot langage,
Et que publiquement, il ose sans raison,
Afronter ses amis dans sa propre maison.
A quoi bon nous taxer de cruels & d'impies?
Pourquoi ne nous traiter que çommes des harpies?
D'où te vient la fureur, qui te fait écumer?
Quand t'avons-nous donné sujet de nous blâmer?

Que

Que di-je, mais plutôt, d'où provient la malice,
Qui te fait acuser le Seigneur d'injustice ;
Que t'a-t-il fait, di-moi, pour avoir mérité
D'être taxé d'envie & d'inhumanité ?
On est si dépourvû de sens & de lumiére,
Qu'il semble que l'on veuille abolir la priére,
Anéantir les loix d'un Prince de renom,
Et changer en mépris la gloire de son nom.
Je n'eusse jamais cru qu'un homme fut capable
De commettre sans peine, un péché si dannable,
Et que tant de malheurs fussent autant d'éfets
De ses crimes sanglants, de ses sinistres faits.
Mais tout est découvert, chacun connoit ta ruse,
Ta bouche te trahit, ton langage t'acuse ;
Tes vaines actions nous montrent clairement
Que tu n'as eu jamais un seul bon sentiment.
Tu nous acuses tous d'avoir bien de l'audace,
De parler sans raison, de tout ce qui se passe,
D'être trop innocens, trop lourds, trop étourdis,
Pour corriger un mot de tous ceux, que tu dis.
Qu'as-tu qu'un autre n'ait, dequoi le Dieu suprême
T'a-t-il favorisé, pour en user demême ?
D'où te vient le pouvoir, ce pouvoir prétendu,
D'exiger hautement ce, qui ne t'est point dû ?
Te crois-tu plus ancien que ne sont les montag-
   nes ?
Fus-tu fait & formé plutôt que les campagnes ?

Et

Et Dieu, qui de tout tems, t'a connu dépravé,
T'a-t il jamais admis en son conseil privé?
Quels progrès as tu fait dans la philosophie?
En quoi mérite-tu que l'on te glorifie?
Qu'as-tu dit, je te prie, ou même imaginé,
Qu'on n'ait plutôt connu que tu ne fusse né?
Cependant à mon âge, on veut me faire taire;
Tel que je te parois, j'ai vû naître ton pére;
Ce n'est pas sans sujet que j'ai les cheveux blancs;
On peut juger de nous par nos membres trem-
  blants;
On peut voir, si l'on veut nous entendre & nous
  suivre,
Que nous n'ignorons pas comment l'homme
  doit vivre,
Et que, malgré le choc de tes sottes raisons,
L'expérience est jointe à ce, que nous disons.
Sera-t-il dit qu'un Dieu n'ait pas été capable
De fléchir par un tiers, le cœur d'un misérable?
Que ce qu'à son sujet, nous venons d'étaler,
N'aura pû le convaincre, & moins le consoler?
Où prétens-tu courir par cette voye obscure?
As-tu quelques ressorts cachez à la nature?
Le reméde à tes maux est-il en ton pouvoir,
Sans qu'un autre que toi le puisse apercevoir?
L'amour propre te ronge, & l'orgueil te domine,
Le souci de la vie & des biens te ruine;
Par une vaine gloire, un fier emportement,
          Tu

Tu fais durer toi même à dessein ton tourment.
Pourquoi tant de discours, pourquoi tant de pa-
 roles?
Pourquoi tant de propos, vains, sales & frivoles?
Pourquoi tant proférer de mots pernicieux,
Qui nous choquent l'oreille, & qui souillent les
 Cieux?
Se peut il à ton âge, & l'oseroit on dire,
Que sur tes passions tu n'ayes point d'empire?
Non, c'est la vanité, dans un cœur mal placé,
Qui te fait contrefaire à dessein l'insensé.
Je ne puis concevoir pourquoi la créature
Se flate d'être nette au milieu de l'ordure,
Et d'où vient qu'elle tache à se justifier
Devant Dieu, que seul juste il faut santifier.
Si les Anges très saints, & les cieux pleins de grace,
N'ont rien, qui soit entier à l'aspect de sa face,
Que dira-t-on de ceux, qui même à leur égard,
Ne sauroient mériter l'honneur de son regard?
Fais mieux, ne parle plus, observe le silence,
Aprens de tes amis ce que l'expérience,
Les livres, la raison, & les plus beaux esprits,
Leur ont persuadé, ce, qu'ils en ont apris.
Je dis, plus beaux esprits, & ce n'est pas sans causes,
Ce sont de beaux esprits, qui savent toutes choses,
Et qui par conséquent, n'ayant rien ignoré,
N'ont rien dit, ni rien fait, qui ne soit assuré.
Le bon sens, la valeur, la foi de nos saints Péres,

Les a fait redouter de tous leurs adverſaires,
Leur mémoire eſt heureuſe, & ce qu'ils ont écrit,
Dés la première fois, me charma, me ſuprit.
Le pervers, diſent ils, fait en vain bonne mine,
Il a le ver au cœur, qui le ronge & le mine,
Dans les plaiſirs charnels il a beau ſe noyer,
Son ame, qui languit, ne fait que larmoyer.
Il vit, mais en vivant ſa joye & ſon courage,
Trompent l'œil, qui les voit dépeints ſur ſon vi-
    ſage:
Ses projets criminels produiſent des remords,
Il ſent à chaque inſtant les traits de mille morts.
Le poids de ſes péchez preſſent ſa conſience,
Il ne ſait ce que c'eſt que de la repentance,
La triſteſſe l'acable, & de ce, qu'il jouït,
Au milieu des feſtins, rien ne le réjouït.
Un bruit épouvantable, auſſi tôt qu'il s'éveille,
Vient du Ciel s'entonner juſque dans ſon oreille;
Se flatant d'être en paix, il eſt tout étonné
Que de ſes ennemis il eſt environné.
Quoi qu'il faſſe, ſa chair n'eſt jamais ſans écharde
Il jure, il ſe débat, & le moment lui tarde
Que la mort, qui le tient captif entre ſes fers,
Ne le vienne jetter dans le creux des enfers.
Le glaive à chaque inſtant, devant lui ſe preſente,
Son ennemi l'épie, & Satan le tourmente;
Il agit ſans relâche, & d'un air étonnant,
Il va comme un aveugle, en plein jour tatonnant.

La

La faim le perſécute, elle le rend farouche;
Il ne peut recouvrer de quoi remplir ſa bouche,
Et dans ce triſte état, il ſe voit ſurmonté
Des démons, de la mort, & de la pauvreté.
Rien ne lui ſemble doux, tout lui paroit extrême,
Pour s'être enorgueilli contre le Dieu ſuprême,
Et pour avoir voulu lui pouvoir réſiſter,
Il voit à ſes dépens, ce qu'il en peut couter.
Il ſemble à l'inſenſé, quand il eſt à ſon aiſe,
Qu'il ne peut rien penſer, rien dire, qui ne
      plaiſe,
Et que Dieu, qui fait tout, ne ſe ſoucie pas
De voir ſes actions, ni de régler ſes pas.
Mais il eſt bien ſurpris quand il ſent en partie,
Sur ſon fragile corps, ſa main apeſantie,
Et que pour ſe venger des maux, qu'il a commis,
Il le fait chatier, ſans le rendre ſoumis.
Malheur donc à celui, qui ſe plaît dans le vice
Qui néglige le droit, mépriſe la juſtice,
Et qui, comme pouſſé de quelque eſprit malin,
Se jette ſur la veuve, & foule l'orfelin.
Malheurs à l'uſurier, qu'un lucre épouvantable
Rend le cruel tiran d'un peuple miſérable;
Qui dépouille le pauvre, oprime l'étranger,
Et fait de ſa ſubſtance, un lieu pour ſe loger.
Malheur enfin, malheur à celui, qui ne ſonge
Qu'à former des treſors, que la vermine ronge;
Malheur à qui ne voit que l'honneur terrien

N'est qu'un faste trompeur, qui devant Dieu n'est rien.

Ses desseins criminels s'en iront en ruine;
Dieu le rendra semblable à l'arbre sans racine,
L'ardeur de son courroux séchera ses rameaux,
Et ne cessera point de redoubler ses maux.
Que l'homme mieux sensé ne soit pas si perfide
Que d'espérer au monde, il n'a rien de solide:
Et que la vanité sujette au changement,
Ne fasse point son tout, mais son rien seulement.
Elle ne le séduit que pour causer sa perte,
Elle le rend esclave, & sa maison deserte;
Ainsi ce, qu'il croyoit digne d'être estimé,
C'est ce, que l'on verra le plutôt consumé.
En vain à ses grandeurs il se veut tenir ferme,
Il faut malgré ses soins, qu'il tombe avant son terme.
Que ses vignes, ses prez, ses chams & ses vergers,
Tombent entre les mains d'honnêtes étrangers.
Peut être vivra-t-il, mais d'une vie amére,
S'il vit ce ne sera que pour voir sa misére,
Les tourmens des méchans, & leur calamité,
Ne prennent point de fin qu'avec l'éternité.
Comme souvent les fleurs tombent par un orage,
De la cime d'un arbre au fond d'un marécage,
Sa chute sera grande, & dût il se grever,
L'impie ne pourra jamais s'en relever.
Ses palais, ses maisons, ses riches tabernacles,

Deviendront des hibous les tristes habitacles,
D'autant que ce qu'il a d'agréable & d'exquis,
Ne sont que des presens, c'est un bien mal aquis.
Pourvû qu'on lui donnât, moyennant quelque chose,
D'une juste, il faisoit une mauvaise cause,
Il donnoit & rendoit le droit de l'indigent,
Pour des hommages vains, ou pour un peu d'argent.
Un tel homme en éfet, doit redouter & craindre
Les hurlemens de ceux, qu'il contraint de se plaindre.
Et penser que le Ciel, d'armes si bien muni,
Prend soin de ne laisser aucun mal impuni.
Le Seigneur juste Juge, est sans miséricorde,
A qui, pour s'étrangler, file sa propre corde:
Il a conçû travail, il enfante tourment,
S'il se sent maltraiter, ce n'est que justement,
Vû que son cœur malin à tout mal se dispose,
Et qu'au bien, sans cesser, le perfide s'opose.

CHAPITRE XVI.

JOB.

CE n'est pas d'aujourd'hui que j'entens ces discours,

Vous étes trop difus, soyez un peu plus courts;
Vos exortations me semblent rigoureuses,
Vos consolations me sont trop ennuyeuses,
A parler franchement, je m'en trouve si las,
Que mon ame n'en peut tirer aucun soulas.
Ne bornerez vous point ce piquant flux de bouche?
N'entendrai-je donc plus qu'un langage farouche?
Inhumains, qui voyez ma peine & mon souci,
Qu'est-ce, qui vous oblige à me traiter ainsi?
Dites moi, je vous prie, en quoi suis-je coupable?
Mon état n'est-il pas assez épouvantable?
Poursuivrez vous toûjours de gourmander à tort,
Un homme languissant, qui n'atend que la mort?
Si vous étiez au point, où vous me voyez être,
Je me garderois bien de vous traiter en maître,
Je me garderois bien de consulter les sens,
Et de lâcher sur vous des discours si perçans.
Je n'aurois du plaisir qu'à vous rendre service,
Le mal, que vous auriez, feroit tout mon suplice;
Il est vrai, je rirois, mais non pas comme vous,
Je rirois, pour tacher d'exciter un ris doux.
Loin de me consoler, on use de menaces,
On me branle la tête, on me fait des grimaces:
Le meilleur m'importune, & jamais perroquet
Ne sauroit dans sa cage avoir plus de caquet.
Si de peur de m'aigrir, je conclus de me taire,
Vous me croyez confus, convaincu de mal faire;
Et si je veux parler, mes discours innocens

Vous

Vous paroiſſent mauvais, vous en tordez le ſens.
Tout ce, que je vous di, vous déplait & vous trouble;
Je ne paſſe chez vous que pour une ame double;
Vous m'apellez méchant, hipocrite, inſenſé,
M'atribuant le mal, où je n'ai point penſé.
Mais las de vous parler, j'adreſſerai ma plainte
A l'auteur de mes maux, avec honneur & crainte,
Et ſans lui rien céler, je m'émanciperai
De ſoutenir mon droit autant que je pourrai.
Quoi qu'il en ſoit, Seigneur, c'eſt toi, qui me martelles
Ma peine eſt ſans ſeconde, il n'en eſt point de telles;
C'eſt toi, di-je, il eſt vrai, qui me pourſuis toûjours,
Et par qui mon travail augmente tous les jours.
N'as-tu pas mes enfans au tombeau fait décendre?
Mes gens & mon bétail, la plûpart mis en cendre?
Ma douleur, mes ennuis, mon ſouci, ma maigreur,
Ne ſont-ils pas helas! témoins de ton aigreur?
Ton ardeur m'a rongé, ta coléere me perce,
Tu m'és pire cent fois que ma partie adverſe:
Ta forte main m'oprime, & ta grande fureur
M'épouvante, & me fait frémir, mourir d'horreur.
Si je jette la vuë ici bas ſur la terre,
Tout me paroit armé, pour me faire la guerre;
Et d'abord que je veux l'élever juſqu'aux Cieux,

Je te vois en courroux, étinceler les yeux.
Cependant n'étant pas content de cette peine,
Voulant pousser plus loin les éfets de ta haine,
Tu m'as encore enclos de trois lions grondans,
Qui ne font que rugir, & me montrer les dents.
Ils font à mes côtez avec la gueule ouverte,
N'aspirant que ma mort, ne voulant que ma perte,
Et si je leur di mot, ils osent sur le champ,
Me fraper au visage, & m'apeller méchant.
Oui, le saint & le juste a bien eu le courage
De m'exposer aux coups, de me mettre au pillage,
Et de souffrir que ceux, qui m'ont été soumis,
Fassent gloire aujourd'hui, d'être mes ennemis.
Je vivois en repos, je n'avois point de guerre,
Lors qu'il m'est venu prendre & me jetter par
  terre :
Il s'est saisi de moi, sans forme de procès,
Et me rend malheureux, sans vouloir mon décès.
En un mot, il s'est fait de mon corps une bute;
Chacun, pour l'imiter, me choque & me rebute;
Ainsi, je suis sans cesse, & dehors, & dedans,
Assiégé de malheurs, & vaincu d'accidents.
Le Ciel soufle sur moi, me pousse, me renverse,
Ses archers m'ont enclos, chacun d'eux me trans-
  perce,
Et cependant mon mal, qui leur doit faire horreur,
Semble ne pas pouvoir apaiser leur fureur.
Ils ne sont pas contens d'épandre mes entrailles,
          Ils.

Ils demandent ma mort, pour voir mes funé-
     railles;
Dieu mêmes les anime, après mille tourmens,
On le voit revenir sur moi tous les momens.
J'ai déchiré ma robe avec juste coléte,
Aux riches ornemens, j'ai préféré la hére;
Et dans ce deuil profond, j'ai pleuré, j'ai gemi,
De ce que Dieu s'étoit montré mon ennemi.
Mes yeux comme couverts d'obscuritez mortel-
     les,
Semblent être, à les voir, dénuez de prunelles;
Et mon visage morne, à force de pleurer,
Témoigne assez le mal, qu'il me faut endurer.
Cependant je suis seur que le ciel & la terre,
Me font injustement une si rude guerre:
Aprouve qui voudra leur inhumanité,
Je ne croi pas avoir jamais tant mérité.
Au contraire, je puis dire avec certitude,
Mes péchez n'étant point des péchez d'habitude,
N'étant point criminel, n'étant point vicieux,
Que je léve les mains pures devers les cieux.
Mon Créateur connoit ma bonne confience,
L'Univers m'est témoin de ma pure innocence:
Et ceux, qui m'ont connu, diront sans hésiter,
Que j'ai toûjours taché de me bien comporter.
En éfet, si jamais j'ai fait tort à personne,
Que mon Dieu desormais tout à fait m'aban-
     donne,

Que mes cris jusqu'à lui ne puissent parvenir,
Et qu'il ne manque pas un jour de me punir.
C'est lui, qui me connoit, & c'est aussi sans faintes,
A lui, comme à mon Dieu, que j'adresse mes plaintes,
Et non pas à des gens, qui voyant mon éfroi,
Rient à gorge ouverte, & se moquent de moi.
Ha! si j'osois parler, si j'avois la puissance
De soutenir mon droit, dire ce que je pense,
Et qu'au lieu d'un Monarque, avec tant d'apareil,
J'usse à faire à quelque homme, à peu près mon pareil:
Je suis persuadé qu'avant que je partisse,
Je vous ferois entendre aprouver ma justice:
Dieu vous la feroit voir, il ne manqueroit pas
De faire précéder mon droit à mon trépas.
Mais hélas! c'est en vain que mon ame soupire,
Il est Dieu, c'est tout dire, & qui plus est j'expire.

CHAPITRE XVII.

Job continue.

J'Envisage déja la mort, qui me prétend,
La vermine s'aprête, & le tombeau m'atend.
S'il m'eut au moins pourvû d'une honnête personne,
Qui put me rassurer contre ce, qui m'étonne,

Je

Je prendrois patience, & quoi que malheureux,
Je ne trouverois pas mes maux si rigoureux.
Mais je ne vois ici que des loups, des furies,
Des hommes insolens, enclins aux menteries,
Et dont l'esprit bourru fait souvent consister
Leur bien dans le desir de me persécuter.
Si tu m'aimes, Seigneur, exauce ma priére,
Chasse mes ennemis, cette troupe si fiére;
Pourvois moi d'autres gens, plus sages, plus discrets,
Et qui m'expliquent mieux de ta loi les secrets:
Afin que par leurs soins & leur intelligence,
J'endure mes travaux sans perdre patience,
Et que persévérant en mon intégrité,
Je te sois agréable, & toi moins irrité.
On se pourroit tromper, mais il semble à leur mine,
Qu'ils n'ont pas plus d'esprit que de bonne doctrine,
Et que tout ce qu'ils font ne tend uniquement,
Qu'à redoubler ma peine & mon étonnement.
Je ne sai si par là, tu veux donner des signes
Que des dons de l'esprit tu les trouves indignes,
Et leurs oter l'honneur de parler justement
De tes loix, de ma cause, & de mon changement.
Quoi qu'il en soit, tu vois qu'ils n'ont point de clémence,
Ils se moquent de Job & de son innocence;
Qu'ils ne se trompent pas, quelque jour leurs neveux,

S'ils n'en font pas punis, le feront après eux.
On a que faire, hélas! de me faire la guerre,
Dieu seul est assez fort pour me jetter par terre,
Son bras m'a déja mis en telle affliction,
Qu'un chien, en mon état, feroit compassion.
Mille poëtereaux s'émancipent de faire
Des poëmes boufons sur moi, sur ma misére,
Et me chantant tout haut sur divers instrumens,
Ils donnent du plaisir au boufons, aux gourmans.
Je leur sers de jouët autant que de proverbe;
Ils me font de dépit devenir comme l'herbe,
   Comme la fleur des chams, tout flétri, tout dé-
fait,
Sans leur avoir pourtant, ni mal dit, ni mal fait.
Quelle est après cela, l'insensible personne,
Qui me voyant gemir quelquefois s'en étonne,
Et qui me contemplant dénüé de secours,
Dans mes afflictions, n'aprouve mes discours?
Ceux qui connoissent Job, son droit, son inno-
   cence,
Sont fortement surpris de voir tant d'arrogance,
Tant d'orgueil, tant de haine, & si peu de pitié,
Où naguéres régnoit la plus tendre amitié.
Ils sont tout étonnez que ce Monarque Auguste
Frape indiféremment le méchant & le juste;
Que l'innocent patisse, & que son bien aimé
Soit mis dans le fourneau pour être consumé.
Après tout néanmoins, ma foi demure entiére,
                           On

On a beau de suprise avoir trouvé matiére,
On a beau me parler de ce, qui s'est passé,
J'ai conclu d'achever comme j'ai commencé.
Cessez donc, mes amis, d'en agir de la sorte,
Oposez la raison au flux, qui vous emporte;
Le Ciel est en courroux, vous l'avez ofencé,
Il est toûjours facheux d'en être menacé.
Quand à moi, Dieu le sait, quoi que par vôtre haine,
Je sente redoubler les accès de ma peine,
Je vous pardonne tout, & sans rien palier,
Il ne tiendra qu'à vous de nous réconcilier.
Mon ame est sans mentir, aussi pure qu'aucune,
Si je meurs, ce sera sans vous porter rancune;
Et quoi que vous avez le cœur double & méchant,
A vous rendre le mal je n'ai point de penchant.
Mes ans tristes & cours ont passé comme une
    ombre;
Ma vigueur s'afoiblit, ma vuë devient sombre;
Tout ce que j'avois fait a pris fin tout d'un coup,
Mes desseins sont rompus, & j'en avois beaucoup.
A mes intentions plus rien ne s'acommode;
Le jour m'est odieux, la nuit m'est incommode;
Le jour trop pénétrant, me force de veiller,
Et la nuit ne le fuit que pour me travailler.
Vous voulez que j'atende, & même que j'espére,
De me voir triompher au jour de ma misére,
De domter la fierté de mille entrepreneurs,
Et de rentrer bientôt dans mes premiers honneurs;

Tout bien confidéré, cette espérance est vaine;
J'ai beau me fouhaiter délivré de ma chaine,
Le tems ne laisse pas de me faire songer
A faire mes aprêts pour bientôt déloger.
Le tombeau m'aparoit, je le traite de Pére,
De la corruption je fais déja ma Mére,
Et lors que des charniers, je voi les acenseurs,
J'apelle l'un mon frére, & les auteurs mes sœurs.
Ainsi près de la mort, je dédaigne la vie,
Le monde n'a plus rien à quoi je porte envie;
Etant las à present d'avoir tant enduré,
Je renonce aux plaisirs, que j'avois espéré.
Aussi bien faut-il tous au sepulcre décendre,
Il faut devenir poudre, être réduit en cendre;
L'ame, ce beau rayon de la divinité,
Ne luit pas ici bas pour une éternité.
Son séjour est le Ciel, celui du corps la terre,
D'elle, au dessus de l'air, où se fait le tonnerre,
De lui, dans les enfers, dans un cachot profond,
Où son œil ne voit plus ce que les autres font.
Là, s'il a tout perdu, ses esprits, la lumiére,
Il y prend son repos, quoi que sur la poussiére;
Ses desirs, ses souhaits, souvent passionnez,
Y sont dans un instant, également bornez.
Quand bien je me verrois remonter sur la cime
Du suprême degré, que le mortel estime,
Et qu'étant devenu très riche, très puissant,
On se fit un plaisir de m'être obéissant,

Quo-

Que seroit-ce, si non changer de maladie,
Et joindre encore un acte à cette tragédie?
Non, non, mon ame, non, tu sais trop les dan-
　　gers;
Que l'on court au milieu de ces biens passagers;
Tu sais les déplaisirs, que t'aporte chaque heure,
Et tu n'ignores pas que bientôt ta demeure
Doit être dans les Cieux, & non pas ici bas.

CHAPITRE XVIII.
BILDAT.

MOn Dieu! que je suis Sou de voir tant de
　　combat.
Ne te lasses-tu point de parler de la sorte?
Si c'est pas les éfets d'un courroux, qui t'emporte,
Que tu cries sans cesse, & tempêtes ainsi,
Aye au moins de ton ame un peu plus de souci.
Cesse de tout vouloir abîmer & confondre,
Permets aux gens d'ésprit d'agir, de te répondre,
Et loin de nous placer au rang des insensez,
Ecoute les propos, qui te sont adressez.
Tu me prens pour un sot, Tsophar pour une bête,
Sans songer que ton mal est le plus à la tête,
Et que tes actions, & le bruit, que tu fais,
De l'état où tu vis, sont les tristes éfets.
Tu t'arraches les yeux, tu déchires toi même
　　　　　　　　　　　　　　　　Ta

Ta chair, ce que chacun eſtime, idolatre, aime,
Parce que tu te vois aſſailli de douleurs,
Environné de maux, & vaincu de malheurs.
As-tu peur que celui, qui conduit le tonnerre,
Ne veuille après ta mort, exterminer la terre ?
Ou penſes-tu qu'il change, afin de t'épargner,
Ses maniéres d'agir, ſon ſtile de régner ?
Non, ſon Divin Conſeil, cette loi ſans ſeconde,
Dont le pouvoir s'étend juſques au bouts du
   monde,
Ne ſe révoquent pas, & malgré tes diſcours,
On ne les ſauroit rompre, ils ont toûjours leur
Tu parois étonné de nôtre répartie, (cours.
Tu dis que c'eſt à tort que le Ciel te chatie,
Et cet étonnement, qui nous étonne tous,
Fait un éfet en toi, qu'il ne fait point en nous.
Le méchant à beau rire au printems de ſon âge,
Un redoutable hiver le menace d'orage ;
Aux voluptez du ſiécle, au foles vanitez,
Succédent les tourmens & les calamitez.
Le Seigneur eſt trop ſaint, & trop juſte eſt ſon Etre,
Pour voir faire le mal, ſans en punir le maître;
Il patiente bien, il endure ſouvent,
Mais enfin, ſon courroux ſurvient comme le vent;
Alors il fait changer ſes grandeurs en miſére,
Lui dire en ſa fureur, qu'il eſt ſon adverſaire,
Et qu'au lieu de joüir de ſes biens paternels,
La mort le va lancer dans des feux éternels.

Il

Il tombe, & dans un tems que sa chute assignée,
Suivant son horoscope, étoit fort éloignée,
Et que les cieux des cieux sembloient vouloir user
D'un éfort nompareil, pour le favoriser.
Toutes sortes de maux, comme un vent de tempête,
Viendront de toutes pars, lui fondre sur la tête ;
Les brigands l'atendront, l'un ici, l'autre là,
Percera sa maison, & prendra ce qu'il a.
Ses ennemis joyeux, riront à gorge ouverte,
D'entendre sa ruine, & de savoir sa perte ;
Les saints même seront ravis de le voir pris
Au piége, où ses amis avoient été surpris.
Il leur avoit dressé de sa main une embuche,
Mais le Seigneur permet que lui même y trébuche,
Et qu'il sente le mal, qu'il avoit sû forger,
Pour nuire à son prochain, l'assaillir, l'affliger,
Les jugemens de Dieu, joints à son injustice,
Le talonnent de près, il hâtent son suplice ;
Et de cuisans remorts, d'avoir si mal vécu,
Lui causent des douleurs, qui le rendent vaincu.
La pauvreté l'abat, mille malheurs l'assaillent,
Sa couleur se flétrit, les forces lui défaillent ;
Et déja les démons, ces anges infernaux,
Lui rongent sur la terre, & la chair, & les os.
Satan & les enfers, son infernal empire,
Ne font à tous momens, qu'atendre qu'il expire,

Il souhaite la mort, elle ne le veut pas,
Son partage est le deuil, & non pas le trépas.
Après le doux espoir de vauguer sans orage,
Viendront les vifs transports d'une mortelle rage,
Et cette rage aura le pouvoir de durer,
Tant que la mort ait pris le soin de l'aterrer.
L'étranger cependant, mêmes avant qu'il meure,
Saura s'aproprier son illustre demeure;
Ainsi ses beaux palais, & ses biens prétendus,
Seront pour cet impie, entiérement perdus.
Si l'homme ne le fait, le Ciel avec sa foudre,
Vomira des charbons, pour les réduire en poudre,
Les mers déborderont, & la terre ouvrira
Son formidable ventre, & les engloutira.
Il passera du jour aux ténébres mortelles,
Des plaisirs les plus doux, aux peines éternelles;
Plus de séjour pour lui, qu'un séjour odieux,
Son exil l'exclura de la terre & des Cieux.
Il mourra sans laisser aucun fils de sa race,
D'autres habiteront sa maison en sa place,
Et tel héritera ce bien chez lui resté,
Qui l'ayant vû mourir, ne s'est point atristé.
Ceux qui l'auroient connu, frapant sur leur poitrine,
Seront émerveillez d'entendre sa ruine;
Et ceux qui peupleront après lui l'univers,
Qui le verront sortir de la profe ou des vers,
Rem-

Remplis d'étonnement, treffailliront de crainte;
Ils auront la frayeur jufques au cœur empreinte.
Lors qu'ils remarqueront que Dieu fait des mé-
chans,
Ce qu'un vent fait de l'herbe & de la fleur des
chams.
Voila la fin de ceux qu'une fiére arrogance,
Fait traiter tout le monde avec indiférence,
Le fort de l'infidéle & de l'homme imparfait,
Qui fe rit de Dieu même, & de tout ce qu'il fait:
Qui ne pouvant fonger à fa fatale iffuë,
Suce le fang humain, comme fait la fanfuë,
Et qui ne fait jamais juftice à l'indigent,
S'il n'eft perfuadé d'en tirer de l'argent.

CHAPITRE XIX.

JOB.

VOus me tenez ferré comme dans une preffe;
Avez-vous fait ferment de me meurtrir fans
ceffe,
D'afliger mon efprit, & par vos vains propos,
Augmenter mon angoiffe, & troubler mon repos?
Voila cent fois au moins, fi je ne me méconte,
Que vous ayez, ingrats, voulu me faire honte;
Vous

Vous étes éfrontez jufques au dernier point,
Vous me parlez de honte, & vous n'en avez point.
Eft-ce, ainfi qu'un fidéle en réconforte un autre?
Eft-ce un vrai trait d'ami, jufte ciel! que le vôtre?
Non, ne vous flatez pas, c'eft témérairement
Que vous faites du jufte un fi faux jugement.
Si lors que vous avez taché de me confondre,
Je me fuis enfin vû forcé de vous répondre,
Et fi m'entretenant fotement du trépas,
J'ai tenu des difcours, qui ne vous plaifoient pas,
Pourquoi vôtre ame baffe en eft elle opreffée?
Connoiffez vous mon cœur, voyez vous ma penfée?
Pourquoi frémiffez vous; d'où vous vient cet éfroi,
Si je fais des péchez, ne font ils pas fur moi?
Mais fi c'eft d'un cœur franc, fi c'eft par remontrance,
Qu'on prétend me prouver que j'ai fait quelque ofenfe?
Qu'en tout ce que je di, je ne fais que pécher,
N'en acufez cruels, ni le fang, ni la chair?
La faute vient d'un Dieu, qui me gréve & me ferre,
Qui m'a mis pour exemple au refte de la terre,
Et dont le bras puiffant m'a furpris en des lacs,
Qui me font tous les jours pouffer dix mille hélas!
Du refte des vivans aucun ne m'eft propice,

On

On refuſe à mes cris, de me faire juſtice;
Le monde tout entier eſt fier en mon endroit,
Perſonne n'a des yeux, qui veuillent voir mon droit.
Loin de pleurer mes maux, on ne s'en fait que rire,
Dieu même a de la joye à me voir interdire,
Et marque du plaiſir, qu'il prend en mon malheur,
Il s'éforce avec eux, d'augmenter ma douleur.
Il n'eſt vivant auſſi, pour peu qu'il me contemple,
Qui ne prenne mon mal pour un mal ſans exemple;
Et de fait, c'eſt un coup tellement imprévû,
Qu'aucun ne le peut croire, à moins qu'il ne l'ait vû.
Ne me traite-il pas comme le plus perfide,
Qui du monde ait paru ſur la ſéne rigide?
Et le corps de ſon ire, en bandes diviſé,
Peut il contre un mortel, être plus embraſé?
Ses eſcadrons volans, ſes troupes animées,
Font un dégat ſemblable à celui des armées,
Leur pourſuite eſt extréme, & leurs fréquents aſſauts
Me forcent d'implorer l'aide de mes vaſſaux.
Enfin, c'eſt ce monarque, à qui tout doit hommage,
Qui m'a réduit lui même au dernier eſclavage,
Et qui veut que l'impie, ou juſtement, ou non,

Con-

Conçoive maintenant de l'horreur pour mon
  nom.
A sa voix, mes amis, les enfans de ma mére,
M'ont censuré sans cause, au fort de ma misére,
Et voyant en mon mal, un mal enraciné,
Ils se sont enfüis, & m'ont abandonné.
Je suis chez mes voisins, un homme insuportable;
Ceux que j'ai de mon pain, élevez à ma table,
Me traitent, on le voit, certes non seulement,
Comme leur compagnon, mais en chien propre-
  ment.
Pas un de ces ingrats ne me paroit honnête;
Si je veux du secours, ils me branlent la tête;
En vain je leur promets de les bien contenter,
A peine ces cruels me veulent écouter.
Mon serviteur rétif est devenu mon Maître;
Il s'écarte de moi, je lui parois champêtre;
Enfin, ma propre femme insulte à mes malheurs,
Et m'abandonne même au fort de mes douleurs.
Sous prétexte d'horreur de voir durer ma peine,
De ne pouvoir souffrir l'odeur de mon haleine,
Elle ne daigne pas seulement me toucher.
J'ai beau lui remontrer qu'elle est chair de ma
  chair,
L'entretenir des fruits d'un heureux himénée,
Et de nos chers enfans la triste destinée;
Cela n'atendrit point l'extrême dureté
De son cœur insensible, elle est sans charité.

Les

Les méchans de mes maux ouvertement se moquent,
Les plus petits enfans par leurs discours, me choquent;
Et ceux à qui j'avois déclaré mes secrets,
Sont les plus inhumains, & les plus indiscrets.
Autrefois s'ils m'aimoient, je les aimois demême,
Ils me faisoient la cour avec un soin extrème,
Et depuis le moment de mes calamitez,
Il n'est plus d'amitié, ni de civilitez.
Enfin, jamais brigand, enchainé sur la roüe;
Ne fut plus malheureux, tout le monde l'avoüe:
Mon corps est devenu souple comme un drapeau,
Et mes os décharnez, percent par tout ma peau.
Il ne m'est rien resté d'entier que la gencive;
Je ne puis presque plus avaler ma salive,
Ma langue à tous momens s'atache à mon palais,
Et mes nerfs dessechez, sont comme des filets.
Vous connoissez mon mal, pensez y, je vous prie;
Ayez pitié de moi, passez vôtre furie,
Et si vous possédez un grain de charité,
Tirez moi du bourbier, où vous m'avez jetté.
Considérez que Dieu, ma sévére partie,
A maintenant sur moi la main apesantie,
Qu'il me tient, qu'il me serre, & que d'un fier regard,
Il voit mon triste état, mais sans aucun égard.

Pou-

Pouvez vous comme lui, m'afliger sans rien
 craindre?
Ne vous lassez vous point enfin, de me voir
 plaindre?
Cette soif de courroux, qui vous doit desfécher,
Un ruisseau de mon sang ne peut il l'étancher?
Mes discours, dites vous, sont des contes frivoles;
Mais plût a Dieu qu'un scribe écrivit mes paroles,
Ou que profondément un graveur les gravât
Sur le plus dur rocher que la terre enfentât;
Afin qu'après ma mort, on vit sans fin reluire
Mon droit, ma patience, & que chacun pût lire
La foi, la confiance, & l'espoir, que toûjours
J'avois, au Tout-puissant, qui m'a tranché mes
 jours.
En vain m'alégue-t-on que je suis misérable,
Je ne crain point l'enfer, je n'ai pas peur du diable;
On a beau me parler des biens qu'il me ravit,
J'ai des moyens assez, puis que l'Eternel vit.
Mon Divin Rédempteur, mon Protecteur, mon
 Maître,
Subsiste de tout tems, il est encore en Etre;
Comme il fut le premier, il sera le dernier,
Toûjours present par tout, on ne le peut nier.
Ainsi quoi qu'en courroux, il me fasse la guerre,
Devant sans fin régner au ciel & sur la terre,
Je sai que quand les vers, de la mort les records,
Auront rongé la chair de mon fragile corps,

Je

Je ressusciterai, quoi que le monde fasse,
Et verrai de mes yeux sa glorieuse face;
Oui, mes yeux, tels qu'ils sont, verront leur Rédempteur,
Car sa parole est ferme, & Dieu n'est point menteur.
Si vous étiez au fond, plus dévots, ou plus sages,
Vous n'auriez pas voulu me dire des outrages;
Et bien loin de m'avoir montré tant de rigueur,
Vous auriez eu d'abord pitié de ma langueur.
Mon esprit acablé du poids de ses soufrances,
Se fut senti flater de quelques espérances,
Et je me trompe fort si vous n'ûssiez taché
De soûtenir un corps, que la fiévre a seché.
Parlé-je sans raison, trouvez vous à redire
Au langage ingénu, que le bon sens m'inspire?
Non, je n'alégue rien, qui soit sans fondement,
Et que le saint des saints n'aprouve entiérement.
Mais si vous n'avez plus, ni bonté, ni clémence,
Si vous ne craignez plus, ni moi, ni ma puissance,
Parce que je m'en vai bien tôt vous dire adieu,
Craignez au moins, craignez les jugemens de Dieu.

CHAPITRE XX.

TSOPHAR.

TU crois bien raisonner, mais si je ne me trompe,
Ce beau raisonnement veut que l'on t'interrompe,
Et que, sans plus atendre, on te fasse avoüer
Que tu ne nous dis rien, digne de te loüer.
Tu nous fais des leçons, il semble à ta parole,
Que nous soyons chez toi, comme dans une Ecole,
Et que tu sois le seul capable de donner
Des régles de bien vivre, & de bien raisonner.
Je m'entens acuser de noire perfidie,
D'augmenter ton chagrin, aigrir ta maladie ;
Me sentant fatigué de tant de vains discours,
Je ne puis m'empêcher d'en arrêter le cours.
Peut être aurons nous bien assez d'intelligence,
Pour repousser l'éfort de ton extravagance,
Et prouver qu'en éfet nous ferions plus de fruits,
Si ton foible cerveau n'étoit pas mal construit.
Je ne puis concevoir comment un homme d'âge
A pû passer ses jours sans devenir plus sage ;
Et pourquoi le desir de connoitre son Dieu,

En

En pénétrant son cœur, n'a point trouvé de lieu.
As-tu tant fréquenté cette machine ronde,
Sans avoir remarqué l'ordre qu'il tient au monde?
Quand tu parles de lui, de son Gouvernement,
C'est à bâton rompu, sans aucun fondement.
Ne sais-tu pas encore avec quelque tendresse
Il chérit ceux, qui font honneur à sa Hautesse?
Et comment il renverse, avec juste fureur,
Tous ceux, qui l'ont en haine, & son culte en
    horreur?
L'exemple de leur fin n'a jamais été rare,
On le voit en tous lieux, paroître comme un fare,
Tu ne peux ignorer que leur félicité,   (té.
N'a de beau, dans le fond, qu'un éclat emprump-
En éfet, quand l'impie ateindroit jusqu'aux nuës,
Qu'il pourroit transporter les montagnes cornuës,
Que son robuste bras, son teint frais & vermeil,
Et sa pompe ici bas, n'auroient rien de pareil,
Il ne peut éviter une entiére ruine;
Le Tout-puissant enfin, d'un revers l'extermine;
Alors on est surpris que ceux, qui l'ont connu,
S'écrient, que fait-il, & qu'est il devenu?
De Monarque puissant, de Prince des plus graves,
Il ne sera plus mis qu'au nombre des esclaves;
Moins estimé qu'un ombre, à l'abord du Soleil,
Et qu'un songe qui passe avec un promt sommeil.
Les hommes en perdront dans peu la souvenance,
Le ciel ne sera plus souillé de sa presence,

L'endroit, où par la force, il s'étoit établi,
Au moment de sa mort, l'aura mis en oubli.
Ses enfans après lui, seront dans la misére,
Ils se verront soumis aux sujets de leur pére,
Contraint de mandier, & d'avoir leur recours
A ceux, qu'ils fléchiront par leurs humbles discours.
Ce qu'il avoit ravi, sous ombre de justice,
Au pauvre, à l'orfelin, Dieu, qui leur est propice,
Le leur rendra, sans doute, & le fier ravisseur
Sentira les éfets de son bras ofenseur.
Les cieux, à ses sanglots, seront inexorables,
Obscurcis des vapeurs de ses crimes dannables,
On les verra décendre, & poussez de fureur,
D'un corps de port Royal, faire un objet d'horreur,
Dieu brisera ses os, & sa main vengeresse,
Jusque dans le tombeau, le poursuivra sans cesse,
Et sans considérer s'il est d'extration,
Il vomira sur lui sa malédiction.
Si des maux, qu'il a faits, pas un seul ne le touche,
S'il goûte le péché, s'il le cache en sa bouche,
Son venin sur sa langue, aussi doux que le miel,
Deviendra dans son ventre, amer comme le fiel.
Après s'être rempli de richesses mondaines,
Il se verra forcé de les rendre avec peines ;
Ainsi ce qu'il tenoit pour cher & précieux,
Aux desseins, qu'il formoit, sera pernicieux.
C'est

C'eſt en vain qu'il lamente, & qu'il ſe deſeſpére,
Plongé dans les travaux, réduit à la miſére,
Son œil ne verra plus couler dans ſes ruiſſeaux,
Le plus excellent beure, & le miel par morceaux.
S'il a les Aquilons quelques tems favorables,
Pour traverſer les mers, les plus épouvantables,
Une horrible tempête à la fin ſurviendra,
Qui briſera ſa barque, & l'exterminera.
Aux infames plaiſirs ſuccéderont les peines,
A la proſperité, des traverſes ſoudaines;
Dieu ne ſouffrira pas que juſqu'au monument,
Il jouiſſe d'un bien aquis injuſtement.
Son ame aux paſſions lâchement aſſervie,
A ce prompt changement, déteſtera la vie :
Voyant, & ſa miſére, & ſon mal, augmenter,
Il ſera ſouvent prêt à ſe précipiter.
Ses immenſes treſors fuiront de ſa preſence,
Il ne les verra plus réduis ſous ſa puiſſance;
Et le moment viendra qu'après tant d'accidents,
Il n'aura pas de quoi ſe mettre entre les dents.
Ceux que ſon avarice avoit bien pu réduire
A chercher avec ſoin les moyens de lui nuire,
Le voyant ſans reſſource, & pouvant l'affliger,
Ne diféreront pas un jour de ſe venger.
Ils ſe riront de voir un gourmand, qui naguére
Ne vouloit pas qu'un mêt, s'il étoit ordinaire,
Parût devant ſes yeux, vivre & ſe contenter
Des reſtes qu'un pourceau n'a pas voulu goûter.

Le ciel exposera sa criminelle tête
Aux foudres dévorans d'un horrible tempête;
Se sauvant d'un naufrage, évitant un danger,
Il se viendra lui même en un plus grand plonger.
Fuiant un feu commun, il courra dans la flamme,
Les fléches du Dieu fort transperceront son ame,
Et l'ardeur de son ire, où l'insensé sera,
L'embrasera sur l'heure, & le consumera.
L'aigreur de son péché, la grandeur de ses vices,
Lui causeront un jour ces extrémes suplices;
Et ce grand chatiment lui paroissant nouveau,
Renversera ses sens, troublera son cerveau.
Nôtre divin Berger, qui connoit ses oüailles,
Permettra qu'un charbon lui brule les entrailles,
Et qu'un feu dénué de flamme & de chaleur,
Le ronge comme un chancre & cause sa douleur.
Les Cieux, pour mettre au jour son fard & sa malice,
Employeront la force autant que l'artifice,
Et la Terre & la Mer viendront en jugement
Déclamer contre lui, pour hâter son tourment.
En vain il tachera d'éviter par la fuite,
Le cours impétueux de leur juste poursuite,
Ses desseins à leur fin jamais n'aboutiront,
Malgré ses vains éforts, ils s'évanouïront.
Ses décendants seront comme lui, mis en bute,
Chacun d'eux sentira des éfets de sa chute;
L'agréable sejour, où ses fils furent nez,

Leur

Leur paroitra semblable à celui des dannez.
Enfin, ce ne sera que douleur & misére,
Quand Dieu viendra sur eux décharger sa colére;
Voila, mon cher ami, l'unique portion
De ceux, qui n'ont ses loix qu'en exécration;
C'est ainsi que le ciel voit, reprend & chatie
Celui, qui ne craint point de le prendre à partie;
Oui, c'est là l'héritage, & l'unique repos
De l'homme, que l'orgueil enfle comme un cra-
 paud.

CHAPITRE XXI.

JOB.

JE suis au desespoir d'entendre qu'on me blâme;
Vous ne me dites rien, qui console mon ame;
Vos propos sont cuisans, & vôtre emportement
Ne fait que redoubler ma peine & mon tourment.
Permettez que je parle, & que je vous réponde,
Avant que la douleur tout à fait me confonde;
Ce que je vous dirai me consolera plus
Que vos raisonnemens, & vains, & superflus.
Vous vous moquez de moi, je ne vous puis rien
 dire

Que je ne vous entende en éclater de rire,
Comme si j'adressois mes humbles oraisons
A d'autre qu'à celui, qui borne les saisons.
Non, non, mettez le doigt hardiment sur la bouche,
De tout ce que je dis, il n'est rien, qui vous touche,
Taisez vous seulement, ce que l'on vous dira,
Soulagera mon ame, & vous étonnera.
Je l'avoüe, il est vrai qu'aussi tôt que je pense
A péser mes états, & que je les balance,
La perte, que j'ai faite, & l'inégalité,
Que je trouve en leur poids, me rend déconforté,
J'étois riche & puissant, chef d'un peuple inombrable,
Aujourd'hui je n'ai rien, je me voi misérable ;
J'aproche de ma fin, j'en suis sur le penchant ;
Mais il ne s'ensuit pas que j'en sois plus méchant.
Si le ciel ici bas, punit chaque personne,
Selon qu'à l'ofencer son ame s'abandonne,
D'où vient que de tout tems, on a vû l'univers
Regorger de puissans & de riches pervers ?
A peine d'autres qu'eux expirent de vieillesse,
Un bien continuel jamais ne les delaisse ;
Les Emploix, qui souvent rendent les gens heureux,
Sont rarement pour nous, ils sont toûjours pour eux.
Lui même avec douceur, leur acorde la grace

De voir d'un œil ferain, éternifer leur race;
Et fans crainte de guerre, ou de rude faifon,
La paix s'entretenir dans leur noble maifon.
Ils fe moquent du vent, d'une horrible tempête,
Dieu ne fait point tomber fon ire fur leur tête;
Ses verges font pour nous, fes coups pour fes
  enfans;
Les gens de vôtre forte en font toûjours exemts.
Leur bétail à foifon, des petits leur aporte,
Sans qu'affez rarement, un feul d'entre eux avorte:
Et leurs terres enfin, prodigues à deffein,
Leur font part des trefors, qu'elles ont dans le
  fein.
Toûjours frais & difpos, chaque jour les invite
A produire le chef d'une nombreufe fuite;
Un moment de travail les rendroit mécontents
Les bals & les feftins font tout leurs paffetems.
Dans toutes les faifons, quel tems qu'il puiffe faire,
Leur falut eft l'amour, le jeu, la bonne chére,
Et durant ces plaifirs, qui ne finiffent pas,
Ils parviennent fans peine, au havre du trépas.
Ils vivent fans langueurs, fans douleurs ils ex-
  pirent,
La mort ne les faifit que quand ils le defirent;
Cependant on le fait, leur cœur double & mé-
  chant,
A fervir le Dieu fort, n'eut jamais de penchant.
Plufieurs, lui difent ils, fouhaitent ta prefence,

L'un cherche tes statuts, l'autre ta sapience;
Pour nous, qui n'y trouvons, ni plaisir, ni profit,
Nous nous en écartons, le bon tems nous sufit.
Pourquoi s'imaginer que ce qu'un livre exige,
Te soit justement dû, rien à cela n'oblige;
Tu menaces les uns, aux autres tu promets,
Et l'acomplissement n'en arrive jamais.
A quoi serviroit-il de nous raser nos têtes,
D'implorer ton secours par nos humbles requêtes ?
Nous possédons de tout, autant qu'il nous en faut;
Nôtre félicité ne peut monter plus haut.
C'est ainsi qu'à l'envi, l'on voit ces misérables,
Inspirez de Satan, se rendre inexcusables;
Chacun sait néanmoins que sans Dieu seulement,
Ils ne sauroient jouïr d'aucun contentement.
N'ayez donc plus recours à de tels stratagémes;
En croyant me tromper, vous vous trompez vous mêmes,
Et voulant me placer au rang des malvivans,
Vous atirez sur vous la haine des savans.
Le Seigneur, dites vous, ne frape en sa colére,
Que ceux, qui malgré lui, se plaisent à mal faire;
Mais moi, je ne croi pas que sous le firmament,
Il se trouve un mortel, qui ne parle autrement.
Ha ! s'il chatie ceux, qui n'en ont point de crainte!
Quand verrez vous enfin, mes yeux leur lampe éteinte ?

Jus-

Jufques à quand, Seigneur, tes fidéles enfans
Verront ils les méchans vivre heureux & contens?
Quand recueilliront-ils le fruit de leur ofance?
Quand feront-ils banis de leurs lieux de plaifance?
Jamais ces félérats, inconftans & legers,
Ne s'apercévront-ils du moindre des dangers?
Dieu ne pourra-t-il point une fois fe réfoudre
A leur lancer fes feux, pour les réduire en poudre?
La foudre, les éclairs, les vents impétueux,
N'ataqueront ils point leurs chateaux fomptueux?
Ne viendra-t-il jamais, armé de fa puiffance,
Témpérer leur fierté, punir leur arrogance?
Et dépouiller un jour, en fa plus grande ardeur,
Ces traitres de leurs biens, leurs fils de leur gran-
    deur?
Celui, dont le courroux me ronge & m'exter-
    mine,
N'avancera-t-il point leur mortelle ruine?
Et ne fera-t-il pas qu'au moins après leurs mort,
Ils puiffent reffentir l'éfet d'un dur remord?
Non, ne nous flatons pas, du moment que leur
    ombre
N'aura plus pour féjour, qu'un tombeau creux
    & fombre,
Ils s'apercévront peu quand leurs trefors fon-
    dront,
Et ce que leurs enfans à la fin deviendront.
S'ils font dans les enfers, ces funeftes abîmes,

C'eſt pour y ſubir ſeuls la peine de leurs crimes;
La rage les ocupe, ils n'ont plus de ſouci
De ce, qui ſe projette & ſe commet ici.
Tout va toûjours ſon train, & le ciel en diſpoſe,
Pour de certaines fins, dont il connoît la cauſe;
Sa ſageſſe eſt profonde, & ſes hauts jugemens
Ne s'exécutent pas ſelon nos ſentimens.
L'homme murmure en vain, ce Monarque ſu-
 préme
Ne rend conte de rien, ſi ce n'eſt à lui même;
C'eſt lui ſeul, qui gouverne, & qui ſans con-
 tredit,
Veut tout ce qu'il demande, & fait tout ce qu'il
 dit.
Pourquoi voulez vous donc que la moindre ſou-
 france
Marque un péché commis, ſoit l'éfet d'une
 ofence,
Et que jamais le Ciel ne prodigue ſes biens
Qu'aux enfans qu'il aprouve, & reconnoit pour
 ſiens.
Souvent le méchant meurt, raſſaſié de vie,
Vainqueur de ſes voiſins, qui lui portoient envie,
Joyeux, & ſatisfait d'avoir toûjours été
L'un des tendres objets de la proſperité.
S'il s'en va, ce n'eſt pas que le mal le conſume,
Il ne ſait proprement ce que c'eſt qu'amertume,
Et ſi la mort le prend, c'eſt plutôt par rigueur,
 Qu'à

Qu'à cause que son corps est resté sans vigueur.
Au contraire, tel part avec l'ame angoissée,
Qui n'eut jamais au cœur une fole pensée,
Sans jouïr d'aucun bien, & sans avoir goûté
Les plaisirs de la vie & de la volupté.
Ce qu'ils ont de commun, c'est qu'ensemble ils
    décendent
Dans l'inhumain sepulcre, où les vers les atendent,
Et qu'étant expirez, l'Orateur, le nigaud,
Aussi froids que le marbre, y sont tous deux égaux.
J'ai beau me tenir coi, j'ai beau fermer la bouche,
J'ai beau tout endurer, rester comme une souche,
Je suis un babillard, un traitre, un criminel,
Indigne mille fois des soins de l'Eternel.
Le voila, dites vous, il est, mais sans miracle,
Très justement puni, quel est son tabernable ?
Où sont ces beaux palais, ces terres & ces chams,
Où naguéres encor habitoient les méchans ?
Le Ciel étoit lassé d'employer des censures,
Il les a fait passer entre des mains plus pures,
Un autre les posséde, & ceux, qui les ont eus
Sont dans la pauvreté, de langueur abatus.
Je le répéte encor, si vous fréquentiez l'onde,
Et consultassiez ceux, qui courent par le monde,
Vous aprendriez d'eux que les plus dépravez,
Au milieu des malheurs, sont toûjours préservez.
Ils vous démontreroient que la grêle & la foudre,
Qui sans distinction, nous réduisent en poudre,

G 7   En

En viennent quelquefois jusqu'à les aprocher,
Mais toûjours sans dessein de jamais les toucher.
Ceux-là, sans contredit, peuvent tout entreprendre,
Ceux-là peuvent parler, on n'ôse les reprendre,
On sait qu'ils sont puissans, qu'ils peuvent se venger
Et qu'il est dangereux de les desobliger.
Quand leur corps est usé, la mort les favorise,
Pour les tirer du monde, elle use de surprise :
Enfin, tout s'acommode à leurs mauvais desseins,
Et jusques au sepulcre, ils sont heureux & sains.
Par tout ils sont suivis, honorez comme Princes,
Réputez du commun les premiers des Provinces,
Chacun leur fait la cour, sans autre intention,
Que d'avoir un jour part à leur afection.
Cependant vous voulez, en plaideurs téméraires,
Alarmer mon esprit par des preuves contraires;
Dans le trouble, où je suis, on doit me rassurer,
Et ne me pas porter à me desespérer.

CHAPITRE XXII.

ELIPHAS.

PEnses-tu donc pécheur, vivre dans l'innocence ?

L'hom-

L'homme a-t-il du mérite, en as-tu la croyance?
Le Dieu, qui nous forma, l'ouvrier, qui nous fit,
Peut-il de nos bienfaits tirer aucun profit?
Rien n'en vient jusqu'à lui, la perte, l'avantage,
Tombe fur l'infenfé, redonde fur le fage;
Et pour fe conferver le titre de parfait,
Il méfure fes coups à ce que chacun fait.
Ne nous figurons pas qu'ils foit affez févére,
Pour fraper un mortel, qui s'éforce à bien faire,
Et que fon bras puiffant, qui t'a tant pourfuivi,
T'auroit fi mal traité, pour l'avoir bien Servi.
Bien loin de lui complaire, il n'eft biais tiranique,
Que tes enfans & toi, n'ayez mis en pratique:
Tes péchez font fi grands, qu'à parler franche-
    ment,
Le plus fimple mérite un cruel chatiment.
Lors que tu poffédois des tréfors fans méfure,
Tu ne t'és point laffé d'en tirer de l'ufure,
De furprendre le pauvre, entrer dans fa maifon,
Et de le dépouiller dans la rude faifon.
Pendant qu'on te fervoit l'hipocras dans l'ivoire,
Au paffant altéré tu refufois à boire;
Le chagrin te rendoit toûjours fi rigoureux,
Que ceux, qui te fervoient, s'eftimoient malheu-
    reux.
Ton crédit étoit grand, fans bornes ta puiffance,
Mais tu n'avois auffi, ni bonté, ni clémence;
Et le plus grand plaifir de ton efprit malin,
                            Etoit

Etoit de voir périr la veuve & l'orfelin.
Après cela, vrai Dieu, juge si c'est sans cause
Que le mal, pour ton bien, te refuse une pause?
Juge si c'est à tort que tu verses des pleurs,
Et te sens pénétré de si vives douleurs ?
Tes malheurs, il est vrai, n'ont ni fond, ni rivage,
Néanmoins tes péchez méritent davantage;
Croi moi, si le Seigneur n'étoit pas trop humain,
Tu devois demeurer écrasé sous sa main.
Ignores-tu, dis moi, la sagesse profonde
De celui, qui jetta les fondemens du monde?
Que rien n'est à ses yeux caché dans l'univers,
Et qu'il sonde les reins du juste & du pervers?
Tu l'ignores sans doute, ou ton état est pire
Que je ne le pensois, qu'on ne le peut décrire;
Je ne puis concevoir qu'un homme comme toi,
Blasphéme sans cesser contre un si puissant Roi.
Que dire cependant, après tant d'insolence,
Tu ne parles de lui qu'avec irrévérence,
J'ai beau faire, dis tu, le Seigneur n'en sait rien,
Il est trop éloigné de ce val terrien,
Un ciel, un épicicle, un brouillard, une nuë,
A son œil pénétrant, en dérobe la vûë;
Et si quelque danger menace du trépas,
Nous avons beau crier, il ne nous entend pas.
Il joüit seulement d'une gloire éternelle,
Sur son trône Royal, qui sur tout autre excelle,
Et négligeant la terre avec ses habitans,

Il voit sans fin couler tranquilement le tems.
Encore un coup, peux-tu concevoir cette Essence,
Sans voir que rien n'échape à sa toute sience?
Tu le blâmes, ses soins, sa grace, sa merci,
T'ont ils donné sujet de le traiter ainsi?
N'as-tu pas vû cent fois comment l'auteur d'un crime,
Devoit pour l'expier, lui servir de victime;
Et combien les chemins sont bossus & penchans,
Par où ce Dieu vengeur fait passer les méchans?
Ils n'ont rien que sa main enfin ne leur ravisse;
Ses graces rarement égalent sa justice;
Loin de les rendre heureux, lui même les conduit
Au sepulcre, où le ver en poudre les réduit.
S'il les frape, après tout, il en connoit la cause,
Il sait que leur esprit à tout mal se dispose,
Qu'autant dans les plaisirs, que dans l'adversité,
Ils détestent son régne, & sa divinité.
Misérable pécheur, pourquoi le méconnoitre?
Que ne t'a-t-il pas fait, dépuis qu'il te fit naître.
Si nous avons des biens, de l'esprit de beaux dons,
N'est-ce pas par lui seul, que nous les possédons?
Je soufre quand l'esprit, du moment qu'il habite
Une maison d'argile, alégue son mérite;
Et j'ignore comment le plus audacieux,
Tandis qu'il est mortel, ose lever les yeux.
Aussi malgré leur rage, & ta vaine critique,
Le sort des vicieux n'est qu'une fin tragique;

Quand

Quand même ils vielliroient dans leur égarement,
Les justes les verront périr assurément.
Ils se riront de voir cette troupe perverse,
D'un funeste revers, tomber à la renverse;
Au lieu qu'étant zélez pour le souverain bien,
Nous n'apréhendons pas d'être opressez de rien.
Aproche toi de Dieu, comme d'un Dieu propice,
Lui seul a le pouvoir de pardonner le vice;
Je te prie, mon cher, fais mieux que tu n'as fait;
Purge ton cœur souillé, rends le pur & parfait,
Marche sur le bon pié, fuis les faux témoignages;
Evite les méchans, hante les hommes sages;
Cherche par tout la paix, aime la piété;
Bani de ta maison la noire iniquité,
Qui des ton âge tendre, y tetta sa racine;
Invoque avec ardeur, la Majesté divine,
Et pour rentrer enfin, dans ses soins paternels,
Embrasse de ses loix les piliers éternels.
Observant ces leçons, tu peux, toi, qui trépasses,
T'assurer fermement d'en obtenir des graces,
Et malgré la fureur de tes fiers envieux,
De recouvrer des biens, & de devenir vieux.
Tu n'estimeras l'or non plus que la poussiére,
Ton lustre obscurcira l'éclat de la lumiére,
Et dans le doux repos des plus tendres plaisirs,
Ton œuil verra sans cesse acomplir tes desirs.
Au lieu qu'auparavant toute ta confiance
Se fondoit sur tes biens, ta grandeur, ta puissance,

Tu

Tu feras à fervir ton Dieu fi diligent,
Que lui feul te fera ton or & ton argent.
Oui, croi moi, fi tu peux le fléchir par ton zéle,
Tu verras des éfets de fa grace eternelle;
Et fe réjouïffant de ta converfion,
Il te rendra l'objet de fon afection.
A l'afpect l'umineux des rayons de fa face,
Tu n'entreprendras rien que fa main ne parfaffe;
Tes priéres, tes vœux, tes foupirs exaucez,
Rendront la vie aux morts, & l'ame aux opreffez.
Enfin, n'en doute point, ce Monarque adorable,
Après tant de travaux, te fera favorable,
Moyennant que ce foit avec humilité
Que tu cours à fon aide, en ton adverfité.
L'oraifon du fidéle eft de telle éficace,
Qu'elle peut dans fon trouble, aporter la bonace:
Il n'eft rien, qui l'égale, elle a plus de pouvoir
Que la terre & les cieux n'ont pu jamais avoir.
Et un mot, fes bontez, fes trefors, fes empires,
Te feront acordez, & fi tu le défires,
Le falut des mortels, qui rampent ici bas.

CHA-

CHAPITRE XXIII.

JOB.

Après vos longs discours, après vos vains débats,
Dont le plus simble mot, jufqu'à l'ame me touche,
Ne penfez pas, cruels, que je ferme la bouche,
La douleur que je fens, ne m'empêchera pas
De répondre à des gens, qui cherchent mon trépas.
J'ai defiré cent fois, ce qui ne fauroit être,
D'avoir un tête à tête avec mon Divin Maître,
Et que pour décharger mon cœur entiérement,
J'eufſe la liberté de parler franchement.
Je me flate qu'alors je lui ferois comprendre
Qu'on a jufqu'à prefent, eu tort de m'entreprendre,
L'accès m'étant permi fans doute, il m'entendroit,
Et prendroit du plaifir à foutenir mon droit.
Au lieu que vos élens proviennent de l'envie
De me voir fi long-tems, jouïr de cette vie,
Dieu me feroit propice, il me confoleroit,
Si mes maux s'aigriſſoient, il les adouciroit.
Bien loin d'apréhender l'ardeur de fa vengeance,
J'aurois lieu de fonder en lui mon efpérance;

Puis

Puis qu'il ne voudroit pas me traiter rudement,
Et pourſuivre un mortel en dernier jugement.
J'aurois là, le bonheur de lui porter ma plainte,
Là, je lui ferois voir avec honneur & crainte,
Que mille faux témoins, rudement indignez,
Ne me feroient pas tel que vous me dépaignez.
Là, je me ſauverois pour jamais de mon juge,
Là, j'aurois en un mot, un aſſuré refuge;
Au lieu que parmi vous, je me voi tourmenté,
Je ſerois avec lui paiſiblement traité.
Mais hélas! c'eſt en vain que mon ame ſoupire,
Son abſence me tüe, il faudra que j'expire:
Quelle route tenir pour l'aller rencontrer,
Il n'eſt aucun vivant, qui m'en puiſſe montrer.
J'aurois beau parcourir, & les cieux, & la terre,
Fendre les durs rochers, ou de marbre, ou de
    pierre,
Courir & fureter par tout exactement,
Juſques dans les enfers, juſques au firmament,
Il eſt Dieu, c'eſt tout dire, & partant impaſſible,
Qui comme tout puiſſant, eſt de même inviſible,
Et qui, quoi qu'animant tout ce qu'on peut tou-
    cher,
Ne ſe contemple point avec des yeux de chair.
Cependant je ſuis ſeur, par ſes graces paſſées,
Que s'il vouloit ſonder mes reins & mes penſées,
Il verroit que je ſuis plus pur que le fin or,
Et que ce que j'ai fait, je le puis faire encor.

Il fait que j'ai toûjours eſtimé ſa parole,
Que ce n'eſt qu'en lui ſeul que mon cœur ſe conſole,
Et que j'ai plus priſé ſes ſaints commandemens,
Que l'empire du monde, & ſes vains ornemens.
Enfin, j'ai conformé mes mœurs à ſes maniéres,
Et n'ai rendu qu'à lui mes vœux & mes priéres.
Qui ſera-ce, après tout, qui pourra le forcer
A retenir ſon bras, qui frape ſans ceſſer.
On ne ſauroit agir avec Dieu par contrainte,
Sa Juſtice eſt ſévére, & n'eſt à rien aſtrainte;
Ce qu'il a réſolu, ce qu'il a décrété,
Doit être, tôt ou tard, un jour exécuté.
Mais enfin ſes décrets, fermes, invariables,
En ſont ils moins cachez, & moins impénétrables?
Il agit, il eſt vrai, mais je ne ſai pourquoi,
Et les Anges des cieux l'ignorent comme moi.
O prodige funeſte, ô miſtéres ſenſibles,
Que tes voyes, Seigneur, ſont incompréhenſibles;
Se peut il que la main, qui m'a ſervi d'apui,
Soit cette même main, qui m'aflige aujourd'hui?
Pourquoi n'as-tu plutôt ecarté la tempéte,
Qui depuis ſi long-tems, a menacé ma tête?
D'un courroux conſumant, alumé ſans ſujet,
Faloit-il, juſte ciel! que je fuſſe l'objet?
Comment ta Providence, encline à la juſtice,
Peut-elle m'impoſer un ſi rude ſuplice;

Et pourquoi ne m'as-tu plutôt donné la mort,
Que d'expofer ma vie à ce malheureux fort?

CHAPITRE XXIV.

JOB paſſe outre.

DE là, ne tirez pas l'injuſte conféquence
Que je nie d'un Dieu la fage Providence,
Et que pour m'opofer à ſes durs chatimens,
Je bute à vous donner de nouveaux ſentimens.
Tout ce que j'en inféré eſt qu'il fait bien des choſes,
Dont on pénétre peu les véritables cauſes,
Et que c'eſt m'ofencer de vouloir ſoutenir
Qu'il n'eſt que les méchans, que le Ciel doit punir.
Mille gens aujourd'hui ne font point confience
D'anéantir le droit, d'oprimer l'innocence,
De prendre à toutes mains, de n'agir que pour eux,
Et de rendre en un mot, les autres malheureux.
L'impie, l'uſurier, le paillard, l'adultére,
Le cruel meurtrier, l'injuſte incendiaire,
Tous ces monſtres d'horreur vivent impunement,
Et meurent bien ſouvent exempts de chatiment.
Je confeſſe avec vous, qu'il ſont toûjours en craintes,

Qu'ils

Qu'ils ufent de détours, de rufes & de feintes,
Et qu'avant que l'un d'eux parvienne à fon deffein,
Il fent fouvent fon cœur palpiter dans le fein.
Mais néanmoins défunt, fans loi, fans repentance,
Il n'aura point été puni de fon ofence;
Lui, qui faifoit du mal, le Seigneur fait combien,
Et qui dans fon vivant, n'a jamais fait de bien.
Lui, qui n'epargnoit pas la veuve & la ftérile,
Qui trompoit l'orfelin, maltraitoit le pupile,
Et qui, pour enrichir, un enfant, un parent,
Vouloit que dans les mœurs, tout fut indiférent.
Lui, qui s'étoit enfin, rendu fi redoutable,
Qu'on craignoit d'altérer fon humeur implacable;
L'écume de fa bouche, & le feu de fes yeux,
Faifant trembler le jeune, intimidoient les vieux.
Il n'eft pas que celui, qui lance le tonnerre,
Ne fache ce qu'on fait ici bas fur la terre;
Son œil découvre tout, il voit également
Les centres de ce globe & de fon firmament.
Vous voyez cependant qu'il leur permet de vivre,
Que dans leur train fatal, il les laiffe pourfuivre,
Et que fi quelquefois il paroit rigoureux,
C'eft à l'endroit des bons, rarement envers eux.
S'il arrive au méchant que fon deffein échouë,
Il fe voit tôt après au plus haut de la roüe,
Plus puiffant que jamais, & fon terme venu,
Il meurt fans qu'il lui foit aucun mal advenu.
Perfonne ne fauroit nier de bonne forte,

Une

Une preuve si claire, une raison si forte,
C'est un fait trop commun pour vous en étonner,
Il ne faut pour le voir, que vous examiner.
S'il n'en est pas ainsi, montrez moi le contraire,
Je veux bien écouter, je consens à me taire,
Quoi que je sois certain que tout ce, que j'ai dit,
Puisse malaisément souffrir un contredit.

CHAPITRE XXV.

BILDAT.

ON peut voir tous les jours, par quelque illustre marque,
Que Dieu, de l'univers, est l'Auguste Monarque:
Qu'il n'est rien de semblable à sa divinité,
Et qu'il gouverne tout selon sa volonté,
Son bras fait ici bas ce qu'aux cieux il desire,
Il peut en un moment, élever à l'empire
Le plus chétif esclave, & tout d'un coup changer
L'état d'un Conquérant, en celui d'un berger.
C'est lui, qui fait la paix, qui nous donne la guerre,
Qui préside en tous lieux, au cieux comm. n terre,
Et qui, par son esprit, aussi noble que vif,

Nous rend du vif le mort, comme du mort le vif.
S'il eſt fort & puiſſant, terrible, épouvantable,
Il eſt de même pur, ſaint, bon juſte équitable,
Ses ouvrages exquis, rayonnant de beauté,
Ne ſont à ſon égard, que pure vanité.
L'épaiſſeur de ce globe, & ſa vaſte ſurface,
N'enferment rien d'entier au regard de ſa face,
Les cieux mêmes, ſi clairs, ſi beaux, ſi précieux,
Sont de ſombres manoirs, imparfais à ſes yeux.
Si ces rares objets ſont des maſſes impures?
Combien plus, juſte Ciel ! de ſimples créatures;
Qu'eſt-ce hélas ! que de l'homme, abject des le berceau,
Si non, une fleur tendre, un ſimple vermiceau?
Ses œuvres & ſa foi, n'eſt proprement qu'une ombre,
Sa pompe & ſa grandeur n'ont qu'une lueur ſombre,
Et ſes perfections, jointes à ſes apas,
Semblent au vent, qui paſſe, & que l'on ne voit pas.
En vain, pour ſe purger, il décharge ſon ame,
Il eſt toûjours coupable, il eſt digne de blâme;
Dieu ne le frape point avec ſévérité,
Qu'il ne l'ait mille fois au double mérité.

CHAPITRE XXVI.

JOB.

JE ne suis point marri que ta langue s'éforce
D'exalter du Seigneur la puissance & la force,
Mais enfin, à quoi bon ce juste procéde,
Puis qu'aussi bien que toi, j'en suis persuadé?
Crois-tu me soulager, en parlant de la sorte?
De semblables propos n'ont rien, qui réconforte;
Tous tes éforts sont vains, & ta belle raison
Est bonne assurément, mais non pas de saison.
On peut parler ainsi avec indiférence,
A ces petits esprits, plongez dans l'ignorance,
Et non pas à celui, qui fait, sans vanité,
Que Dieu seul est parfait, le reste iniquité.
Quelle puissance as-tu, quel est ton caractére?
As-tu l'esprit divin pour comprendre un mistére?
Si tu n'es qu'un mortel, pourquoi me parles-tu,
Comme si je n'avois nule ombre de vertu?
Je confesse avec toi, que Dieu fait toutes choses,
Qu'il les tient dans sa main également encloses,
Et que par son pouvoir, qui n'a rien de pareil,
Il régit du grand tout, le superbe aparcil.

Le froment, que l'on sême en une bonne terre,
Arrosé de ses eaux, s'amolit, se desserre,
Il fleurit, il parvient en sa maturité,
Et raporte du grain en grande quantité.
Il fait au fond des eaux respirer les balaines,
Rend fertile le sein de nos liquides plaines,
Soutient, garde, voit tout, découvre jusqu'aux fonds
Des goufres les plus noirs, des creux les plus profonds.
Il excite les vents, & forme le tonnerre,
De son soufle il soutient la masse de la terre,
Et le nüage obscur, chargé de gréle ou d'eau,
Ne lâchce qu'à sa voix, son humide fardeau.
Son trône si brillant, cette voute étoilée
Prouve que sa grandeur ne peut être égalée;
Quoi qu'elle ait ses confins, aussi bien que la mer,
Son immense longueur ne se peut exprimer.
Si l'on doit admirer ses vertus nompareilles,
En la création de ces rares merveilles,
Sa puissance paroit avec le même éclat,
Lors qu'il les entretient toûjours au même état.
L'Univers tout entier s'étonne à sa menace,
Le soleil sobscurcit au regard de sa face,
Le feu mêmes, & l'eau, les plus fiers élémens,
Suivent de point en point, ses hauts commandemens.
Je suis seur qu'il peut tout, je sai que rien n'existe,
Qui

Qui ne doive son être à cette main artiste,
Les astres & les cieux, la terre & les humains,
Sont généralement les œuvres de ses mains.
Mais tout considéré, qu'en pouvons nous comprendre,
Que veux-tu, beau parleur, par ce moyen m'aprendre?
Puis que, sans contredit, il n'est aucun vivant,
Qui pour en raisonner, se trouve assez savant?
Ce qu'il dit, ce qu'il fait, sont autant de mistéres,
Pas moins cachez pour nous, qu'ils l'étoient à nos Péres.
Et si je suis malade, & pauvre devenu,
Je sai que le sujet vous en est inconnu.

CHAPITRE XXVII.

JOB *continué.*

Dieu seul connoit mon cœur, mon Zéle, ma justice,
Il sait que je ne suis entaché d'aucun vice;
Je n'espére du bien que de ce seul endroit,
Et cependant c'est lui, qui nous cache mon droit.
Son courroux ne repait mon cœur que d'amertume,

Sa fureur me détruit, son ardeur me confume,
Sa colére m'embrafe, & fon bras belliqueux
Me frape, & rend mes nerfs, las, débiles, aqueux:
Mais malgré mes langueurs, mes douleurs, mes miféres,
Malgré mes ennemis, mes puiffants adverfaires,
Le ferment, que j'ai fait de vivre faintement,
Doit être exécuté toûjours fidélement.
On ne m'entendra point déchirer mes femblables,
Ces maudits détracteurs ne font pas tolérables,
Leur langue babillarde eft fujette à mentir,
Et ne produit fouvent qu'un trifte repentir.
Dieu, qui ne laiffe point de fautes impunies,
Sait fi j'ai mérité vos noires calomnies,
Et fi par le venin d'un procédé maudit,
Vous n'avez pas taché de me rendre interdit.
Ne penfez pas auffi que je vous juftifie,
Il en coutera cher à celui, qui s'y fie;
L'axiome eft ancien; les crimes faits exprès,
D'un jufte chatiment font talonnez de près.
Il eft des infenfez qu'une trompeufe image,
Avec rapidité porte au libertinage,
Et qu'un entêtement engage à préférer
Le bien, qui va périr, au bien, qui doit durer.
Je fuis bien éloigné d'une telle penfée,
Si j'ai le corps mal fain, j'ai l'ame bien placée,
Ma confience eft pure, & mon cœur abatu,
Aux plaifirs les plus doux, préfére la vertu.
C'eſt

C'est sans nul fondement que le méchant s'acro-
    che
A vouloir me flétrir par quelque dur reproche;
Si je suis afligé, si le mal m'a vaincu,
Ce n'est point, Dieu le sait, pour avoir mal vécu.
Jugez après cela, si j'ai tort de me plaindre,
S'il est un Dieu vengeur, que vous ne deviez
    craindre,
Et si je ne dois pas sur vous seuls rejetter
Les noirs crimes qu'à tort, on me veut imputer?
Il est aisé d'entendre, à ce que vous me dites,
Qu'après vous, il n'est plus de fameux hipocrites,
Et que les passions, que vous m'atribuez,
Sont des fils de péché, que vous desavoüez.
Il est vrai que chacun ne le fait pas connoître,
Vos discours enmiellez ne le font point paroître,
L'esprit ne sufit pas, il faut vous avoir vû
Recevoir, comme moi, quelque coup imprévû.
Alors tout se découvre, on voit l'impatience,
Sur la saine raison, exercer sa puissance,
La rage, le dépit, les imprécations,
Etalent à nos yeux, vos imperfections.
L'incrédule, aussi tôt que le Seigneur le touche,
Devient en un instant furieux & farouche;
Il n'est pas comme moi, constant dans sa douleur,
Le desespoir le ronge, il en perd la couleur.
Quelquefois vers la fin d'une blanche vieillesse,
Dénué de secours, dans le mal, qui le presse,

Il veut crier à Dieu, mais sa voix, ni ses yeux,
Ne sont pas en état de pénétrer les cieux.
Je sai qu'à vous ouïr, je suis mille fois pire,
Que je n'invoque Dieu qu'a cause que j'expire,
Et que si je n'étois proche d'un mauvais pas,
Je ne l'adorerois ni ne le craindrois pas.
Vous vous abusez fort, quoi que mon mal ex-
  tréme
Surpasse mon bonheur, je ne suis pas demême ;
Il a beau me bien faire, il a beau me punir,
Je ne puis un moment cesser de le benir.
Job n'est pas ignorant des sentiers qu'il doit suivre,
Je sai comment le sage est obligé de vivre,
Les ouvrages de Dieu, saints, justes en éfet,
Ne me sont pas non plus, inconnus tout à fait.
N'ai-je pas vû cent fois, comment son bras ro-
  buste,
Détruisant le méchant, favorise le juste,
Et de quelle maniére il gouverne & soutient
Ce, que dans son contour, tout l'univers contient.
L'âge, où vous existez, joint à l'expérience,
Ne vous en a pas moins donné de connoissance,
Vous devez tout savoir, les hommes ignorants
N'osent pas, comme vous, se mettre aux pre-
  miers rangs.
Si l'on ne vous eut vû fortement le prétendre,
Je n'eusse pas été surpris de vous entendre,
Mais vos propos suivis de tant d'emportement,
                                        M'ont

M'ont jetté dans le trouble & dans l'étonnement.
J'en veux rompre le cours, c'est un point, qui me touche,
C'est mon tour à parler, je veux ouvrir la bouche,
Je n'aurai pas besoin d'un discours si difus,
Ni de tant de détours, pour vous rendre confus.
Je consens avec vous que Dieu prend à partie
Celui, qui ne craint point que sa main le chatie,
Et que sa portion, qui se trouve ici bas,
N'est souvent que misére, amertume, combats.
Sa gloire, il le permet, est bien tôt dissipée;
S'il se voit des enfans, ce n'est que pour l'épée,
L'ennemi les sacage, & la calamité
Exerce avec fureur sur eux sa cruauté.
A peine ont ils l'œil clos que leurs femmes joyeuses
De les avoir perdus, s'estiment bien heureuses,
Leur mort les en délivre, elle ne voudroient pas
Que le destin les eut exemtez du trépas.
Du moment que d'un grain leur force est afoiblie;
Chacun s'en réjouït, d'abord on les oublie;
Et tel pourroit les voir en danger de périr,
Qui les fuiroit plutôt que de les secourir.
Quand l'incrédule auroit tous les tresors du mon-
Que son autorité se verroit sans seconde, (de,
Il périra pourtant, le juste le verra,
Et s'il laisse des biens, il les héritera.
S'il construit des palais, d'illustres piramides,

Des méchans comme lui, des hommes intrepides,
Les réduiront en cendre, & les vents se joindront
Au foudroyant tonnerre, & les abimeront.
La loge d'un messier durera davantage
Que la maison pompeuse, où se tient son ménage;
La faim le fera fondre, & parmi son argent,
Il sera sans suport, misérable, indigent.
Les maux les plus cuisans, lui livreront la guerre,
On le verra privé du secours de la terre,
Abandonné du Ciel, méprisé des mortels,
Et bani pour toûjours du temple & des autels.
Il sera, malgré lui, porté de place en place,
Comme par un grand vent, la neige sur la glace;
Et la main du Dieu fort, qui saura l'atraper,
Ne pourra qu'à regret, cesser de le fraper.
Elle fondra sur lui de telle véhémence,
Qu'en vain pour l'éviter, il fuira sa presence;
Et s'il veut résister à sa juste fureur,
Ses restes, aux corbeaux, donneront de l'horreur.
Les peuples, ses voisins, qui verront sa ruine,
Ne pourront s'empêcher de lui faire la mine,
D'en rire, à gorge ouverte, & d'admirer comment
Le Seigneur en a fait un juste jugement.
Je consens di-je encore, à cette fin terrible,
Mais je nie après tout, qu'elle soit infaillible;
Si l'on voit des méchans pauvres & languissans,
On n'en trouve pas moins d'extrémement puis-
   sans.

Les

Les juftes ne font pas, ni fans Dieu, ni fans pére;
Si leur maître eft clément, il eft auffi févére;
Et quoi qu'ils foient du rang de ceux qu'il veut
 fauver,
Lui même les chatie, il les veut éprouver.

CHAPITRE XXVIII.

JOB *paffe outre.*

JE fai de même auffi que la terre habitable
 Ne nous raporte rien, qui ne foit admirable,
Et que l'homme mortel, cet ouvrage divin,
En connoit la vertu, le principe & la fin.
Il n'eft rien de trop grand, rien d'incompréhen-
 fible,
Le Seigneur pour lui feul, a tout rendu poffible,
Son pié par tout le porte, & de fes yeux ouverts
Il découvre les bouts de ce vafte univers.
Il voit & trouve tout ce, que le monde enferre,
Il entre, il va chercher dans le fein de la terre,
L'étain, l'or & l'argent, & par l'art il en fait
Des ouvrages exquis, qui n'ont rien d'imparfait.
Un immenfe pays, qu'un terrible déluge
A rendu des daufins l'agréable refuge,
Devient par fon travail, un féjour enchanté;

Il n'est désert arride, & roc inhabité,
Dont parmi des bijoux de pierres précieuses,
Il ne retire enfin des moissons planturenses,
L'ocean, qui nous rend son peuple, a des pourpris,
Où l'ambre & le coral se disputent le prix.
Les creux les plus profonds, les cachots les plus sombres,
Cachent l'or le plus fin sous leurs obscures ombres ;
La clarté n'y luit point, le linx, aux yeux perçans,
En vain pour y rien voir, employeroit ses sens.
Les lions afamez, & les oiseaux de proye,
Ignorant ces tresors, n'en ont point seu la voye ;
L'homme seul la connoit, seul il a le pouvoir
D'en tirer aisément ce qu'il en veut avoir.
Sa puissance s'étend jusque sur les montagnes,
Il fait des vaux des monts, & des monts des campagnes,
Et si le roc l'empêche il le fend d'un revers,
Pour y faire couler des ruisseaux au travers.
S'il n'est pas assez fort, il use de machines ;
Tous lieux lui sont d'accès, point de creux, ni de mines,
Que son Zéle ne perce, & d'où cette chaleur,
Ne tire des joyaux d'une extréme valeur.
Quand il veut il tarit les mers les plus profondes,
Il va chercher au fond ce, que couvre leurs ondes ;
Et ce, que la nature avoit le mieux caché,

L'Hom-

L'Homme l'a de son sein le plutôt arraché.
Mais après tous ses soins, ses travaux, sa puissance,
Il ne sait ce que c'est que de la sapience ;
Il ne la cherche point, ses merveilleux apas
Sont indignes des sens, il ne l'estime pas.
Quelquefois curieux, s'il s'en veut mettre en peine,
C'est parmi les plaisirs, où le monde l'entraine ;
Il la veut trouver la, mais son divin séjour
Est sans obscurité, sa nuit est un beau jour.
Je suis entre les saints, nous dit elle, en estime ;
L'on ne me trouve point dans le fond d'un abîme ;
L'Océan, ni le creux d'un horrible rocher,
Ne sont point les endroits, où je me vai cacher.
Bien des gens ne sauroient aprocher de ton trône ;
On ne t'a pas au poids, tu te vends moins à l'aune ;
L'or ne t'égale point, & l'argent trop leger,
Ensemble au trebuchet, ne te fait point bouger.
Les mines du Pérou ne sont pas assez grandes
Pour fournir les métaux très purs, que tu demandes,
Et l'Orient n'a pas, on a tort d'y courir,
La perle avec laquelle on te peut aquérir.
L'onix, le diamant, l'opale la plus belle,
Quoi que de feu pour nous, n'ont point d'éclat pour elle ;
A ce, que les mondains aspirent fortement,
Elle tourne le dos, plaint leur aveuglement.

Son prix furpaffe encor celui de la topafe,
On ne la troque point contre la crifopafe,
Et comme elle vaut mieux que le fin or d'Ophir,
Elle brille auffi plus que ne fait le faphir.
D'où vient donc ce trefor, qu'un récit fait immenfe?
Où fe découvre-t-il, qu'eft ce, que fapience?
Si l'on la peut trouver, & qu'elle vaille tant,
Elle mérite bien qu'on la cherche pourtant.
Certes, l'homme infenfé ne la fauroit connoître,
Ce n'eft point devant lui, que l'on la voit paroître;
Les oifeaux vont par tout, ils volent jufqu'aux cieux,
Et n'aperçoivent pas ce joyau précieux.
Jamais les malvivans n'en découvrent la trace,
La mort & les enfers en ignorent la place,
Satan fait feulement quel en eft le renom,
Et fes triftes fujets n'en favent que le nom.
Elle ne leur a fait que chatouiller l'oreille;
Dieu feul en eft la fource, il tient cette merveille
Chére comme lui même, & le divin fentier
N'en eft connu qu'à ceux, dont le cœur eft entier.
Le jufte, comme faint, a le droit d'y prétendre,
Lors qu'il renonce au monde & vers elle veut tendre;
En un mot, qui la veut pleinement pofféder,
Doit d'un feul Dieu l'atendre, elle en doit procéder.
Il eft l'unique auffi, qui voit tout, & qui fonde

Ce qu'enferrent les cieux, ce que cache le monde;
Et dont les œuvres sont sans dissolution,
Au Souverain degré de leur perfection.
Quand il forma le Ciel, cette étenduë astrée,
Alors cette sagesse, au naïf s'est montrée,
Ce fut dans ce moment que son divin savoir
Prit place, & voulut bien se joindre à son pouvoir.
Lors que de l'Océan il sépara la terre,
Qu'il ordonna les vents, les éclairs, le tonnerre,
Et fit commandement aux nuës de puiser
Des eaux de ce bas monde, & de l'en arroser.
Oui, ce fut, di-je, alors qu'il la fonda lui même,
Plus ferme qu'un rocher, sur son trône supréme,
Qu'il dit qu'elle étoit pure, & qu'elle consistoit
En l'amour & l'honneur, que l'homme lui portoit:
Celui-la, lui dit il, a de la sapience,
Qui cherche son salut en toute diligence;
Il est sage, s'il tremble au seul bruit de mon nom,
Et s'il préche aux mortels ma gloire & mon renom.

CHAPITRE XXIX.

JOB *continuë.*

IL ne faut pas mentir, quand ma gloire passée,
Agitant mon esprit, ocupe ma pensée,

Je pleure des trefors, je regrette des biens,
Que légitimement je pouvois nommer miens.
Où prendre un Médecin, qui me rende la vie?
Je fens déja mon ame à la mort affervie;
Il n'eft Héros au monde, ou Prince, ou Potentat,
Qui puiffe me remettre en mon premier état.
Amis, biens & fanté, tout manque à ma perfonne,
La Providence même, au befoin m'abandonne;
Ce Dieu, qui me fervoit naguéres de flambeau,
M'épouvante, me tüe, & me traine au tombeau.
Mes yeux, à fa clarté, ne trouvoient rien de terne,
Dans la nuit, avec lui, le fond d'une caverne,
Un puis, un lieu profond, ne me paroiffoit pas
Plus obfcur que la chambre, où je prens mes repas.
Quelque part que j'allaffe, il me fervoit de guide,
Sous fa protection, je femblois intrépide,
Sa grace, fa bonté, fes infignes ramparts,
Environnoient toûjours mon corps de toutes
   parts.
J'étois riche, abondant, en efprit, en fageffe,
On admiroit mon zéle autant que mon adreffe,
Une grande douceur engageoit à m'aimer,
Et mes doctes propos me faifoient eftimer.
J'avois le bien de voir mes enfans à ma table,
Servis comme les Rois de la terre habitable,
Et moi, refpecté, craint, obéi fur le champ,
Des grands & des petits, du jufte & du méchant.
Tout abondoit chez moi de la même maniére

       Que

Que fait l'eau sur les lits d'une grosse riviére;
Sans mentir, on eut dit, qu'il me pleuvoit du ciel,
De l'or & de l'argent, des huiles & du miel.
Mais ce qui m'étoit doux, qui donnoit de la crainte,
C'est qu'à ces biens exquis, la puissance étoit jointe,
Et qu'outre que j'avois dequoi m'acommoder,
J'avois aussi chez moi le droit de commander.
Quand je me promenois hors de mon domicile,
C'est une vérité, les fauxbourgs, ni la ville,
Ne pouvoient contenir ceux, qui sans s'épargner,
Vouloient pour leur honneur, par tout m'acompagner.
Les jeunes s'écartoient de devant ma presence,
Les anciens me venoient faire la révérence;
Les plus qualifiez se tenoient découverts,
Aussi tôt que sur eux j'avois les yeux ouverts.
Les nobles devant moi, n'osoient ouvrir la bouche,
Le plus docte d'entre eux étoit comme une souche,
Et mon haut Parlement, mais sans dérision,
Exaltoit mon génie en toute ocasion.
L'oreille, qui m'oyoit, estimoit ma sagesse;
L'œil, qui me regardoit, admiroit mon adresse;
Ceux qui m'avoient connu, celui qui me hantoit,
Aprouvoient les honneurs, que chacun me portoit.
Mais

Mais auſſi, je puis dire avec toute juſtice,
Que ceux, qui m'aprochoient, je leur éſois propice,
Et que, ſans regarder à leur condition,
Je les traitois toûjours avec compaſſion.
J'étois le protecteur, & ma maiſon l'aſile,
De la dolente veuve, & du pauvre pupille;
Ceux qui leur faiſoient tort, ſe pouvoient bien banir,
L'ordre en étoit exprès, je les faiſois punir.
Auſſi, par ce moyen, j'atirois des loüanges:
Je m'entendois benir des hommes & des anges;
Et Dieu, qui connoiſſoit ma bonne intention,
M'aimoit, & pour moi ſeul, toute ma nation.
Lui, ma religion, la bonne diſcipline,
Ses loix & la juſtice, étoient ma manteline;
J'aimois tant l'équité, j'aimois tant la vertu,
Que comme d'un manteau, j'en étois revètu.
J'étois l'œil de l'aveugle, & du pauvre le pére,
L'apui des impotens, acablez de miſére;
Le guide de celui, qu'un ſentier inconnu,
Faiſoit craindre, en errant, ce qu'il fut devenu.
Enfin, en toute choſe, on voyoit ma prudence;
Je ne concluois rien ſans bonne connoiſſance;
Et ſi j'aimois les bons, j'avois quelque penchant
A chatier l'impie & banir le méchant.
Ces bonnes qualitez, ſoufrez qu'on vous le die,
Me flatoient doucement d'une plus longue vie;

Il

Il faut vous l'avoüer, je ne me croyois pas
Sur le point de paſſer de la vie au trépas.
J'étois robuſte & fort, de très bonne nature,
Jamais incommodé d'aucune nourriture;
Tout m'étoit favorable, & ſans exagérer,
On eut dit que mon corps devoit toûjours durer.
Ma gloire & ma vigueur augmentoient à toute heure,
Ma famille, mes biens, mon illuſtre demeure,
Tout croiſſoit en mérite, en grandeur, en beauté;
Rien ne les égaloit dans ma Principauté.
Bien des ſavans ſans moi, ne pouvoient rien comprendre,
Les grands ſans mon conſeil, n'oſoient rien entreprendre,
On m'écoutoit par tout, & ce que j'avois dit,
Etoit exécuté ſans aucun contredit.
Chez eux, chaque parole étoit une ſentence,
Ils étoient aſſurez de mon fond de ſience,
Et dans cette croyance, ils m'écoutoient parler,
Sans m'oſer interrompre, & ſans me controler.
Connoiſſant mon eſprit, autant que ma puiſſance,
Ils n'eſtimoient pas peu l'honneur de ma preſence,
Et quoi qu'on ne leur fût aucunement ſuſpect,
Ils n'auroient pas voulu nous manquer de reſpect.
Je ne prétendois point me rendre redoutable,
Si s'étois familier, j'étois demême afable,
Cependant on le ſait, vous en êtes témoins,

Per-

Personne assurément ne m'en estimoit moins.
L'honneur qu'on me portoit, en étoit une marque,
J'étois encore un coup, servi comme un Monarque,
Et le bruit, qui couroit de mon humanité,
Me devoit assurer de cette vérité.
A l'Eglise, au Sénat, aux banquets, à la chasse,
Les plus grands m'honoroient de la premiére place;
En quel lieu que je fusse, assis, couché, debout,
Jamais d'autre que moi, n'ocupoit le haut bout.

CHAPITRE XXX.

JOB *continué.*

MAis hélas! maintenant d'abord que je soupire,
J'entens mille boufons en éclater de rire,
Qui loin de se soumettre aux ordre de leur loi,
Se raillent de ma perte, & se moquent de moi.
De jeunes ignorants, que la colére emporte,
Indignes des parler à des gens de ma sorte,
Sont assez insolents, présomttueux, hardis,
Pour trouver à redire à tout ce que je dis.
Que suis-je devenu, puissant Dieu de ma gloire?
M'as-tu mis en oubli, n'as tu plus de mémoire?

Et

Et faut-il qu'aujourd'hui je me voye soumis
A l'injuste rigueur de mes fiers ennemis?
Faut-il que je me taise, & que je m'humilie
Devant les plus abjects d'un peuple & de sa lie?
Et que des gueux, sans droit, sans esprit & sans
　　　nom,
Flétrissent mon honneur, & blessent mon renom?
Qu'est devenu le tems que j'aurois fait scrupule
D'en choisir le meilleur pour conduire ma mule?
Aux ancêtres desquels j'aurois été marri
De confier les chiens d'un troupeau bien nourri.
Il faloit d'autres gens que de telles canailles,
Pour piquer mes taureaux, & paître mes oüailles:
Ils n'étoient bons à rien, les jeunes & les vieux,
N'avoient titre plus beau que celui d'envieux.
Outre le triste sort d'un état misérable,
La nuit de leur esprit étoit plus que palpable
Et l'extréme mépris, qu'ils atiroient sur eux,
Les obligeant d'errer, les rendoit malheureux.
Cachez sous un amas de ronces & d'épines,
Ils vivoient de leurs fruits, se chaufoient des ra-
　　　cines,
Et s'ils pensoient sortir de ces lieux de douleurs,
On couroit après eux, comme après des voleurs.
Ainsi persécutez, il leur étoit bien force
De dresser des maisons de branches & d'écorce,
Et chercher quelque niche, où se pouvoir cacher,
Dans un desert aride, au fond d'un noir rocher.

Ils

Ils s'écartoient des bourgs, ils fuyoient les vilages,
Leurs plus proches voisins n'étoient que des feuillages,
Si l'on les entendoit, c'étoit sous des chardons,
Ou bruire, ou bourdonner, comme font les bourdons.
Tels étoient les ayeux de cette race immonde,
Qui sont, comme ils étoient, la raclure du monde,
Sans loi, sans charité, transportez de fureur,
Contre un pauvre afligé, dont les maux font horreur.
Je suis de Souverain, tombé dans l'esclavage,
Un objet de mépris, le sujet de la rage;
Ceux qui devant mes yeux n'osoient lever le front,
Sont les plus empressez à me faire un afront.
Dens tous leurs entretiens, c'est toûjours moi qui roule,
Job est digne de haine, il est seul, que l'on foule,
La force ne vaut rien, l'acteur n'est point loüé,
Si dans sa comédie, il ne m'a pas joüé.
Au moins si ce mépris les pouvoit satisfaire,
Je prendrois patience, & je voudrois me taire
Mais le mal, qu'ils me font, pour tacher d'ébranler
Ma constance & ma foi, me contraint de parler.
Dans l'état, où je suis, ils ont bien le courage
De venir en grinçant, me cracher au visage,
Insulter à mes maux, & par quelque brocard,

Ta-

DE JOB.

Tacher à faire rire, & le tiers, & le quart.
Parce que le Seigneur me paroit en colére,
On me veut comme lui, traiter en adverſaire,
Et voyant que je puis à peine me mouvoir,
On exerce ſur moi la force & le pouvoir.
Les enfans, pour leur plaire, à l'entour de mon
 ſiége,
Tendent adroitement quelque ſiniſtre piége,
Et quand je ſuis par terre, à l'inſtant les plus forts
S'en viennent, tour à tour, me monter ſur le corps
Ils ſe font à plaiſir, un chemin de mon ventre,
Leur poids en chaſſe l'air, ils ont peur qu'il n'y
 rentre:
Ainſi foible, opreſſé, ſans pouvoir reſpirer,
Je ſuis hélas! ſouvent ſur le point d'expirer.
Il m'ont défiguré, je ne ſuis plus le même,
La perſécution, qu'ils me font, eſt extréme;
Je péris, & pas un ne ſemble aſſez humain,
Pour s'avancer d'un pas, & me donner la main.
Ils viennent contre moi, comme par une bréche,
Tenant l'arc d'une main, & de l'autre la fléche,
Et ſous couleur d'avoir pitié de ma langueur,
Ils décochent leurs traits, & m'en percent le cœur.
Mon pauvre corps défaut, mon ame le regrette,
A peine trouvent-t-elle un agent, qui l'aréte,
J'ai beau l'encourager, afin de l'arréter,
Sa loge l'épouvante, elle veut la quiter.
Dénué de ſecours, je la ſens à toute heure

Fré-

Frémir, faire un éfort pour changer de demeure,
Le travail, qui l'acable, & la nuit & le jour,
L'oblige à desirer un plus heureux séjour.
Dieu, de ses propres mains, a percé mes jointures,
Ma peau, flétrie & séche, est pleine de coutures,
Mon sang est altéré, bien loin de se glacer,
Mes artéres ne font que batre sans cesser.
La matiére & le sang, que rendent mes ulcéres,
Percent les vétémens, qui me sont nécessaires,
Leur couleur est déteinte, & si par leur rédeur,
Je me sens opressé, j'en déteste l'odeur.
On m'a précipité dans une fosse obscure,
Où je suis tout couvert, & de fange, & d'ordure;
En un mot, je suis tel qu'à parler franchement,
Il est seur que les morts ne sont pas autrement.
Dans ce facheux état, où je dois tout atendre
Du secours de Dieu seul, il ne veut point m'entendre.
Je crie à toi, Seigneur, mais ton peu de pitié
Témoigne que pour moi, tu n'as plus d'amitié.
Ta colére m'abat, ton soufle me renverse;
Ce n'est plus que sur moi que ta rigueur s'exerce,
Et quand, pour te fléchir, je me mets à pleurer,
Tu regardes mes pleurs, sans les considérer.
Abandonné, haï, privé de ta presence,
Je meurs de déplaisir, je perds toute espérance;
C'est un trop rude coup, un trop funeste écueil,
Il faut faire naufrage, & gagner le cercueil.

Quoi qu'il en foit, la mort me tirera de peines,
En terminant ma gloire, elle rompra mes chaines,
Et le Ciel, me rendant infenfible aux malheurs,
Ne pourra deformais me caufer de douleurs.
Les morts ne crient plus, pas un d'eux ne lamente,
Quand leurs corps font glacez, plus rien ne les tourmente
L'ame feule eft heureufe, ou dans de nouveaux fers,
Sans ceffe tourmentée au plus bas des enfers.
Il eft de nos mortels, quand la mort les talonne,
Qu'une jufte frayeur horriblement étonne,
Et qui fe connoiffant méchans & diffolus,
Ne doutent fort qu'ils foient du nombre des élus:
L'avenir leur fait peur; mais ce, qui me confole,
C'eft qu'ayant fervi Dieu, refpecté fa parole,
Je fuis perfuadé que fon trône fera
Le féjour où fans doute, il me tranfportera.
Il fait que j'ai fuivi fes ftatuts adorables,
Que j'ai toûjours eu foin des pauvres miférables,
Et qu'aucun étranger à mes yeux n'a paru,
Qu'à l'inftant je ne l'aye au befoin fecouru.
J'en atendois du bien, je me flatois de vivre;
Au contraire, le mal ne fait que me pourfuivre;
Loin de voir de mes jours redoubler la clarté,
Je ne refpire plus que dans l'obfcurité.
Mon cœur brule dans moi, mes entrailles bouillonnent,

Les plus doux alimens conſtanment m'éguil-
 lonnent,
Mon ventre ſe déchire, & les maux que je ſens,
Comme ils m'ont prévenu, me font perdre les
 ſens.
Je pleure, je lamente, & mon ame troublée
N'a point d'égard au lieu, non plus qu'à l'aſſem-
 blée,
Son travail me tenaille, & rend mon teint vermeil
Comme ſeché du hâle, à faute de ſommeil.
Mes funeſtes accens n'ont rien, qui ne reſſemble
Aux cris des lionceaux, que la diſette aſſemble:
Et la triſte chouette, au fort de ſes ennuis,
Trouve les jours moins longs que je ne fais les
 nuits.
Ma peau blanche & vermeille, à preſent plus aride
Qu'un deſert altéré, ſe calcine & ſe ride,
Ma graiſſe s'évapore, & mes os tout grillez,
N'ont plus de chair ſur eux, ils en ſont dépouillez.
Je ne vis plus auſſi qu'en mortelle triſteſſe,
Mes plus doux inſtrumens, ma harpe chantereſſe,
Mes orgues, mon tambour & mon Pſaltérion,
Se ſont tournez en voix de lamentation.

CHAPITRE XXXI.

Job parle ici encore.

Cependant ennemi des mauvaises pratiques,
J'ai toûjours eu les yeux & chastes & pudiques;
Un acord entre nous, m'empêchoit de hanter
Ce qu'aujourd'hui la loi défent de convoiter.
Je regardois le sexe avec indiférence;
Dieu, qui paroit sévére à celui, qui l'ofence,
Etoit mon but, mon tout, l'objet de mes desirs,
Et l'acomplissement de mes plus grands plaisirs.
Jamais je n'ignorai que des peines mortelles
Etoient la portion des ames criminelles,
Et que pour parvenir au repos éternel,
Il faloit s'éforcer à servir l'Eternel.
Cela n'a pourtant pas empêché que lui même
N'ait exercé sur moi sa puissance supréme,
Et qu'il n'ait renversé l'ordre, qu'il doit tenir
A l'endroit des mortels, afin de me punir.
N'est il pas aussi fort qu'il fut du tems de l'arche?
N'a-t-il pas observé mon train & ma démarche?
Si mes vœux jusqu'au Ciel cent fois sont par-
   venus,

Le peut-il ignorer, lui sont-ils inconnus?
Non, son œil, qui voit tout, dit voir mon innocence,
S'il ne la connoît pas, qu'il prenne la balance,
Qu'il m'éprouve lui même, & je suis assuré
Qu'il me trouvera net comme l'or épuré.
En éfet, si jamais j'ai fait tort à personne,
Si je n'ai pas suivi le chemin qu'il ordonne;
Si pour un plaisir vain, je me suis ataché,
Au luxe, à l'avarice, ou semblable péché;
Si je conçûs jamais une pensée lâche,
Si mon cœur s'est enfin, souillé d'aucune tache;
Que ce que mes vergers raporteront l'été,
Pourrisse avant le jour de sa maturité.
Que mes semailles soient par tout exterminées,
Que mes plantes aussi, du vent déracinées,
Périssent sans ressource, & que mes vastes champs
Deviennent desormais la proye des méchans.
Si je me suis noirci d'aucune convoitise,
Si je n'ai détesté l'infame paillardise,
Et si je fus jamais à d'autres adonné
Qu'à celle que Dieu m'a pour compagne donné;
Que ma femme à l'instant, au public s'abandonne,
Que je sois maltraité comme la loi l'ordonne;
Puis que c'est un péché digne de chatiment,
Et dont on rendra conte au dernier jugement.
C'est un feu dévorant, qui ronge & qui consume,

Une

Une fade douceur, qui produit l'amertume,
La ruine du corps, & la destruction
De l'ame, qui s'atache à cette passion.
Dieu sait que je n'ai point foulé le mercenaire,
Qu'à peine son labeur précédoit son salaire;
Que jamais serviteur n'a quité mon palais
Qu'avec la larme à l'œil, & payé sans délais.
J'avois trop bien apris qu'il aime la justice,
Qu'il les a comme moi, formez dans la matrice,
Et que je ne pouvois les traiter rudement
Sans mériter sur l'heure un rude chatiment.
Je n'ai point renvoyé ceux, qui dans l'indigence,
Imploroient mon secours avec la moindre in-
  stance;
La veuve & l'étranger, pour le moindre procès,
Etoient les bien venus, je leur donnois accès.
J'étois si pitoyable, à l'endroit du pupile,
Que pour le protéger, je trouvois tout facile;
Toûjours dans ma maison, & mêmes autrepart
De ce, que je mangeois, il en avoit sa part.
Je le faisois chez moi nourrir des sa jeunesse,
Avec le soin du monde égal à ma tendresse;
Pour achever enfin, comme je commençois,
D'abord qu'il étoit grand, c'est moi, qui l'avan-
  çois.
Si j'ai vû défaillir, faute de couverture,
Celui, qui redoutoit l'hiver, pour la froidure,
S'il ne m'a témoigné dans mainte ocasion;

D'avoir de mes bien-faits, de la confusion,
S'il ne m'a pas beni, donné mille loüanges,
Souhaité pour loyer le séjour des Arcanges,
Et si loin de s'en taire, & moins de l'oublier,
Il n'a lui même été par tout le publier.
Si j'ai levé la main contre le misérable,
Lors que je me suis vû puissant & redoutable;
Si je n'ai pas plutôt consolé l'afligé,
Et vengé l'orfelin, qu'on avoit outragé,
Que mon corps soit brisé, ma vie retrenchée,
Ma chair depuis le haut jusqu'au bas, écorchée,
Et que ce que je sens en moi de mieux conjoint,
Se voye avant ma mort, entiérement déjoint.
Ha! je redoutois trop le Souverain Monarque,
Je craignois plus son bras que je ne fais la Parque,
Son amour m'étoit cher, & ses afections
Régloient entiérement mes inclinations.
Je faisois plus de cas d'une de ses œillades,
Que des grandeurs du monde, & de ses honneurs
    fades,
Et méprisant le soin d'entasser de l'argent,
Son culte uniquement me rendoit diligent.
Quand mon bien s'acroissoit par centaines &
    milles,
Que mes lacs poissonneux, mes campagnes fer-
    tiles,
Me flatoient d'amasser un tresor inouï,
Je n'en ai point pourtant paru plus réjouï.

                              Si.

Si je fléchis jamais devant les dieux étranges,
Si j'invoquai les saints, si je priai les anges,
Si j'ai daigné servir le céleste flambeau,
Ni rien de ce qu'au ciel il paroit de plus beau ;
Si je n'ai pas plutôt rendu mes saints hommages
A l'auteur Souverain de ces divins ouvrages ;
Si je ne l'ai pas seul, comme Prince immortel,
Adoré, suplié, pris, embrassé pour tel,
Qu'il augmente mes maux que son bras me con-
    fonde,
Que mon partage soit une douleur profonde,
Et qu'après m'avoir fait bien languir ici bas,
Il renouvelle un jour aux enfers mes combats.
Que di-je, les enfers, un crime si dannable
Mérite un chatiment bien plus épouvantable ;
Aussi puis-je assurer qu'un poil m'auroit blessé
Qui, contre son honneur, eut jamais rien pensé.
En vain les sélérats s'éforçoient de me nuire,
Leurs facheux accidents ne me faisoient point rire ;
Je ne me plaisois point à voir mes ennemis,
Par un arrêt du sort, à quelque autre soumis.
Au contraire, bien loin de leur porter envie,
De procurer leur mort, j'ai demandé leur vie,
Et quand je les ai vûs en danger de périr,
J'ai couru pour les plaindre & pour les secourir.
Mes esclaves avoient tous les jours plus de peine
Autour des mandiants, dont ma cour étoit pleine,
Qu'avec moi, qu'avec ceux, qui les entretenoient,

A qui leurs décendans mêmes apartenoient.
S'ils étoient autour d'eux, s'il les fervoient à table,
C'étoit, je le voulois, d'une maniére afable;
Tout ce qu'ils aprétoient étoit pour l'étranger,
Eux mêmes quelquefois n'avoient rien à manger.
Souvent ils fouhaitoient, méprifant l'ordinaire,
D'être affis auprès d'eux, pour faire bonne chére,
Et qu'exemts du travail, ils euffent le plaifir
De fe remplir le ventre une fois à loifir.
Je n'étois pourtant pas comme les hipocrites,
Qui devant mille gens, étalent leurs mérites;
Je ne me vantois pas, on ne m'entendoit point
Parler de ma vertu qu'en tems & bien à point.
Si j'étois libéral, franc, benin, doux, honnéte,
Ce n'étoit point afin que quelqu'un me fit fête,
Et fi, comme mortel, j'ai quelquefois péché,
Le confeffant à Dieu, je ne l'ai point caché.
Quoi qu'outre les honneurs, j'euffe affez de puif-
    fance
Pour ranger les plus fiers fous mon obéiffance,
Le nombre des méchans avoit beau m'outrager,
Je prenois du plaifir à ne me point venger.
Il eft vrai, c'eft de moi, que je tiens ce langage,
Mais je defirerois qu'aujourd'hui le plus fage
Des mortels m'écoutât, & mon terme prefcrit,
S'enquétât de ma vie, & la mit par écrit.
Que Dieu ne quite-t-il fa demeure éternelle
Pour voir nos diférents, vuider nôtre quérelle,
                                   Et

Et que fa haute voix, que chacun entendroit,
Ne nous prononce-t-elle, ou mon tort, ou mon droit.
Alors on entendroit fans aucun artifice,
Que de me condanner, c'eft faire une injuftice,
Et que s'il a voulu me traiter en vainqueur,
C'étoit pour me fonder, pour éprouver mon cœur.
J'aprocherois de lui comme d'un jufte juge,
Je lui dirois, mon Dieu, mon unique refuge,
Prens ma quérelle en main, lance des plus hauts cieux,
Tes traits les plus perçants fur mes fiers envieux.
Remarque ces méchans, imprime en ta mémoire
Ceux, qui pour me noircir, m'ont couché dans l'hiftoire;
Pour m'acufer de crime, ils font prêts à mentir,
Déclare qu'ils ont tort, fais les en repentir.
Affure les, Seigneur, que tu m'as trouvé jufte;
Aplique fur mon front ton témoignage augufte,
Protége moi toi même, & je raconterai
Ta force, & tes bontez, par tout où je ferai.
Tu tiens la verge en main, c'eft ton bras, qui chatie,
Si je ne le fais pas, montre toi ma partie;
Redouble, frape encore avec plus de vigueur,
Embrafe ta colére, augmente ma langueur.
Mais fi mon cœur eft pur, fi mon ame s'acorde

A tes divines loix, fais moi miséricorde,
Apaise enfin ton ire, & puis que je me meurs,
Entens mes oraisons, écoute mes clameurs.
Tu sais que j'ai toûjours fait des éforts extrémes,
Pour suivre tes statuts, tes préceptes suprémes,
Et que durant le tems, que tu m'as fait parler,
Comme un enfant soumis, j'ai craint de t'ofencer.
J'en apelle à témoin, & le ciel, & la terre,
Si je suis criminel, qu'ils me fassent la guerre,
Oui, Seigneur, si mes champs, si mes palais exquis,
Etoient des biens mondains, injustement aquis,
Qu'il s'embrase à l'instant, qu'il brule, qu'il dé-
    truise,
Le peu, qui m'est resté ; qu'elle ne me produise,
Au lieu d'huile, de vin, de ségle & de froment,
Que des grains & des fruits d'un méchant aliment,
En un mot, qu'une fin terrible & redoutable,
Achéve de me rendre à jamais misérable,
Et qu'après mon décès, toute ma nation
S'éjouïsse sans fin de ma perdition.

CHAPITRE XXXII.

L'AUTEUR.

Ici chacun se tait, Job n'ouvre plus la bouche,
Une vive douleur trop rudement le touche,

Et ses amis, lassez de le voir contester,
Le laissent sans réponse, ils cessent d'insister.
Mais Elihu voyant l'un & l'autre se taire,
Transporté de couroux, témoigne sa colére;
S'il trouve que souvent il a mal raisonné,
Il les blâme à leur tour de l'avoir condamné.

ELIHU,

Quatriéme ami de JOB.

Vôtre âge, leur dit il, joint à ma patience,
M'a fait jusqu'à present, observer le silence:
N'osant pas interrompre un propos commencé,
J'ai tû ce que j'aurois volontiers avancé.
Je disois en moi même, il faut préter l'oreille,
Ces hommes sont anciens, ils vont faire merveille;
Si Job se desespére en ses afflictions,
Il ne manquera pas de consolations.
La vielesse nous va découvrir mille choses,
Dont elle nous dira le principe & les causes;
En un mot, ce qu'en doute un tems, j'ai révoqué,
Par de savans Docteurs, va nous être expliqué.
Mais j'aprends aujourd'hui qu'aux personnes bien
    nées,
La sagesse atend peu le nombre des années,
Et que ceux que l'on voit avec des cheveux gris;
Ne sont pas toûjours grands, toûjours les mieux
    apris.

L'homme a beau se flater, sa plus haute sience,
Sans le secours du ciel, n'est que pure ignorance:
En vain dans un mistére, on a recours au sang,
Il faut plus que la chair, pour en trouver le sens.
Le faste & la grandeur ne rendent pas capable
D'entendre les secrets d'une Essence inéfable,
Et qui, pour être saints, quoi que sans changement,
Demandent de l'étude & de l'atachement.
Ne regardez donc pas a mon peu d'aparence,
Tout jeune que je suis, j'ai de l'expérience;
Si j'ose vous parler, ce n'est pas sans avoir
Beaucoup de connoissance, un très profond savoir.
Il semble que celui, que vous deviez confondre,
Vous ait mis hors d'état de lui plus rien répondre:
En vain l'ataquez vous, quand on veut disputer,
Il faut pouvoir entendre, & savoir réfuter.
Le trouble, où l'on vous voit, marque vôtre foi-
　　blesse ;
Vous fuyez lâchement lors que l'ennemi presse;
Au moindre des éforts, qu'a fait vôtre vainqueur,
Vous restez sans parole, aussi bien que sans cœur.
Allez où voudrez, vous n'aurez point la gloire,
D'avoir dans ce combat, remporté la victoire;
Celui que vous jugez avoir si mal vécu,
Triomphe, à vôtre honte, & lui seul a vaincu.
Ne pensez pourtant pas que j'aprouve son dire,
Si vous avez mal fait, je croi qu'il a fait pire;
Ses discours n'ont été guére moins insolents,
　　　　　　　　　　　　　　　　Que

Que vous m'avez paru fougueux & violents.
Parce que vous voyez que ce pauvre homme en-
    dure,
Vous voulez le blâmer, vous en voulez conclure
Que ses péchez sont grands, que le pére éternel
Ne le fraperoit pas s'il n'étoit criminel.
Il faut à mon avis, tenir un autre stile,
Quand on veut rafermir une ame qui vacile,
Il faut d'autres discours, il faut d'autres propos,
Si l'on veut dans son trouble aporter du repos.
Quoi qu'il ne m'ait rien dit, je veux ouvrir la
    bouche
Qui choque le Seigneur, sensiblement me touche,
Puis qu'il m'a sous ses loix, lui même assujetti,
Je ne puis m'empêcher de prendre son parti.
Mais si je le défends, si je lui fais paroître
Que je le reconnois pour l'auteur de mon être,
Je ne laisserai pas, en gardant l'équité,
De traiter ce saint homme avec honnêteté.
Je suis gros de parler, je le sens à mon ventre,
L'enflure croit encore, il est plein jusqu'au centre;
Mes esprits sont pressez, s'ils restent sans essor,
Je crains un coup funeste, après un heureux sort.
Pour prévenir ce mal, je veux me satisfaire;
J'ouvrirai donc la bouche, & bien loin de me taire,
Je pousserai ma pointe, & je rembarerai
Ces foibles argumens autant que je pourrai.
Je vous l'ai déja dit, je lui ferai justice;

Je fai que la douleur, plutôt que la malice,
Eſt cauſe de ſa faute, & qu'il n'eut pas ſongé
A blaſphémer ainſi, s'il n'étoit afligé.
Le Seigneur, qui m'entend, qui m'a formé lui
　　même,
Qui voit que je le crainds, & qui ſait que je l'aime,
Sait auſſi que je ſuis incapable d'avoir
Le moindre ſentiment contraire à mon devoir.

CHAPITRE XXXIII.

Elihu pourſuit.

PRête l'oreille Job, écoute je te prie,
　　Je ne parlerai point comme un homme en
　　furie;
Mon cœur eſt juſte & droit; tout ce qu'il penſera,
Ma bouche pour ton bien, te le déclarera.
La vérité me plaît, je la mets en uſage;
Mes diſcours ſont pieux, ils n'ont rien de volage;
Ce que je fais pour Dieu, qui ſeul guide mes pas;
Je le fais avec zéle, ou je ne le fais pas.
Sa bonté me ſoutient, elle me vivifie,
Son eſprit me conduit, en lui ſeul je me fie,
Puis qu'il guide ma langue, & qu'il la fait aller,
Jamais je ne ſaurois manquer de bien parler.

Tu

Tu n'auras point sujet de frémir & de craindre,
J'existe comme toi, comme toi, sans rien feindre,
La nature m'a fait de poussiére, & mortel,
Tu veux sans doute bien que l'on te croye tel.
Je suis pour le Seigneur, ton ame le désire :
Si néanmoins, mon cher, tu trouves à redire
A mon geste, à ma mine, à ce que je dirai,
Dis le moi, je te prie, & je t'écouterai.
Je laisse à part ta foi, ta ferveur & ton zéle,
Je ne veux point douter que tu ne sois fidéle,
Que Dieu ne t'ait admis au nombre des discrets
Auquel ce Souverain déclare ses secrets.
Mais ce que tu soutiens, ce que j'ai oui moi même,
Me paroit franchement, un horrible blasphéme :
Pour te rendre innocent, tu fais Dieu criminel,
Et rejettes ainsi son secours paternel.
Je suis entier, dis tu, je suis net & sans tache;
La loi du Tout-puissant est celle où je m'atache;
Je le sers, je le crainds ; il me perce, il m'abat,
Me livrant tous les jours quelque nouveau com-
　　bat.
Il met mes piez aux ceps, mon corps à la torture,
C'est lui, qui me meurtrit, c'est par lui que j'en-
　　dure,
Il me poursuit par tout, je ne puis plus marcher,
Qu'il ne me fasse à tort, lui même trébucher.
O ciel ! après cela n'es-tu pas sans cervelle ?
Dis moi, n'est il pas vrai que ton ame chancelle ?
　　　　　　　　　　　　　　　　Et

Et que de tels propos font plutôt émanez
Du séjour des démons, que des hommes bien nez?
Tu ne regardes point que tu te rends partie
D'un Dieu, qui pour ton bien, justement te chatie,
D'un Dieu fort & puissant, d'un Dieu, qui fait
    tout bien,
Et qui, quoi qu'il en soit, ne rend conte de rien.
Tu plaides contre lui, tu n'en es pas capable,
Il est aussi subtil, qu'il est épouvantable;
Sa grandeur, sa sagesse, & sa bénignité,
N'ont rien, qui ne réponde a son éternité.
S'il veut bien quelquefois nous montrer dans un
    songe,
Le vice, qui nous mine, & le ver, qui nous ronge;
S'il nous exhorte avant que de nous ataquer,
Il se faut corriger, & ne s'en point moquer.
Tous les jours sa bonté nous fait voir quelque
    exemple,
Digne que le plus sage avec soin, le contemple,
Et par lequel on peut étoufer un dessein,
Qu'à tort, pour être injuste, on couvoit dans le
    sein.
Jamais il n'avertit en secret ses fidéles,
Que lors qu'ils ont péché, que quand ils sont re-
    belles;
Sa verge les menace, il les veut garantir, (pentir.
Tout ce qu'il leur demande, est un promt re-
Au moindre amendement, il chasse la tempête,

Qui,

Qui, pour les acabler, se trouvoit toute prête ;
Il les aime, il les garde, & pour les rendre heureux,
Il se donne lui même, & ses graces à eux.
Il est vrai que souvent sa bonté les néglige,
Que son bras les punit, que sa main les aflige,
Qu'il leur paroit sévére, & que pour quelque tems,
Il leur fait rencontrer l'hiver dans leur printems.
Sa grandeur les abat, son extréme colére
Leur fait trouver la vie & sa douceur amére :
Foibles, exténuez, sans cœur, sans apétit,
Tout leur choque les sens, rien ne les divertit.
Leur palais dérangé soufre un même suplice
A sentir de l'absinte, & de la réguelisse,
Les plus douces liqueurs, le plus noble ragoût,
Les fait frémir d'horreur, ils en ont du dégoût.
La graisse de leur corps se réduit en fumée,
Leurs os sont décharnez, leur moile est consumée,
Et parmi les douleurs, qu'il leur faut endurer,
La mort les épouvante, ils sont prêts d'expirer.
Mais si durant les maux, qu'endure un misérable,
Il fait des vœux au Ciel, qui n'est pas implacable,
Si chez vous un Prophéte, un Rédempteur aux cieux,
Fait voir sa repentance à son Dieu gracieux,
Il en aura pitié ; fois guéri, je t'acorde,
Lui dira-t-il, ma grace, & ma miséricorde ;

Vis, mais vis deformais avec plus de ferveur,
Exalte ma clémence, & beni ton sauveur.
Sa chair deviendra ferme, il fera peau nouvelle,
Son corps reprendra l'air, qu'il eut à la mammelle,
Plus de mal, plus de deuil, plus de calamité,
Rien que joye & plaisir, rien que félicité.
Le Tout-puissant fléchi par ses fortes priéres,
Fera briller sur lui l'éclat de ses lumiéres,
Sa face glorieuse, & son divin regard,
Seront toûjours benins & doux à son égard.
Aussi de son côté, se voyant Dieu propice,
Il ne cessera point de loüer sa justice;
Il dira franchement devant tous les humains,
J'étois ensorcelé des œuvres de mes mains;
Tout ce que je faisois, me sembloit agréable;
Je foulois à mes piez le juste & le coupable;
Enfin, j'ai remarqué par un saint mouvement,
Que le lucre n'aporte aucun émolument.
Par ce sincére aveu, j'ai garanti mon ame
Du menaçant courroux d'une éternelle flamme,
Je vis, graces à Dieu, joyeux, & sans remord,
Son bras fort & puissant, m'a gardé de la mort.
Voila l'ordre qu'il tient; c'est de cette maniére
Qu'il traite ses Elus, rampans sur la poussiére;
C'est ainsi que sa main les tire du tombeau,
Et que sa loi les guide, & leur sert de flambeau.
Sois donques atentif, écoute ma parole,
Tout ce, que je te dis n'a rien, qui ne console;
Tais-

Tais toi, je t'en conjure, écoute seulement,
Et je m'ose flater de ton consentement.
Cependant si le cœur t'incite à me répondre,
Tu le peux, j'y consens, tache de me confondre,
Quoi qu'à moi pleinement tu te puisses fier,
Puis que je ne tends rien qu'à te justifier.

CHAPITRE XXXIV.

ELIHU *continuë.*

Vous sages & savants, observez le silence,
Aprenez ce que c'est que de la sapience,
Tenez, prêtez l'oreille, & pour mieux profiter,
Ce que vous entendez, tachez de le goûter.
Car comme le palais de ces bouches friandes,
Se pique de savoir distinguer les viandes,
L'ouïe, par le son, s'aperçoit aisément
Si l'ordre est observé dans un raisonnement.
Ne perdons point de tems, choisissons des ma-
    tiéres,
Convenables, de poids, dignes de nos lumiéres,
Et sans plus diférer, tachons de rembarrer
Les blasphémes qu'un Job a bien sû proférer.
Je suis juste, dit il, & Dieu me fait coupable,
Il me cache mon droit, il me rend méprisable.

Il me frape fans caufe, & ne fachant pourquoi,
Si je me juftifie, on fe moque de moi.
Où pourroit on trouver un homme de la forte,
Qui voulût fe foumettre au courroux, qui l'emporte ?
Qui s'emportât lui même, & qui voulût vomir
Tant d'imprécations fans pâlir & frémir.
Il femble qu'il fe plaife à mal faire, & mal dire,
Ou pour choquer le ciel, ou pour nous faire rire,
Et qu'il ait du penchant à marcher de travers
Dans fes divins fentiers, comme font les pervers.
Il erre affurément puis qu'il foutient lui même
Que celui, qui craint Dieu, qui le fert & qui l'aime,
N'en eft pas plus heureux dans ce trifte féjour,
Où l'on eft en travail, & la nuit, & le jour.
Ciel! quel emportement, quel mépris, quel outrage,
Qui pourroit fans frémir, en dire davantage!
Un barbare, un payen, beaucoup moins odieux,
Redoutent plus le bras impuiffant de leurs Dieux.
Le Seigneur n'eft point tel que tu nous le veux faire,
Il eft faint, il eft jufte, il eft trop débonnaire,
Pour punir fes enfans, & fans aucun fujet,
Les rendre de fa haine, & la caufe, & l'objet.
Son bras fi redouté, jamais ne les aflige,
Qu'à les traiter ainfi leur tiédeur ne l'oblige,
Et jamais il ne veut défaire ce qu'il fit,

Que

Que pour sa gloire seule, ou bien pour leur profit.
On a beau redouter le tonnerre qu'il lance,
Il tient toûjours en main le poids & la balance;
S'il soutient l'innocent, il n'éparque aussi pas
Ceux, qui selon ses loix, ne réglent point leurs pas.
Chacun sait qu'il a fait cette machine ronde,
Séparé l'eau des eaux, la terre d'avec l'onde;
Que point d'autre que lui ne s'est pû mettre en main
Le Ciel, la Mer la Terre avec le genre-humain.
Puis qu'il en est l'auteur, lors que sa main les domte,
Pourquoi, mon cher ami, nous en rendra-t-il conte?
Ce qu'il fait est bien fait, il ne sauroit faillir,
On n'en sauroit qu'à tort, aucun mal recueillir.
Si Dieu, pour exercer sa sévére justice,
Vouloit à la rigueur, punir le moindre vice,
Pas un homme vivant ne pourroit subsister,
La terre n'auroit rien digne de l'habiter.
Les carreaux enflamez d'un redoutable foudre,
Sans plus rien diférer, nous réduiroient en poudre;
Pour éviter son ire, il faut que sa bonté
Suplée abondemment à nôtre infirmité.
Sur de si beaux sujets je ne puis trop m'étendre,
L'état où tu te vois, t'oblige de m'entendre;
Tout ce que je te dis, n'est que pour te montrer,
Quand

Quand on est hors de soi, les moyens d'y rentrer.
Nos maux viennent de nous, un défaut de courage,
Le dépit de te voir ataqué de l'orage,
T'ont fait tourner la tête, & défaillir le cœur,
Lors que tu te croyois un Monarque vainqueur.
A tort l'acuses tu de méchantes pratiques,
Le Seigneur ne fait point de jugemens iniques;
C'est agraver ton mal, augmenter ta douleur,
Procurer ta ruine, & vouloir ton malheur.
Crois-tu que ce grand Dieu, toûjours bon & propice,
Pourroient gagner sur lui de faire une injustice?
Ou que rien eut duré jusques à ce moment,
S'il n'étoit équitable en son gouvernement?
Non non, assure toi que ce maître des maîtres,
Protége, garantit, & soutient tous les êtres;
Loin de les oprimer, de les réduire à rien,
Il cherche leur bonheur, il ne veut que leur bien.
Si c'est choquer le ciel, ou tomber dans le crime,
Que d'insulter aux loix d'un Prince légitime,
Qu'un chatiment, qu'un tort, que nos biens, ni nos droits,
Ne nous permettent pas d'injurier nos Rois,
Pourquoi traitera-t-on en berger, en esclave,
Le Roi le plus clément, l'Empereur le plus brave?
Un Roi fort & puissant, un Roi present par tout,
Dont le règne est sans borne, & l'empire sans bout?
Mais pourquoi n'aura-t-on ce Prince en révérence,

Qui

Qui nous voit d'un même œil, sous la même aparence;
Qui prend soin d'un chacun, qui donne & départit
Ses biens également, au grand comme au petit?
Il les reconnoit tous pour être son ouvrage,
Le simple à son égard, est autant que le sage;
Son œil éclaire tout, les bons & les méchans,
Et sa pluye, sans choix, distile sur nos champs.
Ne t'épouvante pas de ce qu'il te chatie,
Ce monde ici n'est rien, ce n'est rien que la vie,
S'il te l'ote, crois moi, c'est pour te la donner;
La mort n'a rien d'afreux, qui te doive étonner.
Combien de fois hélas! a-t-on vû des provinces
Se perdre entiérement sous le joug de leurs Princes;
Des peuples acablez, un Empire perir,
Et le juste & l'injuste également mourir.
Souvent dans un instant, par un coup de tonnerre,
Il fait plus de dégat qu'une sanglante guerre;
Il frape à l'impourvûë, & sans aucun éfort,
Abat le plus puissant, renverse le plus fort.
Quelquefois, il est vrai, mais il n'est pas si ferme,
Qu'on puisse y faire fond, qu'après un certain terme,
Il garde le fidéle, au moment que sa main
Extermine l'impie, & lui semble inhumain.
Il est Dieu, s'il le fait, il en connoit la cause,
Son œil, du haut des cieux, découvre toute chose;
Le

Le train du plus coupable & du plus ingénu,
N'est jamais si secret, qu'il ne lui soit connu.
Toute l'obscurité, les ombres de l'abime,
N'ont rien de sufisant, pour lui cacher un crime;
Nous avons beau courir, beau vouloir échaper;
Par tout, où nous allons, il nous fait atraper.
C'est en vain qu'avec Dieu l'on veut entrer en conte,
Celui, qui l'entreprend, ne le fait qu'à sa honte,
Quoi qu'il ait du savoir, du sens, du jugement,
Il demeure confus au premier argument.
Le seul bruit de sa voix fait trembler les Monarnarques,
Il renverse les forts, qui se moquoient des Parques,
Détrône un Empereur, du soir au lendemain,
Et produit un Berger, les armes à la main.
Les maux, qu'ils ont commis, méritent que lui même
Alume sa colére, & leur paroisse extréme,
Et que, pour les punir de leur témérité,
Il use de puissance, & non pas de bonté.
Leur chute, il le prétend, nous doit servir d'exemple,
Il les expose en montre, afin qu'on les contemple,
Et que d'autres voyant ce rude chatiment,
Tremblent, & desormais vivent plus faintement,
Il veut que comme lui, l'on aime la justice,

Qu'on

Qu'on fuye le péché, qu'on ait horreur du vice,
Que fa loi foit l'objet de nôtre piété,
Et nos prochains le but de nôtre charité.
Les cris des afligez, leurs larmes épanduës,
Ne fe font point en vain, font rarement perduës;
Un jour il les écoute, il vient les foulager,
Et prend même fouvent le foin de les venger.
Enfin, foit qu'il beniffe, on foit qu'il extermine,
Soit que de tout le monde il veuille la ruine,
Il faut le laiffer faire, auffi bien fans pécher,
On ne peut même pas l'en vouloir empêcher.
C'eft en vain qu'à fes coups mille mortels s'o-
  pofent,
Il n'eft point de malheurs, aufquels ils ne s'ex-
  pofent,
Et fi **Dieu** les punit, ce n'eft pas fans avoir
Le fujet de le faire, autant que le pouvoir.
Il ne pouroit foufrir de prétendus mérites,
Il fuit les faux dévots, il hait les hipocrites;
C'eft un genre infernal, un tas de diffolus,
Qui caufe du fcandale au milieu des Elus.
Au lieu de l'ofencer, & de lui contredire,
Tu te dois à fes piez te jetter, & lui dire,
Je foufre, je languis, & ton bras redouté
M'acable, mais hélas! je l'ai bien mérité:
Ne permets pas, mon Dieu, que mon ame en
  murmure,
Fais qu'avec patience elle foufre, elle endure;

Que je fois fans reproche, & que jufqu'au trépas,
Je tache de guider felon ta loi, mes pas.
Imprime en mon efprit, rapelle en mes penfées,
Le grand nombre infini de mes fautes paffées;
Et m'en ayant, Seigneur, acordé le pardon,
De ton divin Efprit fais moi toi même un don.
Avec lui je puis tout, je fuis de tout capable,
Sans lui l'obfcurité de mes fens eft palpable;
Si tu m'en fais prefent, fi tu me veux aider,
Je pourrai t'obéir, tu pourras commander.
C'eft ainfi qu'il faloit tacher de le contraindre
D'aporter du fecours, où tu ne peux ateindre,
Et non pas, comme un fot, en arrêter le cours,
Par un dépit extréme, & par de vains difcours.
Tu voudrois que ton Maître écoutât ta parole,
Qu'il s'aprochât de toi, qu'il vint dans ton école,
Et que quand il te veut, ou fraper, ou benir,
Il te vint demander l'ordre, qu'il doit tenir.
En vain l'homme orgueilleux s'excite à jaloufie,
Dieu ne gouverne point à nôtre fantaifie,
Il refpecte, il eft vrai, la loi de l'équité,
Mais cette augufte loi n'eft que fa volonté.
Il n'eft point de favant, qui loüe ta conduite,
Pour moi, je te le dis, j'en redoute la fuite;
Quoi que ton mal foit grand, il le faut fuporter,
Il ne t'eft pas permi de te précipiter.
Plût a Dieu, pour ton bien, que mon ame defire,
Ou que tu fuffes mieux, ou que tu fuffes pire;

Il faut pour te fléchir, que le ciel en courroux,
Redouble tes malheurs, ou soit un peu plus doux.
Autrement je te plains, je déplore moi même
Ta triste destinée, à cause que je t'aime;
Je crain qu'après des maux, si durs, si véhémens,
Tu ne profites point de ses hauts chatimens.
Si tu t'es comporté, comme un homme en furie,
Fais lui voir qu'aujourd'hui ton ame en est marrie
Il est bon, il est juste, & l'on peut te prouver
Qu'à celui, qui le cherche, il se laisse trouver.

CHAPITRE XXXV.

ELIHU *passe outre.*

ESt-ce un moyen d'entrer au temple de la gloire,
Que de blâmer ton Dieu, pour flétrir sa mémoire?
De t'élever toi même, & de le contempter;
Pour faire tes exploix sur les siens éclater?
On prétend en candeur exceller, on se trompe;
Ta puissance, tes droits, ta sagesse & ta pompe,
Ne sont qu'un drap souillé, qu'une simple vapeur,
Et qu'un rien, qui paroit sous un masque trompeur.
Si tu vis saintement, & taches à bien faire,

C'est à toi proprement qu'en revient le salaire;
La moindre infraction que tu fais à la Loi,
Est un acte indiscret, qui réfléchit sur toi.
Le Seigneur n'en reçoit, ni profit, ni dommage;
Le fou péche pour soi, pour lui seul l'homme sage
Travaille aussi sans cesse, & sans trop se vanter,
Il tache d'obtenir, non pas de mériter.
Si tu voulois, mon cher, aprendre à reconnoître
Ce que peut un mortel contre son divin Maître,
Tu ne songerois pas à te vouloir banir
D'un royaume, où sans lui, tu ne peux parvenir.
Léve les yeux en haut, jette un moment ta vûë
Vers la voute des cieux, cette vaste étenduë,
Et je suis assuré que son éloignement
Produira dans ton ame un grand étonnement.
Un coup d'œil t'aprendra qu'un homme ne peut nuire
A sa divinité, non plus qu'à son Empire,
Et que les vains complots, que tu pourrois brasser,
N'auroient aucun éfet que pour te rabaisser.
Tes œuvres tout de même, & l'ardeur de ton zéle
Au regard de ses yeux, n'a rien, qui ne chancelle;
C'est un rien, c'est un tout, selon qu'il le permet,
Un métal, qui n'est bon qu'au titre qu'il le met.
Les libéralitez, les fraudes, les rapines,
Ne sont qu'à nôtre égard, des fleurs & des épines,
L'un & l'autre ici bas, à toute heure paroit,

L'Hom-

L'homme le peut sentir, mais Dieu ne le sauroit.
Il aime cependant que l'on tache à bien faire,
Aux œuvres que l'on fait, il régle le salaire ;
Aucun acte criant ne demeure impuni,
Il paye un moindre bien par un bien infini.
Il est vrai que souvent le pauvre est en disette,
Qu'il se voit méprisé, que le grand le rejette,
Qu'il soufre, qu'il gemit dans ses aflictions,
Et périt sous le poids de mille extortions.
Mais je sai bien aussi qu'il se confie au monde,
Que c'est sur le néant que l'imprudent se fonde,
Que la chair est son bras, qu'il n'atend de l'apui
Que d'un roseau cassé, d'un mortel comme lui.
Au lieu que s'il avoit toute sa confiance
En celui, qui sans nous, nous a donné naissance ;
S'il imploroit son aide en lui parlant ainsi,
J'ai péché, mon sauveur, je requiers ta merci ;
Toi, qui m'as déja fait de si grands avantages,
Au dessus des payens, au dessus des sauvages,
Et qui, pour m'assurer de ton afection,
Augmentes ma ferveur & ma dévotion,
Aye pitié de moi, soulage mes foiblesses,
Fais moi sentir, Seigneur, l'éfét de tes tendresses ;
Donne à mes ennemis des sentimens humains,
Leur cœur se peut changer, tu le tiens en tes mains ;
Après tant de bontez, imprime en ma mémoire,
La crainte de ton nom, le zéle pour ta gloire,

Fais que ta loi toûjours régle mes sentimens,
Et que mon cœur s'atache à tes commandemens.
Le Seigneur, si sensible à nos humbles priéres,
Apaiseroit son mal, calmeroit ses miséres;
Il seroit garanti contre ses ennemis,
Son sort à leur rigueur ne seroit plus soumis.
Mais ce n'est pas à lui qu'il adresse ses plaintes,
Il croit payer le ciel de mines & de feintes;
Aussi Dieu, qui le voit éloigné du trépas,
Mourir de mille morts, ne le regarde pas.
En vain il fait couler des ruisseaux de ses larmes;
En vain, pour se venger, il a recours aux armes :
Un homme ne peut pas toûjours nous secourir;
Il est de certains maux que Dieu seul peut guérir.
Si Dieu laisse périr sans aucune assistance,
Celui, qui de ses Loix n'a point de connoissance,
Et qui, pour ignorer sa grandeur, son pouvoir,
Manque, sans le savoir lui même, à son devoir;
Que ne fera-t-il point aux hommes de ta sorte,
Que le courroux entraine, & que la rage emporte,
Qui du chemin connu s'écartent à grands pas,
Qui savent ce qu'il veut, & qui ne le font pas?
Tu murmures déja, mais si tu continuës,
Je crain que tes douleurs, qui sont assez connuës,
Ne durent davantage, & que tes grands combats
Ne redoublent encore, & te jettent plus bas.
Au prix de tes péchez, à l'égard de tes crimes,
Dont un seul devant Dieu, mérite les abîmes,

Tes

Tes maux sont trop petits, tu te dois corriger,
Ou tu verras le Ciel de nouveau t'afliger.
Repens toi, n'atens pas que Dieu jure ta perte,
Il a signé ta grace, il te l'a même oferte;
Consens à ton bonheur, je sai que tu le veux,
Et ne néglige rien pour lui payer tes vœux,

CHAPITRE XXXVI.

ELIHU poursuit.

PAtience, qu'as-tu, qu'est-ce, que tu redoutes?
Je te vois tout tremblant, tu vaciles, tu doutes,
Puis qu'à ce que je dis, on ne peut répliquer,
Tu ne gagneras rien à vouloir m'ataquer.
La cause du Seigneur, ses jugemens augustes,
N'ont rien que d'équitable, ils sont saints, ils sont
Et si quelque mortel les veut anéantir, (justes,
Son erreur aisément se peut faire sentir.
Ne t'imagine pas que je sois sans sience,
J'ai dequoi satisfaire à ton impatience;
Celui, dont le parti m'a toûjours été cher,
Peut faire agir ma langue, il n'a qu'à la toucher.
Il s'agit maintenant d'exalter sa justice,
Il s'agit aujourd'hui de terrasser le vice;
Je n'en parlerai point sans beaucoup d'équité;

Je le di sans mentir, j'aime la vérité.
Mes sentimens sont purs, je n'en saurois produire,
Dont la perversité menace de me nuire;
Je hai trop le mensonge, & tout mon but ne tend
Qu'au prix, que le fidéle après la mort atend.
Quoi que Dieu soit puissant, & n'ait point de semblable,
Il ne dédaigne pas le cris d'un misérable,
Les grands & les petits, ceux qui sont des hauts rangs,
Avec ceux des plus bas, lui sont indiférents.
Aux bons il est benin, aux méchans redoutable,
Il protége celui, qui se montre équitable;
Comme il gouverne tout, qu'à lui tout apartient,
Il l'éléve aux honneurs, & son bras l'y maintient.
Toûjours il est clément, jamais las de bien faire;
C'est souvent à regret, qu'il nous paroit sévére;
Il s'acommode à l'homme, il bégaye avec nous;
A peine les pécheurs alument son courroux.
Dans leurs aflictions, c'est lui, qui les console,
Il les exhorte au bien par sa sainte parole,
Et des le même instant qu'il les voit convertis,
Il les tire de peine, ils en sont garantis.
Mais s'ils n'écoutent pas ses douces remontrances,
S'ils ne redoutent point l'ardeur de ses vengeances,
Sa clémence le céde à sa juste fureur,
Et d'un objet d'amour, fait un monstre d'horreur.

Des vices les plus noirs, il hait l'hipocrifie,
Le moindre faux dévot émeut fa jaloufie;
Il demande le cœur, non pas un faut femblant;
Le fervice d'un Dieu fe doit faire en tremblant.
En croyant de tromper ce Monarque fupréme,
On excite fon ire, on s'abufe foi même;
Qui s'en moque doit craindre, il le doit redouter,
Sa ruine eft certaine, il ne peut l'éviter.
Tu devois comme un fils, que ce bon pére aflige,
De peur qu'il ne fe perde, afin qu'il fe corrige,
Tu devois à fes piez te jetter humblement,
Et confeffer ta faute au premier chatiment:
Au lieu de plus fraper, de redoubler ta charge,
Il t'eut donné la paix, il t'auroit mis au large,
Et fon amour fans fard, qui tout feul nous fufit,
Auroit changé l'excès de ta perte en profit.
Loin d'imiter les bons, de fuivre les gens graves,
Tu veux du noir péché furpaffer les efclaves;
L'iniquité te plaît, la conteftation
Eft le malheureux fruit, que rend ta paffion.
C'eft un abus groffier, tant de lâches murmures
Ne contraindront pas Dieu de guérir tes bleffures;
Tes imprécations, & ton emportement,
Ne t'aporteront pas un grand foulagement.
Au contraire, ton mal en devient déteftable,
Tu penfes l'apaifer, tu le rends incurable;
Les biens n'y peuvent rien, ce qui t'a pu refter,
D'une mort fans retour, ne te peut racheter.

Souviens toi que ce Prince, à qui sont toutes
    choses,
Ne se contente pas d'épines pour ses roses ;
Le corps est trop abject, l'esprit seul est celui
Qu'il veut que l'on consacre entiérement à lui.
Nos biens ne lui sont rien, il abhorre & déteste
Celui, qui tend par eux à quelque bien céleste ;
En vain pour amasser, un homme est diligent,
On ne peut acheter le ciel pour de l'argent.
A quoi bon t'amuser à rechercher la cause
Des malheurs surprenants, où lui même t'expose,
De la perte d'un grand, & de l'afliction
D'une vaste province, ou d'une nation ?
Admire ce qu'il fait, contemple son ouvrage,
  Comme l'œuvre d'un Dieu, tout puissant & tout
    sage ;
Endure avec constance, & sans trop raisonner,
Laisse là ses secrets, de peur de profaner :
Ils ne renferment rien que d'incompréhensible,
On les veut pénétrer, cela n'est pas possible,
Les esprits les plus purs, les yeux les plus perçants,
Ne les dicernent pas, ils surpassent les sens.
Satan est orgueilleux, mais il faut être pire,
Pour vouloir s'en mêler, pour en oser rien dire ;
Petit, grand, jeune, vieux, quand on meurt, quand
    on naît,
Il faut les admirer en dépit qu'on en ait.
Le monde, qu'il a fait, donne assez à connoître

La force de son bras, la grandeur de son Etre;
Sa douceur, sa clémence & ses gratuitez,
Sont d'augustes témoins de ses grandes bontez.
Il se voit tout en tous, de lignage en lignage,
Il est, il fut toûjours, il dure d'âge en âge,
Et cependant au fond, il nous est si caché,
Qu'il faut pour le comprendre, être exemt de
Le néant, le fini, ne peut par son génie, (péche
Imaginer l'état d'une Essence infinie,
Tout ce, qu'il aperçoit en cet Etre parfait,
A proprement parler, sont les œuvres qu'il fait.
Les humides vapeurs, dont il se sert au monde,
Pour rendre une saison, ou fertile, ou féconde,
Le jour, l'obscurité, les vents, ses messagers,
La foudre, les éclairs, promts, ardents & legers,
Enfin, tout ce qu'enferme, & le ciel, & la terre,
Ce, qui nous rend la paix, ce, qui nous fait la
    guerre,
Ne nous vient que de Dieu, lui seul à le pouvoir
De faire tout agir, de faire tout mouvoir.
Les hommes les plus forts sont certes incapables
De faire des exploits, si grands, si mémorables:
Il faut qu'il y travaille, & que pour nôtre bien,
Il ne doive qu'à lui, rendre conte de rien.
De ce que tu conclus, tu ne veux rien démordre,
Pourquoi ne veux tu pas te ranger à son ordre?
Les Anges bien heureux, quoi qu'exemts du tré-
    pas,

S'y soumettent sans peine, & n'y résistent pas.
L'air simple à sa parole, aussi tôt étincelle,
Ses roulemens afreux en disent la nouvelle,
Il gronde, part, s'élance, enfin, un seul moment
Voit l'exécution & le commandement.

CHAPITRE XXXVII.

Conclusion D'ELIHU.

Pour moi, je le confesse, il n'est rien, qui m'étonne
Comme le feu du Ciel, dès le moment qu'il tonne,
Ma chair frémit, mon cœur tressaille dedans moi,
Mes esprits sont troublez, mon ame est hors de soi.
Bien des gens la dessus, m'acusent de foiblesse,
D'autres sans hésiter, jugent que c'est molesse;
Ils se trompent, l'éfet de cette émotion
Ne vient que de respect & de soumission.
C'est un point convainquant, en éfet, qui s'en moque
Se moque aussi de Dieu, ce seul mépris le choque,
Il veut sans contredit, quand il fait le faché,
Qu'on redoute son ire, & qu'on en soit touché.
Il employe l'éclair, il se sert du tonnerre,

Pour

Pour montrer sa puissance aux peuples de la terre;
Et si cet éclat seul ne les peut étonner,
Il y joint ses carreaux pour les exterminer.
On a beau méditer, étudier, aprendre,
Des ouvrages qu'il fait, on ne peut rien com-
  prendre,
Ce qu'il fait lui ressemble, on s'y perd, on s'y fond,
C'est un goufre sans rive, un Ocean sans fond.
Ne nous écartons point de ses œuvres immences,
Qui les fait est savant, & riche en connoissances;
Préte moi donc l'oreille, arrétons nous ici,
Et considére bien le fond de tout ceci.
Tu veux savoir pourquoi celui, qui te chatie,
Tient sur toi si long-tems la main apésantie;
Ha! ne t'y trompes pas l'homme est trop imparfait,
Pour connoître la fin des œuvres que Dieu fait.
Sais-tu de l'univers l'admirable structure?
Connois-tu les secrets de l'artiste nature?
Les mistéres profonds de la Religion,
Ne surpassent ils pas l'imagination?
Ne nous abusons point, toute nôtre sience
N'est à l'égard de Dieu, qu'une crasse ignorance;
Ses maximes, les loix de son gouvernement,
Ne s'en raportent point à nôtre jugement.
Malgré l'obscurité de ces profonds abîmes,
Tu veux voir clair par tout, & comme tu n'estí-
  mes
Que ce qu'a ton cerveau proprement enfanté,

On

On ne peut te guérir de ta témérité.
Doutes-tu, mon ami, qu'il ne voye, à ta honte,
Que de ses chatimens tu fais si peu de conte ?
Et qu'à chaque moment, qu'il te fait endurer,
Tu le blâmes, tu crois en devoir murmurer ?
Pour moi, qui suis certain qu'il connoit ma pensée,
Qu'il punit le cœur vain & l'ame intéressée,
Je serois bien marri d'avoir osé penser
Ce que d'autres, sans honte, ont le cœur d'avan-
 cer.
Si le soleil à peine a vû nôtre hémisphére,
Que nos yeux n'en sauroient suporter la lumiére,
S'il est trop éclatant, si ses rayons sont tels,
Qu'ils peuvent éblouïr la vûë des mortels,
Que sera-ce de Dieu, ce soleil de justice,
Au seul aspect duquel l'autre soleil s'éclipse ?
Soleil exemt de tache, & l'hiver, & l'été,
Dont la splendeur ne soufre aucune impureté ?
Sa grandeur, son pouvoir, qu'il fait par tout épan-
 dre,
Ont tant de qualitez, qu'on ne sauroit compren-
Que loin de les sonder, & de les controler, (dre,
Il faut fermer la bouche, & jamais n'en parler.
Il ne fait rien sans cause, il n'opresse personne ?
Il ne délaisse point que quand on l'abandonne ;
Et jamais son courroux, sans un bon fondement.
Ne consume ici bas, les siens entiérement.
C'est pourquoi ses enfans redoutent sa colére,

 Que

Que le fidéle craint un Dieu si débonnaire;
Et que bien qu'il soit loin de la perfection,
Il conserve toûjours sa bonne intention.
C'est assez, ce me semble, il est tems de conclure,
Dieu me sera témoin de ce que je t'assure;
Au lieu de plus songer à vouloir disputer,
Si ton salut t'est cher, tu dois en profiter.

CHAPITRE XXXVIII.

L'Auteur.

Aprés tant de débats & de vaines quérelles,
 Dont la moindre en auroit sucité de nouvelles,
Dieu paroit dans la nuë, & plein de Majesté,
Reprend son serviteur de sa témérité.

L'Eternel.

Ne tremble point, mon fils, lui dit ce tendre pére,
Ce n'est point contre toi que je suis en colére;
Le bruit que fait ma voix, dans cet air que je fends,
Doit troubler l'infidéle, & non pas mes enfans.
Je viens pour mettre fin à toutes tes miséres;
Mes yeux ont vû fumer l'encens de tes priéres;

Tes cris & tes sanglots, montant jusques aux cieux,
M'ont fait penser à Job, j'ai vû ses envieux.
Cependant tu t'es plains avec trop de murmures,
Pour éviter l'aigreur de mes justes censures ;
Le respect qu'on me doit, en toute ocasion,
M'oblige à t'en donner de la confusion.
Quelle imbécilité, d'où te vient cette envie
D'agir contre celui, qui t'a donné la vie ?
Qu'es-tu, pour répliquer à mes objections,
Et comprendre le sens de mes conceptions ?
Il n'importe, aujourd'hui je te veux satisfaire,
Peut être que ce choc te sera salutaire,
Qu'après m'avoir traité d'injuste & de cruel,
Ton amour pour moi seul sera perpétuel.
Vermiceau, fleurs de champs, plus fragile qu'un verre,
Où t'étois-tu caché quand je formois la terre ?
Parle résolument, dis moi dans quels momens
J'ai marqué sa grandeur, posé ses fondemens ?
Qui, de ce corps pompeux, traça l'ichnographie?
Qui donna le dessein de sa sénographie ?
Sur quoi, dans quel terrain mit on ses pilotis,
Au dessous de ses flancs, artistement bâtis ?
Si tu vivois alors, nomme m'en l'Architecte,
Dis moi si sa métode étoit bonne & correcte ;
Enfin tes manuscrits devant moi déployez,
Fais le récit de ceux, qui s'y sont employez.

De

De quel Monarque alors tout rayonnant de gloire,
Les Archanges en chœur, chantoient ils la mémoire ?
Les yeux de l'Univers ne publioient ils pas
Qu'ils tenoient de moi seul leurs rayonnants apas ?
Est-ce un autre que Dieu, ce Prince Magnanime,
Qui tira l'Océan du profond de l'abîme,
Et qui, par des arrêts, qu'il n'ose outrepasser,
Sur son solide fond ne fait que balancer ?
Certe c'est à mon bras que la gloire en est dûë,
C'est lui, qui sur son dos, en posa l'étenduë,
Borna son cours, ses flux, limita ses projets,
Dans ses goufres hideux, comme dans ses trajets.
La force de ses flots, la grandeur de ses ondes,
Ont beau vouloir forcer leurs cavitez profondes,
Ma main, qui les gouverne, & qui les fait domter,
Les contraint sans aveu, de rien exécuter.
Peux-tu blanchir la Lune au tems qu'elle est opaque ?
Fais tu faire au soleil le tour du Zodiaque ?
L'étoile du matin, pas moins promte à m'ouïr,
Sort elle de son gîte, afin de t'obéïr ?
Répons, si tu le peux, à ce que je demande,
Les jours se réglent-ils comme Job le commande ?
Et le flambeau des cieux veut-il bien recevoir
Les ordres d'un mortel, qui n'a point de pouvoir ?
Cet illustre coursier veut un plus noble Maître,

Il est besoin d'un Dieu, dont il a reçû l'être,
C'est lui, qui lui commande, & qui sans contredit,
Le force d'obéïr à tout ce qu'il lui dit.
A sa voix, il se léve, il chasse les tenèbres,
Il remplit de clarté les lieux les plus funèbres,
Et par ses vifs rayons, ranime en moins de rien,
Tout ce, qui porte vie en ce val terrien.
L'homme est-il décendu jusqu'au centre du monde?
A-t-il vû les égouts de la mer si profonde?
Et les huis de la mort, ces portes de l'éfroi,
Se sont elles jamais ouvertes devant toi?
Si tu sais la valeur de la terre habitable,
Sa longueur, sa largeur, son poids inconcevable?
Montre le, dis le nous, je t'en estimerai,
Tu passeras pour docte, & j'y consentirai.
Je laisse là l'esprit, & même la matiére,
Mais un mortel sait-il ce que c'est que lumiére?
Déclare nous l'endroit, où se tient la clarté,
Aprens nous où l'on peut trouver l'obscurité.
Si le jour & la nuit sont sous ta dépendance?
Prens soins de les conduire avec intelligence,
Et pour changer les tems, les climats, les saisons,
Force les de changer de route, & de maisons.
Tu voudrois bien, pauvre homme, insinuer au monde,
Qu'il n'est rien de caché que ton esprit ne sonde,
Aux Anges, que ton bras a de l'autorité,

A.

A moi, que tu vecus de toute éternité.
Mais ne te flate pas, les choses les plus nuës,
Aux esprits les plus forts, sont encore inconnuës:
Les régles, que j'observe en ce val terrien,
Embarassent les sens, l'homme n'y connoit rien.
Les arcenaux volans, où pour le jour de l'ire,
Les néges & la gréle, en tous tems je retire,
Sont des lieux élevez, des chateaux bien pourvûs,
Qu'un mortel comme toi, ne sauroit avoir vûs.
Tu n'es pas ignorant de cette seule chose,
Le bruit, que fait la nuë, où la foudre est enclose,
L'origine des vents, le chemin de l'éclair,
Ne sont pas moins obscurs, tu n'y vois guére clair
Quel Monarque a le droit de former un déluge?
D'arrêter un torrent, lui fournir un refuge;
Conduire une riviére au travers d'un rocher,
Et contraindre les eaux à courir se cacher?
Sais-tu d'où vient le feu, qui fait fondre un nüage,
Qui le fait distiler, qui le met en partage,
Afin que les deserts, l'ivroye & le froment,
Divisent ce butin entre eux également:
Afin que tous les lieux portent quelque verdure,
Afin que chaque bête y trouve sa pâture;
Que le seul animal, qui connoit ma bonté,
Posséde aussi le nombre, & la diversité?
En vain l'eau d'une source, & boullonne, & ruis-
    selle,
Il n'est fleuve profond que mon soufle ne géle,

Et qui d'un corps fluide, abondant en poiſſon,
Ne faſſe un roc ſtérile, un ſolide glaçon.
Toi, qui veux diſputer, qui trouves à redire
Aux juſtes réglemens de mon Divin Empire,
Aurois-tu le crédit d'inſinuer ta Loi
Dans des êtres puiſſants, qui n'entendent que moi?
Peux-tu forcer la terre à pouſſer ſes ſemences,
Le ciel à déployer ſes richeſſes immenſes,
Fournir l'illuſtre train, l'été comme l'hiver,
Qu'Apolon chaque jour, exige à ſon lever?
Enfin l'homme mortel aura-t-il la puiſſance
De réduire les cieux ſous ſon obéiſſance?
La terre avec la mer, l'univers tout entier
Voudra-t-il ſe ſoumettre aux loix d'un cœur al-
    tier ?
Un ſimple vermiceau n'a pas cet avantage :
Il faut un puiſſant bras, pour un ſi grand ouvrage,
Un Etre Souverain, dont l'auguſte renom
Imprime dans les cœurs la crainte de ſon nom.
La Providence ſeule a de l'intelligence ;
C'eſt au Ciel proprement, que loge la ſience,
J'en poſſéde la ſource, & je la donne à ceux
Que mon culte aux méchans fait nommer pares-
    ſeux.

Je ne vai point chercher de forces étrangéres,
Pour ranger dans les airs, les nuës paſſagéres ;
Leur nombre m'eſt connu, tout leurs départe-
    mens.

Se-

Se font au moindre bruit de mes commandemens.
Je les conduis par tout, je les méne moi même
Sur des champs altérez, où le sec est extrême,
Et je les fais alors degouter à dessein
De détremper la terre & lui baigner le sein.

CHAPITRE XXXIX.

L'Eternel *continuë*.

TU veux être puissant, tu te crois redoutable;
On ne peut rien penser, dont tu ne sois capable;
Le monde n'est qu'un rien, tu peux lui subvenir,
Et tu ne te saurois qu'à peine soutenir.
Loin de munir des bourgs, d'entretenir des villes,
Tu n'es pas en état de nourrir les reptiles;
De soulager en rien les moindres animaux,
Lors que la faim les presse, au milieu de leurs maux.
Si les jeunes grifons, & les vielles lionnes,
N'avoient pour se remplir, que ce que tu leur donnes,
Les hommes les plus forts, n'oseroient voyager,
Par tout où vous iriez, vous seriez en danger.
Dieu les doit substanter, l'Auteur de la nature

Leur fournit au besoin, une ample nourriture,
Il tempére leur rage, apaise leur fureur,
Sa voix dans le bétail, imprime la terreur.
Est-ce un autre que moi, qui nourrit & substante
Les petits des corbeaux, quand la faim les tourmente?
Et qui, comme certains d'obtenir tout des cieux,
Vers ce trône royal tendent souvent les yeux?
Sais-tu quand les chamois s'acouplent & se vuident,
Sais-tu les autres creux, où ces bêtes résident;
Toi, qui ne pourrois pas, te falût il mourir,
Grimper sur les rochers, où tu les vois courir?
La biche des forêts n'a pas moins de vitesse,
Mais de son naturel j'ai bani la tendresse;
Ses petits, tu le sais, ne sont pas plutôt nez,
Qu'à la merci des loups, ils sont abandonnez.
Il est vrai qu'elle soufre en les mettant au monde,
La douleur qu'elle sent, rend sa haine profonde;
A peine elle consent à faire un pas pour eux;
Sans le secours d'enhaut, ils seroient malheureux.
Mais moi, n'ignorant pas leur vivre nécessaire,
Je suplée au défaut, je leur tiens lieu de mére,
Je les méne à l'herbage, un buisson les nourrit,
Et sous cette conduite, aucun d'eux ne périt.
Les animaux privez, & les bêtes champaîtres,
Sont à l'Auteur du monde, ils n'ont point d'autres maîtres

Et

Et selon que souvent je le trouve à propos,
L'un naît pour le travail, l'autre pour le repos.
Si l'un de sa nature, a la créche en partage,
S'il est né pour le soc, s'il sert au labourage,
L'autre a soin de la vie & des biens de celui,
Qui les met en sa garde, & s'assure sur lui.
L'âne sauvage court dans les terres salées,
Dans les desets pierreux, les plaines désolées,
Il broute les chardons, l'épine le nourrit,
Souvent même il a faim, il endure, il périt.
Cependant loin du bruit, éloigné de la peine,
Qu'endurent les privez, qui sort comme à la chaine,
Ils insultent en vain à sa nécessité,
Ils aime mieux souffrir, & vivre en liberté.
A ce lourd animal ressemble la licorne,
Elle ne te sert point comme la bête à corne,
L'étable l'épouvante, elle n'y peut durer,
Vos prez les plus herbeux, ne sauroient l'atirer
Jamais œil ne la vit traverser une ruë,
Elle hait la charette, elle fuit la charruë;
Ne pouvant diriger son humeur, ni ses pas,
L'homme la laisse courre, & ne s'y fie pas.
Le pan tient-il de toi son ravissant plumage,
Le rossignol le chant, le serin son ramage?
Et l'autruche doit-elle à tes inventions,
La grandeur de son aile, & de ses actions?
Elle apréhende peu qu'un léopard, qu'un more,

Foulant ses œufs aux piez, les empêche d'éclore;
Au lieu de les couvrir, loin de les conserver,
Elle laisse au soleil le soin de les couver.
En vain l'indiférente observe la cigogne,
Qui, pour garder son nid, rarement s'en éloigne;
Les cris de ses petits ne la font point bouger,
Chacun d'eux, s'il a faim, doit chercher à manger.
Ce vice néanmoins, qui te paroit extrême,
Vient du ciel proprement, je l'aprouve moi même;
Ma puissance est divine, illustre ma bonté,
Mais l'un & l'autre éclate en son infirmité.
Si l'amour lui défaut, elle a cet avantage,
D'avoir avec la force un merveilleux courage;
Pour l'oser ataquer, il faut avoir du cœur,
Souvent dans ses combats, elle reste vainqueur.
Le généreux cheval te doit-il la naissance?
Est-ce par ton pouvoir, qu'il a tant de puissance?
Sa valeur, son adresse, & sa legéreté,
Ne sont-ils pas en lui, des biens de ma bonté?
Lui, dont le ronflement semble un bruyant tonnerre,
Lui, qui creuse d'un pié jusqu'au fond de la terre,
Qui se moque du bruit, qui se rit de l'archer,
Et qu'une armée aux mains ne peut éfaroucher.
Il ne redoute point leurs formidables armes;
Les lances & les dards n'ont pour lui que des charmes :
Un carquois résonnant, augmente ses plaisirs;

Voir

DE JOB.

Voir mille coutelas, est un de ses desirs.
Jamais plus remüant qu'au son de la trompette;
Au premier coup de caisse, il n'est rien, qui l'arrête,
Il se cabre, il avance avec empressement,
Et le moment d'agir lui tarde extrémement.
Quelle joye, on le sait, quand il entre en bataille;
Quels transports n'a-t-il pas lors que son maître taille
Poursuit, ateint, abat, & tüe en sa fureur,
Des bataillons entiers, sans en avoir horreur.
C'est alors qu'il hanit, pour marquer ses délices,
Il ne trouve jamais de plus doux exercices;
Le carnage lui plaît, il y prend ses ébats;
Enfin, il le faut dire, il aime les combats.
Feras-tu par tes soins, ta sagesse inconnuë,
Remplumer l'epervier, quand il sort de la muë?
Etendre tous les jours, que dure son malheur,
Ses ailes au soleil, pour sentir sa chaleur?
Voit-on l'aigle à ta voix, éviter la campagne,
Transporter ses aiglons de montagne en montagne?
Et d'un œil élevé, tache de découvrir
Les corps, dont cet oiseau prend soin de les nourrir?
Un mortel ne sauroit vaquer à tant de choses;
Tu débats contre moi, c'est sans aucunes causes;
Cependant quoi qu'en vain tu veuilles m'enseigner,

TOM. I.   L   Ma

Ma clémence le veut, il te faut épargner.
Quelle témérité, quelle imprudence extrême,
D'insulter aux décrets d'un Monarque suprême;
Doutes-tu, mon enfant, que je sois en état
De venger sur le champ cet horrible atentat?
Je ne veux pourtant pas en agir de la sorte,
A bien vivre, aujourd'hui moi même, je t'ex-
    horte,
Et si tu peux répondre à ce que je t'ai dit,
Le moyen ne t'en est nulement interdit.

J o b.

Je suis confus hélas! ma faute est évidente,
Sa pesanteur m'abat, sa laideur m'épouvante;
C'est à moi de me taire, & de ne songer plus
A forger des propos, & vains, & superflus.
Je n'en ai que trop dit pour augmenter mon crime,
Tes justes jugemens n'ont rien d'illégitime;
Continuë, Seigneur, parle, je me tairai,
Raconte tes hauts faits, & je t'écouterai.

CHAPITRE XL.

Eternel.

CEtte confession quelque peu me contente,
J'aime un cœur repentant, une ame penitente,
                                    Et

Et la converſion eſt l'unique moyen
D'obtenir dans les cieux, le droit de citoyen.
Il me reſte pourtant une choſe à te dire,
Ecoute mes propos, c'eſt moi, qui le deſire,
Et ſi j'alégue rien, qui ſoit ſans fondement,
Fais le moi remarquer, j'y conſens librement.
Ce n'eſt pas devant moi que l'on ſe juſtifie
Par les diſcours enflez de la Philoſophie;
L'orgueil & la fierté, ni la préſomption,
Ne ſont pas les objets de mon afection.
Un vain deſir vaut-il que l'homme s'en repaiſſe?
Croit-on être plus grand lors que l'on me ra-
 baiſſe?
Et s'imagine-t-on qu'un propos outrageux,
Contre mes jugemens, puiſſe être avantageux?
Si tu prévaus en force, à l'auteur de ton être,
Si de ce, qui n'eſt point, tu peux rien faire naître,
Et ſi ton éminence & le bruit de ton nom,
T'ont cauſé de la gloire, & donné du renom?
Fais en voir des éfets, montre moi ta puiſſance,
Pare toi maintenant de ta magnificence,
Et du haut de ton trône, où tu te ſeras mis,
Venge toi ſur le champ, de tes fiers ennemis,
Donne la vie aux morts, prive de la lumiére
Ceux, qui pour t'obéir, auront l'ame trop fiére;
Preſcris des loix au monde, aux juſtes, aux per-
 vers,
Prens les reſnes en main de ce vaſte univers;

Alors je te rendrai cette gloire suprême,
Qui n'est dûë qu'à moi, qu'on ne rend qu'à moi même:
Et je ferai comprendre à tout être vivant,
Que Job est grand, terrible, admirable, savant.
Mais si tu n'es qu'un ver, qu'une masse d'atomes,
Ne conçois plus, mon fils, de monstrueux fantomes;
Rejette la fierté, l'orgueil, l'ambition,
Abrége les momens de ta conversion.
Sois supris de mon art, si mon honneur te touche,
Dans la construction d'un ciron, d'une mouche,
Juge de mes bontez, à l'aspect d'un enfant,
Et du pouvoir que j'ai, quand tu vois l'éléfant.
La force ne rend point celui-ci formidable,
Il aime avec le bœuf, & la créche, & l'étable,
Quoi qu'il paroisse afreux, quand il se tient debout,
L'homme par son adresse, en peut venir à bout.
Ses nerfs rédes & forts, sont comme autant de chaines,
D'un seul coup de sa queuë, il renverse les chenes,
Et ses os que sans peine, on ne sauroit sier,
Sont plus durs & plus grands que des barreaux d'acier.
C'est du nombreux bétail, que la terre a sur elle,
Le chef d'œuvre de Dieu, la piéce la plus belle,

Et dont, sans contredit, la plus basse action
Est digne de loüange, & d'admiration.
S'il court dans les valons, s'il paît sur les monta-
gnes,
De timides brebis lui servent de compagnes,
La genisse à ses piez, est toûjours en lieu seur;
Enfin, il est docile, il a de la douceur.
Comme il aime le frais, qu'il desire l'ombrage,
Il cherche le ruisseau, qui traverse un bocage;
Les lieux marécageux, où régne un peu de vent,
Lui donnent du plaisir, il y passe souvent.
Si la soif le tourmente, il n'est point de riviére,
Que son ventre altéré n'atire toute entiére;
Un roseau bien aigu, perce en vain ses naseaux,
Il l'enflame d'une soufle, & le laisse sans-eaux.
Rien ne peut l'arrêter, sa trompe & son courage,
Au travers des buissons, lui frayent un passage,
Et dans tout ce qu'il fait, quand il est en fureur,
Ses moindres mouvemens donnent de la terreur.
La baleine est dans l'eau ce qu'il est sur la terre,
Les plus fameux poissons ne lui sont rien en
guerre,
Elle extermine tout, au moindre mouvement,
Son goufre de gosier leur sert de monument.
La ligne & l'ameçon n'ont rien, qui puisse nuire
A ce Monstre Marin, que j'ai voulu produire,
Et si l'homme le prend, ce n'est pas au mouchet,
Comme il prend aisément la truite & le brochet.

Son immense grandeur défend que l'on s'en jouë,
Que d'un jonc, pour la prendre, on lui perce la jouë ;
Et son poids formidable en défend le transport
D'une plage à la ville, ou de la mer au port.
Sa puissance est sans borne, il n'est aucune force,
Qui résiste aux éforts de sa premiére étorce ;
Sa queuë d'un revers, rend souvent plus d'éfet,
Qu'un superbe équipage autour d'elle ne fait.
Elle se rit de ceux, qui font des aliances,
Qui pour tenir la paix, donnent des assurances,
Qu'un politique trompe, & qu'un esprit acort
Atrape, sous couleur d'avoir fait un acord.
Quelque fier que tu sois, tu n'aurois pas l'audace
De l'aller rencontrer aux goufres, qu'elle passe,
Ton glaive & ton écu ne l'empêcheroient pas
De t'engloutir tout vif, de hâter ton trépas.
Ceux qui la vont pêcher, courent cette fortune,
La perte de plusieurs vous est assez commune ;
Son regard furieux, & son courroux amer,
En abiment souvent dans le fond de la mer.

CHAPITRE XLI.

L'Eternel poursuit.

SI son air menaçant la rend épouvantable,
Si l'on fait redouter sa gueule insatiable,
Et si lors qu'on la voit doucement sommeiller,
On évite le bruit, de peur de l'éveiller :
Mortel, qui que tu sois, as-tu cette manie
De vouloir ataquer une essence infinie ?
Penses-tu, misérable, oses-tu, déloyal,
T'aprocher, qu'en tremblant, de son trône royal ?
Moi, devant qui les cieux, & la mer, & la terre,
N'est qu'une ombre, qui passe, une sphére de
    verre ;
Et qui, dans un moment, puis rompre & consu-
    mer
Ce, qu'en un tour de main, mon bras a sû former.
M'as-tu fait des presens, Job en est-il capable ?
A qui peut-on penser que je sois redevable ?
Tout n'est-il pas à moi ? puis que tout m'apar-
    tient,   (tient.
Si l'homme a quelques biens, c'est de moi qu'il les

Je t'ai fait, tu m'es cher, cependant tu déroges;
Le généreux poisson, dont je fais les éloges,
N'ose pas comme toi, dans ses emportemens,
Outrepasser un point de mes commandemens.
Il fait avec plaisir, ce que ma voix ordonne,
Il se soumet sans feinte, aux loix, que je lui donne:
Quoi qu'il soit formidable, il connoit mon pou-
    voir,
Il redoute ma force, & pense à son devoir.
Au contraire tu vois qu'aucunes loix humaines
Ne sauroient l'obliger à la moindre des peines,
Il se moque de vous, & ne vous permet pas
De le suivre à la trace, & marcher sur ses pas.
Il tourne toûjours tête à qui l'ose poursuivre;
Qui tombe entre ses mains, rarement s'en délivre;
Ses armes, son carquois, ses rênes & ses mors,
Epouvantent le monde, & des vifs font des morts.
De terribles objets, lui servant de terrasse,
Rendent les cœurs bouillants aussi froids que la
    glace,
Et n'étant possédé que de desirs ardans,
Il est épouvantable, & dehors, & dedans.
En vain les Aquilons acumulent les ondes,
C'est en vain qu'on employe, & les dards, & les
    frondes,
Tout rebondit sur lui, rien ne le peut blesser,
Son harnois est trop dur, pour le pouvoir percer.
Ses éternuëmens donnent plus de lumiére,

Que

Que ne fait fur le jour, l'étoile matiniére;
Et fon œil flamboyant, auffi grand, que vermeil,
Rend un éclat femblable à celui du foleil.
Au moindre baillement, on voit fes dents tren-
   chantes,
Autant étinceler que des torches ardantes,
Et de gros tourbillons des plus bouillantes eaux,
Comme un bruyant torrent, fortir de fes nafeaux.
De fa vûë il diffout les corps les plus folides;
Son foufle violent rend les glaçons liquides,
Et le feu devorant, qui part de fon gofier,
Surpaffe en fa chaleur, le plus ardant brafier.
Grand, puiffant, réde, fort, de chair dure, &
   maffive,
Il apréhende peu qu'un homme le pourfuive;
Mille obftacles nouveaux ne fauroient l'arrêter,
Son courage enflamé les lui fait furmonter.
Auffi quand d'un vaiffeau, le nombreux équi-
   page,
Le voit fortir des eaux, comme un épais nüage,
Chacun s'engage à moi, par un vœu folennel,
Et ne voit de falut, qu'un falut éternel.
En vain, je te l'ai dit, on prend la halebarde,
Son corps réfifte aux coups qu'un marinier lui
   darde,
L'acier le mieux trempé, l'airain le plus batu,
Sur fes folides flancs, n'eft qu'un tendre fétu.

L'archer y per son tems, il n'est aucune fléche,
Qui dans un tel rampart, puisse faire une bréche;
C'est un corps qui renvoye & transperce celui,
Qui décoche ses traits acérez contre lui.
Enfin, les javelots, les plus piquantes armes;
Ne causent point chez lui, de douleurs, ni d'a-
    larmes ;
Tout ce, qui te paroit dangereux & mortel,
N'est pour lui, que du chome, il le répute tel.
Il se soucie peu, dans le tems qu'il se couche,
Si la pointe d'un roc sous le ventre le touche;
Quoi que lourd & pesant, ce robuste animal
Trouve tout gîte aisé, rien ne lui fait de mal.
Il ne sauroit plonger dans la mer écumeuse,
Qu'il n'agite ses flots d'une maniére afreuse,
Et que ses gros bouillons ne semblent menacer,
D'un naufrage assuré, tout ce qui doit passer.
Ses moindres mouvemens rendent l'eau toute
    blanche,
Il la fait écumer du côte, qu'il se panche;
Toutes ses actions sont sans nul apareil,
Et cependant au monde il n'a point son pareil.
Les autres animaux, la bête la plus forte,
Quoi que fiers & rétifs, ne sont point de sa sorte;
Il les traite en Monarque, & dans tous ses projets,
Ils ne sont que vassaux, ses timides sujets.
Admire après cela, la grandeur de mon Etre,
Admire le Seigneur d'un si terrible Maître,
                                              Et

Et qui tient sous ses loix, toûjours assujettis,
Les foibles & les forts, les grands & les petits.

CHAPITRE XLII.

JOB.

A tant de questions je ne sai que répondre,
Il n'en faloit pas tant, Seigneur, pout me confondre,
Ta grandeur est immense, & je reconnois bien
Que l'homme à ton égard, n'est proprement qu'un rien.
Il est vrai, je suis foible, & sans intelligence,
J'ai négligé tes droits, j'ai flétri ta puissance,
En un mot, j'ai montré, par des traits ingénus,
Que tes mistéres saints ne m'étoient pas connus.
Arrête les éfets de cette faute extréme,
Dès aujourd'hui, Seigneur, je renonce à moi même,
Le monde ni la chair, les foles passions,
N'auront plus aucun lieu dans mes conceptions.
Permets que tout entier à toi seul je me donne,
Que je ne pense à rien qu'à ce, que Dieu m'or-
Et n'envisage plus ta haute Majesté, (donne,
Qu'avec soumission, respect, humilité.
Tout le monde, il est vrai, prêche une Providence,

Mais rien de tout cela n'égale ta preſence:
Ta langue m'a parlé, Seigneur, j'ai ouï ta voix,
Comme ton œil me voit, demême je te vois.
Ne pouvant plus douter d'une Eſſence ſupréme,
Je déteſte mon ſort, j'ai honte de moi même,
Mon crime eſt odieux, mes péchez ſont plus noirs
Que de l'enfer profont, les plus ſombres manoirs.
Je m'en repens, mon Dieu, d'un cœur humble
    & ſincére
Etendu ſur la cendre, & couvert d'une hére,
Ne me refuſe pas maintenant mon pardon,
Et de ton bon eſprit acorde moi le don.

L'Auteur.

Ce mot fait ſon éfet, ſa raiſon n'eſt pas dite,
Que le Seigneur apelle Eliphas Témanite.

L'Eternel.

Aproche, lui dit il, aproche toi d'ici,
Confeſſe ton erreur, crie grace & merci. (dence,
Tes compagnons & toi, comme gens ſans pru-
Avez éfrontément choqué la Providence;
Vous la repreſentez ſous de fauſſes couleurs,
Pour prouver que Job eſt cauſe de ſes malheurs.
En vain vous l'acuſez de me faire la guerre,
Par ces diſcours fardez, vous ne ſauriez me plaire,
Et n'étoit que ſans ceſſe, il m'invoque pour vous,

Je

Je vous ferois fentir l'ardeur de mon courroux.
Pour l'amour de ce faint, je ferme les paupiéres;
Allez dans fa maifon, implorer fes priéres;
Portez lui, pour m'ofrir à l'inftant, fept bou-
    veaux,
Sept moutons impolus, & quelques fruits nou-
    veaux.
L'odeur de fes parfums & de fes facrifices,
Eface les péchez, anéantit les vices;
Tout ce, qu'il fait me plaît, j'ai du contentement
A le voir cheminer fi vertueufement,
Dans des fentiers choifis, bien heureux, qui l'i-
    mite.

L'AUTEUR.

A ces mots Eliphas, Tfophar, Bildat Sçuhite,
Coururent trouver Job, & d'un air empreffé,
Dirent ingénument ce, qui s'étoit paffé.
Jamais des gens marris d'avoir fait une ofence,
N'en firent leur excufe avec moins d'arrogance,
Mais jamais homme auffi, piqué fi vivement,
Ne traita fes amis plus honorablement.
Son ame généreufe oublia leurs injures;
Sans fonger au paffé, fans prendre de méfures,
Il les reçût en grace, & Dieu, qui l'exauça,
Jamais plus contre lui, fon courroux n'exerça.
La fanté lui revint, fes trefors, fa puiffance,

Le joignirent au bruit de sa convalécence;
Ses parens, ses amis, pour l'en féliciter,
Le venoient chaque jour, en foule visiter.
Ce grand empressement, qui paroissoit sincére,
Les lui fit régaler, il leur fit bonne chére,
Et reçût leurs presens, comme autant de témoins,
Que s'il les estimoit, ils ne l'aimoient pas moins.
Le ciel doux & benin, pour apaiser son trouble,
De tous ses biens perdus lui renvoya le double,
Il n'eut que ses enfans, dont le nombre arrêté,
A celui des premiers fut aussi limité.
Ses filles néanmoins étoient beaucoup plus belles,
Ses sujets fort nombreux, n'en avoient point de
 telles,
Mais sur tout, la vertu, qui chez elles régnoit,
Etoit un des beaux biens, qui les acompagnoit.
Job aussi, les voyant dignes de ses tendresses,
Leur assigna pour dot, d'innombrables richesses;
Enfin, ayant depuis ce rude chatiment,
Vécu cent quarante ans, avec contentement,
Et vû, par le suport de la toute puissance,
Les rejettons nombreux, promis à sa semence,
Il rendit l'ame à Dieu, rassasié de jours,
Et fut admis au ciel, pour y vivre à toûjours.

L'HISTOIRE

Du pieux & bon homme

TOBIT.

Mise en vers François,

Par

Mr. S. TYSSOT Sr. DE PATOT,

P. O. E. M.

CHAPITRE I.

C'Est une vérité connuë de tout âge,
 Qu'un enfant, pour devenir sage,
Doit connoître la verge aussi tôt que
   le pain.
Les enfans d'Israël, que le Dieu Souverain
 Avoit pris pour son Héritage,

      Ont

Ont toûjours eu dans leur partage,
De folides plaifirs, mille & mille agrémens,
Mais fans ceffe mêlez de rudes chatimens.
Ils ont été batus de pefte, de famine,
La guerre maintefois a caufé leur ruïne :
Enfin, Salmanazar, Roi des Affiriens,
Ayant brûlé leurs Bours, pris, emporté leurs biens,
Et fait dans la Judée un horrible ravage,
Fait périr la plûpart, dans un rude efclavage.
Des Juifs, aufquels ce Roi, fans rime, ni raifon,
   Donna Ninive pour prifon,
Tobit, fuivant l'aveu d'Hiftoriens croiables,
   Fut l'un des plus confidérables.
   Quoi que dans fon païs natal,
Son Pére Nephthali, né fous l'afpect fatal
   D'une détestable Planéte,
Eut fous le voile hideux d'une lâche défaite,
Abandonné le Dieu de fes fages Aieux,
Pour adorer la pierre, & l'armée des Cieux,
   Le bon homme tint toûjours ferme :
   On eut beau lui prefcrire un terme,
   Pour l'atirer dans ce parti,
   Ils en eurent le dementi.
Souvent fous l'étendart d'autres bandes fidéles,
Il couroit à Solime aux fêtes folennelles
   Pour exercer fa charité,
   Par des œuvres de pitié,
Et fuivre à la rigueur, de la Loi les maximes.

           L'E-

L'Eglife profitoit de fes premiéres dimes,
Les fecondes étoient pour fon fimple entretien;
  Des autres il faifoit du bien
A des enfans privez, & de pére, & de mére,
Et tachoit d'en tirer chacun de la miſére.
  Etant feul de fa parenté,
  Qui cheminât en fainteté,
  Il voulut entrer en famille,
Et prit pour fon Epoufe, une charmante fille,
  Nommée Anne, de fa Tribut,
Qui jeune comme lui, tendoit au même but.
Le ciel pour fatisfaire à leur loüable envie,
Leur fit prefent d'un fils, qu'ils nommérent
  Etant dans la captivité,   (Tobie.
Où le parti des Juifs étoit fort mal-traité,
Tobit, bien éloigné des autels & des temples,
Excitoit fon enfant, par de pieux exemples,
A vivre à tous égards, religieufement,
Et ne pas imiter, dans leur égarement,
Des fiers Affiriens la maxime cruelle,
D'oprimer l'étranger: Dieu répond à fon zéle,
Et lui fait obtenir l'amitié de fon Roi,
Sans qu'il l'ait mérité, fans qu'il fache pourquoi.
Ce Prince, fur le point de lever une armée,
  Confacrée à la renommée,
  Le fit fon premier Vivandier,
Au moment qu'il étoit tout prêt à mandier,
Pour avoir en tout tems été trop charitable.
         Dans

Dans ce poste considérable,
Tobit fit de si grand profits,
Qu'à l'insçû de la femme, aussi bien que du fils,
Il mit dix talens d'or & quelques riches bagues,
En main d'un habitant de Ragues,
Son ami, son parent, apellé Gabael.
Mais enfin son patron, bien loin d'être immortel,
Par un trop promt décès, mit son fils sur le trône.
Sennachérib enflé des faveurs de Bellone,
Devint, & cruel, & méchant.
Il étoit sanguinaire, & n'avoit du penchant
Qu'a perdre les Israëlites :
Souvent il en tüoit, qui pour leurs seuls mérites,
Etoient dignes de sa faveur,
Et pour les mouvemens d'une horrible ferveur,
Jettoit leurs corps à la voirie.
Tobit, sans redouter l'execrable furie
De ce démon, prenoit soin de les enterrer.
Ce procédé porta des gens à murmurer;
La peur d'être puni, lui fit quiter la ville,
Pour conserver ses biens, son soin fut inutile ;
Tout ce, qui lui resta, fut sa femme & son fils,
Qu'il auroitt fait fuïr à Memphis,
Mais quelques jours après le Tiran fut lui même,
Par ses propres enfans privé du diadéme.
L'un d'eux, d'un coup le poignarda ;
Assar-Adon lui succéda.
Ce Monarque plus débonnaire,

Aimoit Achiacher, propre fils de son frere,
  Il le créa son Lieutenant:
  Tobit le sçût incontinent.
L'on peut s'imaginer qu'il lui fut bien facile,
Par ce puissant Neveu, de revenir en ville,
Et je ne doute pas qu'il n'eut même vû jour,
S'il l'avoit défiré, de paroître à la Cour.

CHAPITRE II.

A Son heureux retour, il pensa rendre l'ame,
  Du plaisir qu'il sentit de retrouver sa femme,
    Et Tobie, en bonne santé.
Comme c'étoit le jour de la solemnité
    D'une célébre Pentecote,
    Quoi qu'en armoire, ni culote,
Il n'eut peut être pas la valeur d'un sequin,
Il résolut pourtant de faire un grand festin.
L'avide cuisinier, en ayant receu l'ordre,
Et voiant que ce juifs n'en vouloit rien démordre,
Lui fournit plus de mets, très bien assaisonnez,
Qu'il n'en auroit falu pour quarante afamez.
Il en parut supris, va, dit il, à Tobie,
Va nous chercher des gens de nôtre Confrérie:
    Puis que voici trop à manger,
Avec de moins fournis il le faut partager.

Le

Le fils n'est pas bien à la ruë (tuë,
Qu'il revient tout tremblant, mon pére, on crie
Dit il, un pauvre Hebreux, couché sur le carreau,
Vient de rendre l'esprit aux piez de son bourreau.
  Tobit, à ces mots, sort de table,
Avant qu'il eut rien pris, charge ce misérable
Sur son dos avec peine, & l'aporte chez lui,
  Et dans un dangereux ennui
Fait un triste repas, préparé pour la joie.
Phœbus toûjours exact à bien suivre sa voie,
  N'avoit pas franchi l'horison,
  Qu'étant sorti de sa maison,
  Il fit une fosse profonde,
Pour y poser le mort : cependant tout le monde.
  Surpris d'une telle action,
  La tournoit en dérision.
Se peut il, disoit on, qu'un homme ait l'impru-
  Venant d'éviter la potence,   dence,
Pour un fait condanné comme pernicieux,
Le fasse de nouveau maintenant à nos yeux ?
Loin que Tobit s'alarme, il tourne en ridicule
De semblables discours, & sans aucun scrupule,
S'étend, polu qu'il est, pour avoir mis la main
  Sur un homme mort, au serein,
  A trois pas au plus de sa porte.
Là, se félicitant du zéle, qui le porte
  A faire au prochain ce qu'il doit,
  Des oiseaux, nichez sous le toit,

           Lui

DE TOBIT.

Lui font sur les deux yeux tomber de leur ordure,
  Qui lui rendant la vûë obscure,
  Le jettent précipitamment,
 Dans un mortel aveuglement.
Un aveugle étranger, pauvre & chargé d'années,
Excite la pitié dans les ames bien nées;
Achiacher aussi de son pain lui fit part,
Jusqu'au moment qu'il fut en chercher autre part.
  Durant le tems de son absence,
  Sa femme, pour la subsistance,
Travailloit jour & nuit avec atachement:
Ses Maîtres en étoient contens également,
Et publioient par tout qu'on ne pouvoit mieux
  L'un d'entre eux, outre son salaire, (faire.
  Lui fit present d'un chévreau gras.
Tobit à son retour, n'a pas tendu les bras,
Pour embrasser ses gens, & pour leur faire fête
  Qu'il entend bêler cette bête.
Qu'est ceci, leur dit il, entends-je bien, ou mal?
N'est ce pas un chévreau? d'où vient cet animal?
L'avez vous dérobé? vite qu'on l'aille rendre.
Lisez vous nôtre loi, ne sauriez vous l'entendre
Aprenez que jamais il ne nous fut permis
De manger rien de pris, même à nos ennemis.
Allez, encore un coup, sans le moindre murmu-
  Reporter cette créature   (re,
  A ceux ausquels elle apartient.
Anne a beau se purger, en vain elle soutient
         Que

Que c'est un present de son maître,
Il prétend hautement que cela ne peut être;
Et fait reporter le chévreau.
Faut il que mon mari, comme un cruel bourreau,
De mon corps abatu, tache à m'arracher l'ame,
S'écria tout en pleurs, sa femme,
Et que celui, qui doit être mon protecteur,
M'acuse d'un péché, dont j'ai moi même horreur.
Sont-celà, continua-t-elle,
Les excellens éfets de ce prétendu zéle,
Qui fait, dis-tu, tout ton bonheur?
Hipocrite, va, le Seigneur, (cence,
Qui sonde jusqu'aux cœurs, & voit mon inno-
Du tort, que tu me fais, hâtera la vengence.

CHAPITRE III.

Tobit, touché de ce discours,
S'adresse à son sauveur; mon unique recours,
Je suis, lui dit il, je l'avouë,
Un pauvre criminel, une masse de bouë,
Indigne du moindre des soins,
Que tu m'as témoignez dans mes pressans besoins.
Chargé de mes péchez & de ceux de mes péres,
Je t'adresse en tremblant, mes plus humbles priéres
Pour

Pour en obtenir le pardon ;
De ton Esprit, Seigneur, acorde moi le don,
Et fais qu'acompagné de ta divine grace,
 Avant qu'il soit nuit, je trépasse,
 Puis qu'il me vaut mieux être mort,
 Qu'acuté desormais à tort,
 Du noir crime d'hipocrisie ;
 Crime, par autonomasie,
 Qui conduit à perdition,
Et fut toûjours l'objet de mon aversion.
Que si tu veux, grand Dieu, me conserver en vie,
 Rens moi la vûë, je te prie ;
 Privé du meilleur de mes sens,
Je ne puis suporter mes autres maux pressans.
Justement dans ce tems Raguel d'Ecbatane,
Possédoit une fille, à laquelle Diane.
 N'auroit ofé se comparer ;
Personne ne pouvoit la voir sans l'admirer.
Cette belle Sara, digne d'un diadéme,
 Sara fut son nom de batême,
Avoit en moins de rien, épousé sept maris,
Parfaitement bien faits, sages & bien nourris ;
 Mais pas un ne l'avoit connuë.
 A peine elle paroissoit nuë,
Pour la premiére fois, aux yeux de ses époux,
Qu'Asmodée, un esprit, moins méchant, que ja-
 De cette beauté sans seconde, (loux
D'une cruelle main, les arrachoit du monde.
         En

En vain Sara tachoit de le tenir secret,
Ses gens, poussez un jour par un zéle indiscret,
  Le lui reprochérent en face,
Et sans apréhender chatiment, ni menace,
L'acuférent d'avoir, par un acte inhumain,
  Etrangié de sa propre main,
Ceux, ausquels elle avoit sept fois eu l'avantage
  D'être jointe par Mariage.
Ce reproche aussi dur, qu'il s'en peut concevoir,
  La jetta dans le desespoir.
N'eut été qu'elle étoit fille unique d'un pére,
  Qui l'aimoit d'une amour sincére,
Elle même à l'instant se fut donné la mort,
Mais aimant son salut, & craignant le Dieu fort.
Monarque Souverain, qui commande au ton-
  Lui dit elle, étenduë a terre, (nerre,
Et l'œil terni de pleurs, sur son trône arrêté,
  Tu connois mon intégrité.
Sept hommes, il est vrai, m'ont eu pour leur é-
  pouse,
Mais tu n'ignores pas que la Parque jalouse
Du bonheur des mortels, me les a tous repris,
Avant que j'en connusse, ou le poids, ou le prix.
Je suis comme j'étois avant le Mariage,
Et je n'en connois plus dans nôtre parentage,
  Qu'il me soit permi d'épouser;
En vain ils me voudroient, je les dois refuser,
La Loi, sur ce sujet, est claire & positive:
        Qu'est-

Qu'est-il donc besoin que je vive ?
   Je n'ai plus que faire ici bas ;
Mets fin à ma douleur, ou hâte mon trépas.
Ne permets pas, grand Dieu, qu'un gueux de Do-
   Me fasse impunément la nique, (mestique
Emploie pour m'aigrir, son pernicieux art,
Et m'acuse de maux, où je n'ai point de part.
Alors avec le chœur de tes glorieux Anges,
J'entonnerai, Seigneur, tes divines loüanges,
Et dans ton temple saint, à perpétuité,
   Adorerai ta Majesté.
Leur ardente priére, avec vigueur poussée
   Jusques au ciel, fut exaucée :
   Raphael décendit des Cieux,
Qui rendit à Tobit l'usage de ses yeux,
   Fit que Sara fut acordée
A son parent Tobie, & qu'enfin Asmodée,
Nonobstant ses éforts, & sa noire fierté,
Ne put servir d'obstacle à leur félicité.

CHAPITRE IV.

TObit chargé d'ignominie,
   Et se croiant à l'agonie,
Comme un fameux Héros, résolu de mourir,

Se souvient de Tobie, il l'envoie querir.
  Mon fils, lui dit ce tendre pére,
Je t'aime, tu le sais, mais l'extréme misére,
Où je me vois réduit, m'a fait prier mon Dieu
  De me tirer de ce bas lieu,
Et m'introduire en paix, dans son saint santuaire;
Je doute qu'il n'exauce au plutôt ma priére.
  Avant que de prendre congé
De ma femme & de toi, je me trouve obligé
De te recommander de fuïr la molesse,
D'éviter les méchans, de cultiver sans cesse,
Les sublimes vertus, que mille & mille fois,
Je t'ai fait remarquer dans nos divines Loix.
J'ai moi même, embrasé d'une céleste flamme,
Au Maître des humains recommandé mon ame;
  Prens soin de même de mon corps:
Je ne demande point de beaux & vains dehors,
Pour un morceau de chair, sujet à pourriture;
Je ne veux qu'un honnête & simple sepulture.
  Mais au nom de Dieu, mon enfant,
Que tout ce, que tu vois, te soit comme un neant,
  Au prix d'Anne, ta chére Mére;
  N'excite jamais sa colére,
  Souviens toi qu'elle t'a nourri
Du plus pur de son sang, soigné, toûjours chéri
  Mille fois plus que ses entrailles,
Et que la pauvreté, la mort, ses funerailles,
Ne l'alarmoient pas tant qu'un timide frélon,
         Qui

Qui t'auroit menacé de son foible éguillon.
>Honore la toute ta vie,
Pour remplir ses désirs, satisfais son envie:
Ne lui refuse rien de ce, qu'elle voudra;
>Et quand Dieu la retirera, (pose,
A moins qu'à mon dessein quelque démon s'o-
Je prétens que son corps auprès du mien repose.
>Ensévelis la proprement,
Et Dieu te benira, n'en doute nulement.
Pour te récompenser par un double salaire,
Lui même, après ma mort, te servira de pére,
>Et son bras sera ton apui,
Tant que tu fonderas ton espérance en lui.
>Suis les sentiers de la justice,
>Aux pauvres sois doux & propice:
>L'aumone, faite de bon cœur,
Pour simple qu'elle soit, plaît toûjours au Sei-
>Une obole alors le contente, (gneur
Comme d'un talent d'or, il en paie la rente;
Au lieu que ce qui tient de l'ostentation,
Excite doublement son indignation.
Le Mariage est saint, Dieu même l'autorise,
>Pour éviter la paillardise,
Un crime expressément défendu par la Loi,
Si tu t'y sens porté, mon fils marie toi.
Mais ne t'alies point avec des étrangéres,
Nous savons qu'Abraham & ses Fils sont nos Pé-
>Suis leur exemple, fais comme eux, (res,

M 2

Reste

Reste dans ma famille, & tu seras heureux.
Quoi qu'en captivité, pauvres & misérables,
Nos filles néanmoins ne sont pas méprisables;
Peut être l'intérêt est suportable ailleurs,
Mais le raport des mœurs rend les Himens meil-
   Qu'est ce qu'un riche Mariage,   (leurs.
Où la disparité de culte & de langage,
Aporte à tout moment de la dissention?
Au prix d'un assemblage, où régne l'union,
Quoi qu'on n'y trouve pas tant de magnificence?
   Ne laisse point sans récompense,
L'ouvrier, qui pour toi, travaille de ses mains,
De peur que tôt ou tard, le Maître des humains
   N'use de justes représailles:
Il nomme assez souvent les pauvres, ses entrail-
A qui le riche doit faire sans contredit, (les,
Ce qu'il désireroit qu'un autre aussi lui fit.
   Garde toi de l'ivrognerie;
Un insensé, mon fils, lors qu'il est en furie,
   Est moins fou, sans comparaison,
Qu'un sage, que le vin a privé de raison.
Au lieu qu'au fond, il n'est viande ni breuvage,
   Qui ne soit d'un très bon usage,
Quand l'un ou l'autre est pris avec discrétion:
Les excès sont suivis de leur punition.
   Ta bouche soit toûjours ouverte,
Pour plaindre l'afligé, qui fait la moindre perte,
   Assiste le dans son besoin,

Au défaut d'un parent, prens en toi même soin.
      Honore les perfonnes d'âge,
Ecoute le viellard, & confulte le fage.
Mais fur tout, mon enfant, en tout âge, en tout
      Aime, fers, adore ton Dieu.   (lieu
      Il n'eft richeffe, il n'eft fience,
      Que cette fage Providence
      N'acorde libéralement
A celui, qui l'en prie avec empreffement.
      Mais malheur à qui le néglige,
      Il n'eft mal, dont il ne l'aflige.
Après t'avoir enjoint de faire ton devoir,
      Tu dois prefentement favoir
      Que dans Ragues, Ville de Méde,
      Habite un Juif, qui ne le céde,
En candeur, à pas un des enfans d'Ifraël,
      Et qui fe nomme Raguel,
Auquel j'ai mis en main dix talens en efpéces.
      Puis qu'en éfet, tu t'intéreffes
A ce, qui me regarde, & touche ma maifon,
Je croi, pour profiter de la belle faifon,
      Que tu ferois comme un brave homme,
      D'aller reprendre cette fomme.
Cela ne fufit pas pour nous faire oublier
Les biens, que j'ai perdus, on ne peut le nier;
Mais que la pauvreté ne donne point la géne
A ton efprit, mon fils, ne te mets pas en peine,

La crainte du Seigneur est un riche tresor, (or
Qui vaut mieux que des monts du plus précieux

CHAPITRE V.

MOn Pére, répondit Tobie,
Ta leçon me ravit, & je t'en remercie;
Que je n'épargnerai, ni soins, ni mouvemens.
Mais si je ne produis que des paroles vagues,
Comment toucher l'argent, que nous avons à
      Ragues?
Outre que je pourrois n'être pas bien venu
Chez un homme, qui m'est tout à fait inconnu.
C'est fort bien raisonné, dit Tobit, je l'avouë,
Mais je voi de trop loin, pour soufrir qu'on me
    Voila son obligation.   (jouë:
Nonobstant ta conduite, & la discrétion,
    Dont le ciel t'a fait le partage,
Il seroit bon d'avoir, pour un si long voiage,
Un guide adroit, auquel tu te pusses fier,
    Le dût on largement paier.
La dessus le fils sort, & n'est pas dans la ruë
Qu'un jeune homme bien fait, lui donne dans la
    vuë.
Il l'acoste, il lui parle, il l'interroge à fond;
                      Aux.

DE TOBIT.

Aux réponses, qu'il fait, il le trouve profond :
Il est de tous les arts, il connoit tout le monde,
Il a chez Gabael fait chére sans seconde,
C'est son proche parent : enfin, il en dit tant,
Que Tobie ne put cacher en le quitant,
  Pour le raporter à son Pére,
Qu'il l'estimoit déja, ni plus, ni moins qu'un frére.
En éfet, le récit qu'il en fit à Tobit,
Obligea le bon homme à mettre un autre habit,
  Conforme à l'air du Personnage,
Que Tobie, rempli de son futur voiage,
Avoit laissé devant, dans un petit reduit,
  Et qui fut en suite introduit.
Après quelques devoirs rendus de part & d'autre,
Vous étes mon ami, je suis aussi le vôtre,
Dit Tobit, mais enfin, vous m'étes étranger,
  Soufrez, avant que de songer
A remplir mon dessein, que je m'informe, frére,
De vôtre parenté, du nom de vôtre pére,
  Et de vôtre religion :
Quatre mots sufiront pour mon instruction.
Je suis, Seigneur, s'il faut que je te satisfasse,
Répondit le jeune homme, issu d'illustre race :
Je viens directement du grand Ananias,
  Et mon nom est Azarias.
  Que tu sois le bien venu frére,
Nous avons Abraham, l'un & l'autre pour Pére,
Reprit le bon viellard, tes parens sont les miens ;

Mais pour ne parler que des tiens,
Séméas ton Aïeul, étoit grand personnage,
J'ai fait avec ses fils plusieurs fois le voiage
  De Jébus, la sainte Cité :
C'étoit sans contredit, des gens de probité,
  Et lesquels, depuis leur naissance,
  On persisté dans leur croiance.
  Mais enfin, profitons du tems,
  Dis moi ce que tu veux, j'entens
Précisément par jour, ou bien en une somme,
  Pour acompagner ce jeune homme,
  Dans le voiage, dont tantôt,
  Il t'a lui même dit un mot.
Parlerai-je pour toi ? Sept dragmes la semaine,
Est-ce une récompense au dessous de ta peine,
  Avec la table de mon fils ?
A quoi, sans rien pourtant te marquer de précis,
Nous pourrons ajouter un present raisonnable,
Suivant que le retour me sera favorable :
  Qu'en dis-tu, serons nous contens ?
C'est, dit Azarias, plus que je ne prétens.
Hé bien, reprit Tobit, s'adressant à Tobie,
  Prens là, la carte de l'Asie,
Et l'obligation, écrite en parchemin ;
Ca vite, aprête toi, pour te mettre en chemin.
Quand ce vint aux adieux, de mortelles alarmes
  Ne sauroient causer plus de larmes,
  Qu'on en vit couler de leurs yeux :
        Anne

DE TOBIT.

  Anne fur tout, fendoit les cieux
  De fes hurlemens éfroiables.
Penfes-tu que jamais nous foions confolables,
Dit elle, à fon mari, fi nous perdons un fils,
Qui ne me quita point depuis que je le fis?
  Ce cher bâton de ma vielleffe;
Avons nous tant vécu, pour mourir de trifteffe?
Que ce maudit écrit n'a-t-il été perdu,
  Ou que l'argent n'eft il fondu
Dans le même moment, qu'il fortit de la mine :
Nos prétendus bien-faits ont fait nôtre ruine;
Il eft fans contredit, facheux de n'avoir rien,
Mais j'avois en ce fils, fufifamment du bien.
  Nous ofenfons la Providence,
Interrompit Tobit, & je perds patience;
On diroit que tu veux intimider les gens,
Par de tendres difcours, que je trouve outrageans.
Partez, mes chers enfans, que Dieu vous acom-
  Puis fe tournant vers fa compagne, (pagne;
  Qui vouloit les fuivre à grands pas;
Ma femme, au nom de Dieu, ne te tourmentes
  Ce voiage étoit néceffaire,   (pas,
  Pour nous tirer de la mifére,
Lui dit il, nôtre fils eft en très bonne main;
  Il s'en va vigoureux & fain,
Et, s'il plaît au Seigneur, tu le verras toi même,
Chargé de fes bien-faits, revenir tout demême.

    M 5   CHA-

CHAPITRE VI.

Quoi qu'Anne fut distraite, & dans l'affliction,
Ce discours dans son cœur, fit de l'impres-
    sion,
Elle calma ses pleurs, & sous un doux silence,
    S'en remit à la Providence.
    Cependant nos deux jeunes gens,
    Et vigoureux, & diligens,
Avoient sans s'être fait la moindre violence,
Avant qu'on s'aperçût de l'incommode absence
    D'Apollon, gagné le Tigris,
Où la civilité d'un hôte bien apris,
Les obligea d'entrer chez lui, pour se refaire.
Tobie étoit croté, l'eau du fleuve assez claire,
Comme il s'y veut laver, un poisson sans mentir,
Plus gros qu'un Marsouin, faillit à l'engloutir.
L'Ange, oui, c'est bien dit, je ne prens point le
    L'original le traite d'Ange,   (change
    Et nôtre devoir veut aussi,
Que sans l'examiner, nous l'apellions ainsi :
L'Ange, di-je, voiant étendu sur la gréve,
Son ami, tout tremblant, s'aproche, le reléve,
    Et s'étant moqué de sa peur ;

Avan-

Avance, lui dit il, c'eſt un maſque trompeur,
Il n'a de dangereux que la ſimple aparence,
  Saiſis-t-en, avec diligence;
C'eſt un riche dépôt, que t'envoie le Ciel.
Fends-le, prens en le cœur, & le foie, & le fiel,
Serre les, ſans vouloir t'informer du miſtére;
Il ſufit que bien tôt nous en aurons afaire.
En éfet, tout le ſoir il ne s'en parla pas,
Un plat du poiſſon pris, leur ſervit de repas,
Et les fit mieux dormir que deux grains d'ellebore
Le lendemain matin, au lever de l'Aurore,
  Ils ſe remirent à marcher:
Tobie, un peu rêveur, ne put ſi bien cacher
L'embaraſſant ſujet de ſon inquiétude,
  Dont il ſe faiſoit une étude,
Que l'Ange incontinent ne le vit à ſes yeux.
J'aperçois, lui dit il, ton eſprit curieux,
  Par une recherche ſubtile,
Qui tache de trouver à quoi peut être utile
  Ce, que tu gardes du poiſſon:
Tu mettrois auſſi tôt la mer dans un poinçon:
  Je veux t'épargner cette peine.
Lors que, pourſuivit il, par un motif de haine,
Le démon veut traiter quelqu'un à la rigueur,
  Un parfum du foie & du cœur,
  L'éloigne de cette perſonne;
  Et pour le fiel, ſi l'on le donne
  A quelque aveugle, jeune ou vieux,

> Pour peu qu'il s'en oigne les yeux,
>
> Il ne sauroit manquer de recouvrer la vûë.
>
> Cette rare récette, à Tobie inconnuë,
>
> > Agréablement le surprit,
> >
> > Il l'imprima dans son esprit,
>
> Pour la communiquer à sa bonne mére Anne.
>
> > Enfin, Aprochant d'Ecbatane,
>
> Aujourd'hui sans manquer, s'il plaît à l'Eternel,
>
> > Nous coucherons chez Raguel,
>
> Dit l'Ange, à son ami, jamais tu n'as vû fille
>
> > Plus vertueuse & plus gentille,
> >
> > Qu'est l'unique, que cet homme a;
>
> Son nom, poursuivit il, de batême est Sara.
>
> > Si tu la veux en Mariage,
>
> Tu pourras l'obtenir, aussi bien l'héritage,
>
> De l'une & l'autre part, faisant un très beau bien,
>
> > Après leur mort, doit être tien :
>
> Ils n'ont point de parent plus proche que ton pére,
>
> > Que Raguel aime & révére,
> >
> > Et ne sauroient suivant la Loi,
> >
> > La donner à d'autres qu'à toi.
> >
> > Azarias, reprit Tobie,
>
> L'ofre est avantageuse, & je t'en remercie,
>
> > Car enfin, je croi que tu ris;
> >
> > Chacun sait que de sept maris,
> >
> > Ausquels son pére l'a donnée,
> >
> > Pas un n'en put une journée
> >
> > Etre paisible possesseur.

Un démon, je ne suis pas seur
De la raison qu'il a de craindre qu'on l'aproche,
Des le premier trait qu'il décoche
Sur ces pauvres Amans, de l'amour enchantez,
Les fait périr à ses côtez.
Il n'est point de moien au monde,
Qui les ait pu garder de cet esprit immonde.
Mon pére n'a de fils que moi,
Ma mére m'aime autant que soi,
Ma mort les méneroit de tristesse au sepulcre:
Et cela, mon ami, par un motif de lucre;
Il faudroit être fou; non, je n'en ferai rien,
Je ne prens point de femme à ce prix, pour le bien.
Assurément, répartit l'Ange,
Je t'admire, & je trouve étrange
Qu'un ordre, qui reçût ton aprobation,
Ait fait sur ton esprit, si peu d'impression.
Ne te souvient-il plus que ton pére & ta mére,
T'ont sur tout défendu de prendre une étrangére;
Et que l'esprit, qui te fait peur,
Doit te moins alarmer qu'une simple vapeur?
Le poisson, que tu pris, t'a fourni le reméde
Nécessaire à ce mal; Sara, loin d'être laide,
A des traits qu'un pinceau ne sauroit imiter,
Mais quand elle auroit rien, qui t'en pût dégoûter,
Ce que personne ne peut dire,
Le Ciel t'a destiné pour en être le Sire;
Des cette même nuit tu la posséderas.

Souviens toi cependant qu'avant qu'entre les bras
    De cette incomparable femme,
    Tu doive tempérer ta flamme,
Il faut prendre un réchaut plein de charbons ar-
    Et mettre simplement dedans   (dens,
    Du foie & du cœur, que tu gardes,
En vain l'esprit malin se tiendra sur ses gardes,
L'odeur de ce parfum le fera déloger,
Et mettra hors d'état de vous plus afliger.
    Pour marque de reconnoissance,
Rendez dans le moment grace à la Providence;
Crois moi, le Dieu des cieux, qui vous écoutera,
Par tout, où vous irez, vous acompagnera :
Raguel permettra que ta femme te suive,
    Tu la méneras à Ninive,
Où vous vivrez heureux, & vous, & vos enfans.
Tobie, à ce discours, rajeunit de dix ans,
Il trouve le tems long, l'absence de sa belle
Va, sans un promt secours, lui brouiller la cer-
    Et le menacer du trépas ;   (velle,
Pour y remédier, l'Ange hausse le pas.

CHAPITRE VII.

D'Abord qu'ils furent dans la ville,
   Il ne leur fut pas dificile.

De trouver la maifon du fameux Raguel :
 Sara, qu'un foin continuel,
Pour donner ordre à tout, derriére & devant porte,
Au premier coup donné, leur vient ouvrir la porte,
 Et les méne civilement,
 Dans un fort bel apartement.
Raguel, qui l'aprit avec Edna fa femme,
 Joieux jufques au fond de l'ame,
D'entendre que deux Juifs les venoient vifiter,
 Les joignirent fans héfiter,
Et les aiant reçûs d'une maniére afable,
Leur firent accepter une chambre & leur table.
 Après quelques complimens faits,
Edna, dit Raguel, fouvent par les éfets,
Au dire des favans, on découvre les caufes,
C'eft ainfi qu'un rofier fe connoit par fes rofes:
 Mais on peut demême en éfet,
Par la caufe aifément reconnoître l'éfet.
 Examine moi ce vifage,
N'eft-ce pas de Tobit la véritable image ?
J'ai beau le regarder d'un œil indiférent,
 Il reffemble à nôtre parent,
Comme s'il en avoit tiré fon origine.
Puis fe tournant vers eux, fréres, à vôtre mine,
 On ne peut véritablement,
Juger de vous, dit il, que favorablement.
 Vous me paroiffez bien honnêtes.
Mais de grace, Meffieurs, dites nous qui vous êtes
 Nous

Nous sommes fils de Nephtali,
Titre grand autrefois, mais beaucoup avili,
Lui répondirent ils, depuis nôtre esclavage,
Ninive est le séjour, où pour nôtre héritage,
Nous sommes destinez à n'avoir qu'un habit.
   Connoissez vous donc bien Tobit,
Reprit il, savez vous s'il est encore envie?
Et… c'est mon propre pére, interrompit Tobie,
   Le jour, que nous l'avons quité,
   Il étoit en bonne santé.
   La dessus Raguel s'avance,
   L'embrasse, le serre, & le pense
   Tüer, à force de baiser.
Sara, qui d'un ris doux, acheva d'embraser
   Son cœur, pénétré de ses charmes,
L'imite, au lieu qu'Edna le baigne de ses larmes.
   Le plaisir de voir un parent,
Qu'elle croioit défunt, l'atendrit, & la rend
   Aussi müette qu'une anguille.
   La fille au contraire, frétille,
Après avoir chargé d'aller au cuisinier,
Elle court à l'étable, & vole au colombier,
   Fait main basse sur la volaille,
   Et tandis que sa mére baille,
Sans donner à son corps le moindre mouvement,
   Elle aprête dans un moment,
   Un repas digne de son hôte.
Tobie, qui n'osoit s'expliquer à voix haute,
         Aiant

DE TOBIT.

    Aiant tiré l'Ange à l'écart.
    Puis que le ciel t'a donné l'art,
Lui dit il, mon ami, d'expliquer tes penſées,
    Par des paroles compaſſées,
    Dont l'arrangement fait plaiſir,
    Contente mon ardent déſir.
    Depuis que j'ai vû cette Dame,
    Mon tendre cœur eſt tout en flamme,
    Demande la, ſans diférer,
Si je ne l'obtiens pas, il me faut expirer.
D'abord qu'Azarias eut avancé la choſe.
Tobie, pour répondre à ce, qu'on me propoſe,
Dit Raguel de droit, ma fille t'apartient,
    Mais un obſtacle me retient :
Un eſprit mal faiſant, qui l'aime à la folie,
    Ne peut ſoufrir que je la lie
    Avec quelque homme que ce ſoit :
    Dans le même inſtant qu'il les voit
    Couchez tranquilement enſemble,
    Il frémit de rage, il en tremble,
Et ne peut s'empêcher d'ofrir dans le moment,
Cette pauvre victime à ſon reſſentiment.
    Il faut te le dire à ſa honte,
    Il en a déja de bon conte,
    Maſſacré ſept dans ma maiſon,
    Sans aucune ombre de raiſon.
Si les triſtes éfets de cette horrible rage,
    Ne t'abatent point le courage,

                                Bois.

Bois & mange, réjouis toi,
Il ne tiendra jamais à moi
Que tu ne sois content. Non, répondit Tobie,
Point de remise, je te prie,
Acorde moi ta fille, ou je ne soupe point.
Amen, dit Raguel, le Seigneur, qui vous joint,
Mes enfans, vous fasse la grace
De voir régner chez vous la paix & la bonace :
J'espére qu'à jamais il vous conservera.
Puis aiant fait venir, & sa femme, & Sara,
Voici, si tu veux bien, dit il, y condécendre,
Ma chére Edna, celui, que j'accepte pour gendre,
Et qui, par conséquent, ma fille, est ton Epoux.
Tien, la voila, Tobie, elle n'est plus à nous,
Tu la peux mener chez ton pére :
Et la dessus, comme un Notaire,
Pas moins expéditif qu'exact,
Dressa lui même le contract,
Et le scéla de cire verte.
Alors la table fut couverte,
Et depuis le plus grand jusques au plus petit,
Chacun beut & mangea de très bon apétit.
Enfin, Edna mena Sara dans une chambre,
Où le musc, la civette & l'ambre,
Rendoient une odeur, qui charmoit :
L'épouse cependant, tout en pleurs, se pâmoit,
De crainte qu'elle avoit que le jeune Tobie,
Qu'ell aimoit mille fois déja plus que la vie,
N'eut,

N'eut pas un fort comun, à ses autres maris,
Le malheur que l'esprit, des infernaux esprits,
  Le plus cruel, le plus farouche,
Ne le vint étoufer cette nuit dans sa couche,
Et que ce coup fatal fut le maudit écueil,
Qui causât son naufrage, & la mit au cercueil.
  Sa mére pleuroit avec elle,
  Mais quoi qu'une douleur mortelle
  La pénétrât jusques au cœur;
Prens courage aujourd'hui, lui dit elle, ma sœur,
  Il n'en doit pas aller de même,
  Le Seigneur, de son bras supréme,
  Enchainera ton ennemi;
Ce sage directeur ne fait rien à demi;
Aiant donné les mains à ce saint mariage,
  Il le bénira d'âge en âge;
Couche toi, mon enfant, repose toi sur lui,
Il doit être ta garde, il sera ton apui.

CHAPITRE VIII.

LEs hommes à leur tour, las de la bonne chére,
Introduirent l'Epoux auprès de sa Bergére,
Lequel s'étant fourni d'un sufisant brasier,
  Pris furtivement au foier,
De crainte que l'esprit ne vint troubler leur joie,
  Y jetta du cœur & du foie,

De

De ce Monſtre marin, que lui même avoit pris
  Sur les bords du fleuve Tigris.
L'odeur, que répandit ce parfum admirable,
  Penſa faire crever le diable,
Il s'alla renfermer dans le fond des enfers,
Où l'Ange Raphael le fit charger de fers.
Alors les deux Epoux, s'étant mis en priére,
Lui s'écria, Seigneur, pére de la Lumiére,
  Qui, d'un œil de compaſſion,
Regardes tes enfans dans leur afliction,
  Ton nom très ſaint & vénérable,
Soit benit à jamais ſur la terre habitable.
Quand tu créas Adam, tu fis ſemblable à lui,
Eve, pour lui ſervir de conſeil & d'apui;
  Tu viens de m'acorder de même, (me,
Pour Compagne Sara, qui m'honore, & que j'ai-
  Fais qu'enſemble nous vieilliſſions,
Et que toûjours exemts de foles paſſions,
  Nous cheminions devant ta face,
  Et multiplions nôtre race,
  Sous les douces loix de l'Himen;
Et la chaſte Sara diſoit par tout amen.
Raguel doutant fort que le Ciel les exauce,
Travaille cependant à creuſer une foſſe,
  Pour y mettre Tobie mort,
Suivant des ſept défunts le déplorable ſort.
Mais aiant ſur le jour, apris d'un Domeſtique,
  Que ſon gendre & ſa fille unique,
        Dor-

Dormoient encor tranquilement,
Il fut frapé d'étonnement.
Monarque Souverain des hommes & des Anges,
Dit il, je veux chanter à jamais tes loüanges,
Que tout ce, qui respire ici bas sous les cieux,
Exalte ton nom glorieux.
Loin de m'acabler de tristesse,
En augmentant le mal, qui nous poursuit sans cesse,
L'éfet de tes bontez surpasse mon desir;
Pour redoubler ma joie, & me faire plaisir,
Tu traites mes enfans avec miséricorde.
Fais que la paix & la concorde,
Prévaillent constament chez eux,
Qu'ils soient féconds, qu'ils soient heüreux,
Et que jusqu'à la fin de leur blanche vielleste,
Ta bonté pour leur bien, fortement s'intéresse.
Puis aiant refermé le trou, qu'on avoit fait,
Je veux, pour être satisfait,
Dit il, à ses enfans, en leur faisant comprendre
La part, qu'il croioit devoir prendre
A leur félicité, vous en serez témoins,
Que vôtre noce dure un demi-mois au moins.
Car enfin, vous avez beau dire,
Je ne vous absous point du joug de mon empire,
Que vous n'aiez passé par là:
Mais je vous jure après cela,
Que vôtre volonté de ma part sera libre,
Et que, pour garder l'équilibre,

Je

Je vous transporterai la moitié de mon bien,
  Que pour joindre d'abord au tien,
Tobie, tu pourras emporter chez ton pére :
Et quand nous serons morts, n'aiant, ni sœur, ni frére
Ou, si vous l'aimez mieux, point de cohéritier,
  Vous aurez l'héritage entier.

CHAPITRE IX.

Tobie ne pouvant en bonne consience,
  Envers son bienfaiteur, manquer de complai-
  Consentit à ce qu'il voulut; (sance,
Mais sachant que Tobit, auquel il ne déplut
Jamais qu'avec regret, contoit de son absence,
Les jours & les momens, mouroit d'impatience,
  S'il passoit le terme fixé,
  Après avoir bien caressé
  Son cher compagnon de voiage,
Il lui tint, dit le texte, à peu près, ce langage.
  Azarias, mon cher ami,
  Toi, qui ne fais rien à demi,
Ne me refuse pas, je te prie, une grace.
  Tu vois assez ce, qui se passe :
Raguel est mon pére, il lui faut obéir,
D'abord que j'ai voulu lui parler de partir,

Il

Il s'eſt preſque mis en coléré;
J'ai conclu, m'a-t-il dit, de faire
Une noce de quinſe jours;
Cela n'arrive pas toûjours;
Comme le Roi du bal, tu dois être à la tête;
Au bout de ce tems là, ma fille ſera prête,
Il ne tiendra qu'à toi, mon fils, de l'amener.
Pouvois-je, Azarias, l'envoier promener?
Cependant tu connois le foible de mon pére,
Mon abſence le deſeſpére:
Ma mére, comme lui, vit de gemiſſemens,
Et s'il faut que j'aſſiſte aux divertiſſemens,
Qu'avant que je m'en aille, on prétend ici pren-
Il t'eſt facile de comprendre   (dre,
Que je ne puis vaquer à ma commiſſion,
Sans augmenter l'afliction
De deux perſonnes de cet âge.
Encore un coup, mon cher, fais toi ſeul le voiage
De Ragues: on ne peut être plus diligent
Que tu me l'as paru; pour aporter l'argent,
Que Gabael me doit, ſuivant cette cédule,
Tu peux, monté ſur une mule,
Prendre une couple de chameaux,
Ou d'autres moindres animaux,
Tels que tu veux, que l'on te donne;
La ſaiſon étant belle & bonne,
Je ſerai fort trompé, ſi tu n'es de retour
Pour le tems du départ; va-t-en au premier jour.
L'An-

L'Ange, sans faire de repliques, (ques
Prend des bêtes de somme, & quelques domesti-
Part, avance à grands pas, trouve son débiteur,
Lui presente l'écrit, dont il est le porteur,
  Et reçoit de cet honnête homme,
  Sans nul délais, la grosse somme,
Que Tobit autrefois lui remit en dépôt,
Et que la pauvreté lui fait prendre si tôt.
Alors l'Ange lui dit, Gabael, je te prie,
  Suivant les ordres de Tobie, (rens,
Viens-t-en joindre avec moi, nos jeunes conqué-
Tandis qu'il sont encore ici chez leurs parens;
Tu leur feras à tous un plaisir indicible;
Ne marchande point, viens, frére, s'il est possi-
Lui même desirant d'aller les embrasser, (ble.
  Il ne se fit pas fort presser,
De sorte qu'aussi tôt il partirent ensemble;
Montez sur des jumens, qui sans cesse alloient
Ils joignirent bien tôt leur ami Raguel. (l'amble;
L'heureux & prompt retour de l'Ange Raphael,
  Acompagné d'un personnage,
Qui faisoit de l'honneur à tout le parentage,
  Et chargé de tant de deniers,
Personne ne vouloit paroître des derniers,
A les féliciter de leur bonne arrivée.
  La cérémonie achevée,
Où Gabael muni de nobles dictions,
  Avoit de bénédictions,

        Com-

Comme d'une guirlande, entre eux ineſtimable,
Couronné les Epoux, ils ſe mirent à table,
  Je ne ſaurois dire combien,
Mais chacun, à l'envi, s'y divertit fort bien.

CHAPITRE X.

PEndant qu'on rit dans Ecbatane,
Tobit pleure à Ninive, & ſa bonne femme Anne,
  Qui ne fait plus que ſoupirer,
Eſt ſouvent ſur le point de ſe deſeſpérer.
Peut être, diſoit l'un, auroit ils ſur la route,
Apris que Gabael avoit fait banqueroute,
  Et qu'ils ſeront courus après :
  Ou bien que, couvert de ciprès,
  Il repoſe dans le ſepulcre,
Et que ſes héritiers, trop acharnez au lucre,
  Comme d'inſignes afronteurs,
  Méconnoiſſent les créditeurs.
  L'autre ſoutenoit, au contraire,
  Que leur enfant, pour l'ordinaire,
Délicat, & peu fait aux injures du tems,
  N'aiant pu réſiſter long-tems
  Aux fatigues d'un tel voiage,
Avoit perdu la vie, à la fleur de ſon âge.
Plût à Dieu que je fuſſe expirée pour lui,

C'étoit, disoit Anne celui,
Qui devoit être un jour mon bâton de vieilleſſe,
Après lui, je ne ſai ſi quelqu'un s'intéreſſe
    A nôtre conſervation:
Nous n'avons plus, ni biens, ni conſolation.
Quoi que lui, fut toûjours dans d'horribles alar-
    Il retenoit ſouvent ſes larmes,   (mes
Et ſous un faux ſemblant, tachoit de ſoulager
Anne, qui travailloit ſans ceſſe à l'afliger.
Nous ſommes il eſt vrai, ma ſœur dans la miſére,
    Sous une puiſſance étrangére,
Déja depuis long-tems, dans la captivité,
Mais quoi que nous l'aions, dit il, bien mérité,
    C'eſt une épreuve toute pure,
Et non pas un éfet de l'aveugle nature.
    Nous ſommes le peuple de Dieu;
    Si les Prophéties ont lieu,
Sans crime, on ne ſauroit le révoquer en doute,
    Le ciel, cette ſolide voute,
    En mouvement perpétuel,
Ne verra point périr la maiſon d'Iſraël:
    Elle doit durer d'âge en âge,
    Malgré la fureur & la rage
    Des implacables ennemis,
    Auſquels nous nous voions ſoumis.
    Cela ne ſe peut ſans ſemence;
Il faut que nos enfans, ſuivant une ordonnance
Emanée d'un Dieu, des le commencement,

Supléent néceſſairement
Au défaut de leur pére & mére.
Tu le ſais, mon enfant, je n'ai, ni ſœur, ni frére,
Si Tobie n'eſt plus, ma famille eſt à bas ;
Suivant nôtre calcul, cela ne ſe peut pas.
Tu le verras bien tôt venir chargé d'eſpéces,
En parfaite ſanté, te faire des careſſes.
Tobit avoit beau lui parler,
Rien ne pouvoit la conſoler.
Elle couroit de ruë en ruë,
Et d'abord qu'à perte de vûë,
Elle découvroit rien, qui bougeat ſeulement,
Elle s'y rendoit promtement,
Toûjours dans la ferme aſſurance
D'y trouver le ſujet de ſon impatience.
Mais pour en revenir à nos jeunes Epoux,
Tobie, à demi mort, tombe preſque ſans poux,
De voir que ſon départ tous les jours ſe diſére ;
Le bon Raguel, ſon beau-pére,
S'éforce en vain de l'arréter,
Il ne le veut plus écouter.
Ni ſe laiſſer paier de nouvelles promeſſes.
He bien, voions en quoi conſiſtent mes richeſſes,
Lui dit, ce galant homme, il les faut partager,
Nous le pouvons, ſans nous bouger,
Tout eſt contenu dans ce rôle :
Voila ce qu'il te faut, juſqu'au quart d'une obole,
Par raport à l'argent contant.

De lits garnis, j'en trouve tant;
Cent marcs d'argenterie, & deux milles médailles;
Les vaches, les chameaux, les chévres, les oüailles,
Bétail, gros & menu, jusqu'aux jeunes poulets,
Les servantes & les valets,
En voila la moitié, c'est ce que je proteste;
Lors que nous serons morts, tu trouveras le reste.
Prens ta femme, & vous en allez,
Puis qu'aussi bien vous le voulez;
Que le Dieu de Jacob vous conduise & vous garde,
Que de l'Olimpe il vous regarde
De son œil de compassion,
Sans discontinuation,
Et qu'enfin, au bout d'une année,
Il honore d'un fils vôtre heureux Himénée.
Ce même Souverain, que j'en prie à genoux,
Veuille qu'en arrivant chez vous,
Vous trouviez bien dispos, les chefs de la famille.
Pour toi, s'adressant à sa fille,
Je te commande expressément
De les honorer constamment;
D'avoir pour ton Epoux une amour éternelle,
Et d'un cœur sincére & fidele,
Gouverner ses enfans, ses gens & sa maison,
Avec soin, prudence & raison.
Enfin, triste à mourir, & sa femme arrosée
D'un torrent de ses pleurs, après l'avoir baisée,

Pri-

Prirent congé d'eux tous, & leur dirent adieu,
Comme s'ils ne devoient plus les voir en ce lieu.

CHAPITRE XI.

Tobie & Raphael, voiant que le bagage
  Alongeoit d'un tiers le voiage,
Que le bétail n'alloit qu'à pas de cormoran,
  Et qu'ils n'avoient ateint Caran
  Qu'onze jours après leur sortie,
Crurent devoir laisser la meilleure partie
De l'atirail, venir ainsi qu'auparavant,
Prendre de bons chevaux, & se mettre devant.
  En éfet, ils vinrent si vite,
Que quatre jours après, ils parvinrent au gîte.
Anne perchée alors sur un roc haut & droit,
Afin de voir de loin, son fils, quand il viendroit,
Les aiant découverts au penchant d'une bute,
  Faillit à faire la culbute,
Pour l'aller vitement anoncer à Tobit.
La dessus le bon homme incontinent sortit,
Mais son zéle indiscret le portant vers Tobie,
  Lui fit presque perdre la vie.
  Après avoir fait quelques pas,
Il alloit en bronchant, tomber du haut en bas,
  Dans un horrible précipice,

Lors que plus promtement qu'un coureur dans
    la Lice,
Nôtre Athléte d'un saut, prévint ce coup mortel.
      Il ne se peut rien voir de tel,
    Que les caresses, qu'ils se firent,
Au raport des témoins, il est constant qu'ils mirent
     Un quart de jour à s'embrasser:
Sans cesse ils se baisoient, sans se pouvoir lasser.
C'est assez maintenant, lui dit sa tendre mére,
Je t'ai vû, mon enfant, il n'est pas nécessaire
     Que je survive à ce bonheur,
Si le bon Dieu le veut, je mourrai de bon cœur.
     Vivez, ma mére, dit Tobie,
     Vivez contente, je vous prie,
     D'autant plus que dans le moment,
Le Seigneur va guérir, de son aveuglement,
Vôtre Epoux, celui-là, qui m'a donné la vie.
Azarias auquel mon ame est asservie,
Et que le Roi des Rois veuille à jamais benir,
     Vient de m'en faire souvenir,
Lui même m'a donné le reméde admirable,
Sans lequel nôtre mal demeuroit incurable:
Mon pére, le voici, ce baume précieux;
     Soufrez que j'en frote vos yeux,
Et que dans chacun d'eux, il en tombe une goute;
C'est du fiel d'un poisson, que j'ai pris sur la route,
Et qui m'a délivré d'un dangereux rival,
Dont le moindre regard m'auroit été fatal:
                  Mais

Mais c'est un fait qu'ailleurs il faut que je vous conte,
Il sufit pour mon bien, qu'il partit avec honte.
　　Cependant je remarque bien,
Que ce reméde est fort, mais au fond, ce n'est (rien,
　　C'est une marque qu'il opére.
O Seigneur, qu'est ceci ? j'aperçois la lumiére,
S'écria tout d'un coup, le bon homme Tobit :
　　Que l'Eternel en soit benit,
Et fasse pour jamais avec nous sa demeure.
　　Huit jours après, à la même heure,
　　Sara, raïonnant de beauté,
　　Dans une parfaite santé,
　　Avec son train & son bagage,
Nonobstant la longueur d'un pénible voiage,
　　Arriva fort gaillardement :
On lui vint au devant avec empressement.
　　Là, de nouveau les embrassades,
Les repas somptueux, les jeux, les cavalcades,
　　Eurent leur légitime cours,
　　Pendant l'espace de sept jours.
　　Ce changement dans leur famille,
　　Le gain d'une charmante fille,
Des monts d'or & d'argent, du bétail à foison,
Des meubles précieux pour orner la maison
D'un homme, qui de tout la voioit dépourvûë;
　　Le recouvrement de sa vûë :
　　Tant d'avantages à la fois,

Atirérent chez lui, du moins pendant un mois,
Bien des gens de tous lieux, qui dans son indi-
    gence,
Ne l'avoient regardé qu'avec indiférence.
Ce n'étoient que saluts, félicitations,
Ofres & complimens, ou protestations
    De n'avoir rien qu'à son service,
Et d'agir avec lui sans aucun artifice.
Lui, sans examiner, ni pourquoi, ni comment,
    Les traita tous civilement,
Jusques aux artisans, & simples femmelettes.

CHAPITRE XII.

Cependant, dans ces entrefaites,
Il faloit convenir de ce qu'on donneroit
A l'Ange Raphael, & ce, qu'on lui diroit.
Tobit, suivant l'acord, qu'ils avoient fait ensem-
    ble, (semble
Dit, pour moi, franchement, mes enfans, il me
    Qu'aiant eu par tout bouche en cour,
    S'il touche une dragme par jour,
Et cent écus, pour faire un petit équipage,
Qu'il ne pourroit pas bien prétendre davantage.
Cela seroit très bon pour quelque malheureux,
Il faut, reprit Tobie, être ici généreux;
                  Mon

Mon pére vous favez, je vous l'ai dit moi même,
  Les peines, & le foin extréme,
  Qu'il a pris, pour l'amour de moi :
  C'eſt Dieu, qui fait tout, je le croi,
Mais avec tout cela, je dois mon mariage.
  A ce vertueux perſonnage :
  C'eſt lui, qui me l'a conſeillé,
  Qui puiſſamment a travaillé
Pour me le rendre heureux, & paiſible, & durable.
Il a fait le chemin long & deſagréable,
De Ragues, pour toucher l'argent de Gabael ;
En ſuite il a reçû pour moi, chez Raguel,
La dote de ma femme, un bien conſiderable :
Enfin, il m'a donné le reméde admirable,
  Dont je te viens d'ouvrir les yeux :
  Eſt-il rien de trop précieux,
  Pour récompenſer ſes mérites ?
Je ferai, moiennant que nous en ſoions quites
  Pour les deux quarts de nôtre bien,
Content de mon côté, s'il l'eſt auſſi du ſien,
Car… Tu dis vrai, mon fils, interrompit le pére ;
Et l'Ange étant entré, je t'ai, lui dit il frére,
Sans doute, infiniment de l'obligation,
De ce, que par ton zéle & ta direction,
Je me voi ſain & ſauf, remis dans l'abondance ;
  Preuve de ma reconnoiſſance,
  Et de ma ſincére amitié,
Vois ce que nous avons, & prens en la moitié ;

Ou, si tu l'aimes mieux, reste dans ma famille,
　　　Il est vrai, je n'ai point de fille
Pour toi, mais nous pourrons vivre par indivis :
Mes enfans, Anne & moi, nous en serons ravis.
Lors qu'au trône de Dieu, l'on avouë une déte,
On l'annule, dit l'Ange, & la paie en est faite.
L'axiome est certain, & conforme à la Loi,
Qu'il est bon de céler le secret de son Roi,
Mais la moindre action, que le Seigneur seconde,
Doit être publiée aux quatre coins du monde.
N'aiant rien fait pour toi, je ne demande rien,
Le Juge Souverain de ce val terrien
Vous a seul honorez de biens inestimables,
Je n'ai qu'exécuté ses ordres admirables.
　　　Il ne faut plus te le cacher,　　　(chair,
Tu m'as comme un de vous, cru fait d'os & de
Mais quoi qu'innocemment, c'est avoir pris le
　　　Je suis de ma nature un Ange,　(change,
Raphael est mon nom, en tout âge, en tout lieu,
L'un des sept, qui sans cesse, assistent devant Dieu.
　　　Cette divine Providence,
Qui le moindre mortel au double récompense
　　　De ses œuvres de piété,
Est charmé comme moi, de ton humanité.
　　　Lors que tu faisois des aumones, (Nones,
Au croissant de la Lune, au Ides, comme aux
Que souvent tu perdois le boire & le manger,
　　　Pour secourir un étranger ;

　　　　　　　　　　　　　　Qu'ex-

Qu'exent d'un pernicieux lucre,
Tu creusois pour les morts, de tes mains un sepulcre,
Et que soir & matin, dans toutes les saisons,
　　Tu recitois des oraisons,
C'étoit moi proprement, qui portois ces prières
Sur l'éclatant Autel du Pére des lumiéres.
Nonobstant ta constance, il m'a fait aprouver
Des chatimens nouveaux, afin de t'éprouver,
Mais enfin, ce bon Dieu, touché de ta misére,
T'a donné le secours, qui t'étoit nécessaire.
　　Va, pars, cours vite, m'a-t-il dit,
Je ne puis le nier, j'ai visité Tobit,
Rétablis-le, marie incontinent Tobie,
　　Poursuis, jusque dans la Nubie,
L'esprit persécuteur de la chaste Sara,
En un mot, fais que tant que la terre sera,
Tobit, homme pieux, d'une heureuse mémoire,
Et l'objet de mes soins, subsiste dans l'Histoire.
　　A ces mots, ceux, qui l'écoutoient,
　　Tombérent, autant, qu'ils étoient,
　　Trancis, la face contre terre,
Comme si Jupiter, d'un foudroiant tonnerre,
　　Les eut à dessein fracassez,
Mais l'Ange Raphael les aiant redressez :
Ne vous alarmez point, leur dit il, ma presence
　　N'a de réel que l'existence,
Pleinement dépourvû d'organes d'animal,

En qualité d'esprit, je ne fais aucun mal.
Je n'eus jamais besoin de manger, ni de boire,
Ce corps, que vous voiez, est au fond illusoire,
Le garder plus long-tems, ce seroit me souiller,
Je l'avois pris pour vous, je vai m'en dépouiller,
Pour retourner au Ciel, où l'Eternel habite :
Mais encore une fois, avant que je vous quite,
Ofrez à ce grand Dieu, vos plus profonds res-
    pects,
Implorez son secours, demandez lui sa paix,
Et jusques à la mort, observez sa parole :
La dessus Raphael disparoit il s'envole,
    Et sort sans qu'on ouvre les huis ;
    Aucun d'eux ne le vit depuis.
Leurs priéres pourtant constamment recitées,
    Furent toûjours bien écoutées :
Ils les acompagnoient de bonnes actions.
Ne donnoient point de prise aux vaines passions,
Les pauvres joüissoient du doux fruit de leurs
    veilles,
Pendant qu'ils racontoient du Seigneur les mer-
    veilles.

CHA-

CHAPITRE XIII.

REvenus de l'étonnement,
 Où les avoit subitement
 Jettez le départ de leur Hôte,
Tobit ouvrit la bouche, & se mit à voix haute,
 A relever son bien-faiteur.
 Loüé soit nôtre Créateur
 Dit il, que les Rois & les Princes,
 Et les Gouverneurs des Provinces,
 Tous les peuples de l'univers,
Le benissent en prose, & le chantent en vers.
Il chatie, il est vrai, lors que l'on le mérite :
Quand il veut éprouver, personne ne l'évite,
Mais son ire bien tôt, le céde à sa bonté.
 Jacob est en captivité,
Israël soufre encor dans son dur esclavage :
 Il eut évité cet orage,
 S'il ne se le fut atiré.
Son Dieu le chérissoit, il l'a deshonoré,
 Et loin de chanter ses loüanges,
 Il a servi les dieux étranges.
Nous avons néglige les sublimes vertus,

Dont nos pieux Aieux, noblement revêtus,
Nous avoient avec soin, donné quelque teinture,
Pour suivre aveuglement les loix de la Nature.
    Chacun se faisoit un plaisir
    D'assouvir son maudit desir :
    L'impiété, la paillardise,
    L'insatiable gourmandise,
    Et les plus horribles péchez,
Dont les hommes mortels puissent être entachez,
    Etoient montez dessus le trône.
Celui, qui d'un tresor récompense une aumone,
    Qui prétend que l'on soit humain,
Qu'à celui, qui chancelle, on presente la main,
    Et que ce, qu'on fait à soi même,
On le fasse au prochain, on le traite de même :
    Ce Protecteur de l'équité
Vous a punis, pécheurs, avec sévérité,
    Mais ne perdez pas l'espérance ;
    Une sincére repentance,
Et l'exercice exact de nos meilleures mœurs,
    Vous tireront de vos malheurs.
C'est une vérité de toute pars connuë,
Solime, tôt ou tard, nous doit être renduë,
Son temple précieux, à present démoli,
    Sera richement rétabli,
    Aussi bien que la Cité sainte :
Il ne se verra plus alors dans son enceinte,
Que des vases forgez du plus fin or d'Ophir,

Ses portes feront de Saphir,
Et ses solides murs de pierres précieuses.
Là, les ames dévocieuses
Chanteront à jamais, en faveur d'Israël,
Des cantiques à l'Eternel.
Ce ne doit point être un miracle,
Il faut que le divin Oracle,
Qui prédit autrefois ce rétablissement,
S'acomplisse immancablement.
Mais hélas ! je n'y vois encor nule aparence,
Les enfans de Jacob aiment trop la licence :
Je ne puis seul du Ciel l'obtenir par mes vœux,
Mais je suis seur que mes neveux,
D'heureux rejettons de ma race,
Le verront un jour en ma place.

CHAPITRE XIV.

COnsentons librement, pour ménager le tems,
Que Tobit avoit soixante ans
Lors qu'il fit perte de la vûë,
Et que quatre ans après elle lui fut renduë :
Dès qu'il en eut ateint cent deux,
Il crut qu'il étoit hasardeux
De diférer un jour d'assembler sa famille,
Il fit venir sa femme, & son fils, & sa fille,
Avec

Avec ſes autres décendans.
Je ſens, leur dit il, mes enfans,
Que le fatal moment de mon départ aproche.
J'ai vécu cent deux ans, Dieu merci, ſans reproche,
Cheminez ſur mes pas, vivez en gens de bien,
Il vous en ira toûjours bien.
Et toi, pourſuivit il, tu ſais, mon fils Tobie,
Que j'abhorre le crime, & déteſte la vie
Des maudits habitans de ce funeſte lieu :
Nous ne ſaurions douter que Dieu
N'en procure bien-tôt la perte ;
Le Prophéte Jonas l'a dit à bouche ouverte ;
La crainte d'y périr m'a fait ſouvent pâlir ;
Ton devoir, mon enfant, eſt de m'enſévelir,
Et d'enterrer ta bonne mére.
Des que nous ſerons morts, tu n'as plus rien à faire
Dans ce lieu de perdition :
Pour n'être pas témoin de ſa deſtruction
Prens Ecbatane pour demeure,
Elle eſt plus libre, elle eſt meilleure,
Vous y ſerez en ſeureté,
Juſqu'au recouvrement de la ſainte Cité :
Alors nos décendans rebâtiront le Temple,
Mais plus magnifique & plus ample :
Pallas, la déeſſe des arts,
Y tirera de toutes parts,
Les nations les plus barbares,
Pour y conſidérer les Uſtenſiles rares,

Que

Que vulcain dans Lemnos, sur le haut d'un co-
Aura duites lui même à son pesant marteau. (teau,
Le Seigneur des Seigneurs y rendra ses oracles,
Les Prêtres tous les jours, y feront des miracles,
  Les Gentils s'en étonneront, (ront,
Les faux Dieux, qu'ils servoient, ils les méprise-
  Et rendront leur profonds hommages,
A celui, qui défend d'honorer les images.
Elevez vos enfans à la crainte de Dieu ;
  Je ne connois point de milieu,
Il faut tendre à la mort, ou buter à la vie :
Ils vous touchent de près, si vous avez envie
Qu'ils gagnent le séjour de l'immortalité,
  Formez les à la piété,
  De peur que Satan leur inspire
  Le moindre mépris pour l'Empire
  De l'unique Auteur du salut.
  Enfin, le bon homme conclut
Par un dernier adieu, qui les fit fondre en larmes
Et causa pour long-tems de plus rudes alarmes,
  Parmi les pauvres du quartier,
Que n'eut fait le déces d'un peuple tout entier.
Tobie profita des leçons de son pére,
Il enterra Tobit, & tôt après sa mére,
Abandonna Ninive, & son Prince cruel,
  Pour se rendre chez Raguel. (âge
Sa femme & lui, chargez du fardeau d'un grand
Lui laissèrent bien tôt un nouvel héritage.

Ij

Il les enſévelit fort honorablement,
  Et fut touché ſenſiblement
Des douleurs, qu'il ſentit d'une plaie ſi vive,
  Mais que la perte de Ninive,
Priſe par l'Empereur Nabucodonozor,
  Dont l'Hiſtoire ſubſiſte encor,
Guérit heureuſement, dautant que cette ville,
  Au bien proprement inutile,
  Avoit des enfans d'Iſraël,
  Fait un meurtre perpétuel,
  Et perſécuté l'innocence,
  Sans nuls remorts de conſience.
  Devant enfin auſſi mourir,
  Il fut obligé d'encourir,
Après un ſiécle entier, qu'il reſta fort tranquile,
  La peine cruelle & ſervile,
A quoi nous rend ſujet le premier des mortels,
  Malgré l'encens de nos autels,
Nos cris, nos hurlemens, nos ardentes prieres,
  Et nos aumones journaliéres,
  Suivant un arrêt prononcé,
  Qui ne ſauroit être caſſé.
Ses amis, à ſa mort, à regret aſſiſtérent,
La veuve & l'orfelin en public le pleurérent,
  On le coucha dans le cercueil,
Ses ſept fils, douze mois, en portérent le deuil.

L'HISTOIRE

De la belliqueuſe

JUDITH,

Fille de MERARI,

Native de Bétulie.

Mise en vers François.

Par

Mr. TYSSOT Sr. DE PATOT,

P. O. E. *Mathematique.*

CHAPITRE I.

Luton, qui régne ſur la Terre,
Comme Jéhova dans les cieux,
Eſt horriblement envieux

Des

Des graces, que nous fait le maître du Tonnerre,
Il va l'importuner jusque sur ses autels,
    Au préjudice des mortels,
De contes fabuleux, pour exciter son ire,
    Et rarement il se retire,
    Sans l'entiére permission
De pouvoir afliger toute une nation,
Empester l'air, les eaux, ou desoler la terre.
Il oblige les Rois à se faire la guerre,
Et les porte à former mille onéreux projets
    A la ruine des sujets.
En voulez-vous, Lecteur, un remarquable exemple,
    Compris dans un discours fort ample,
    Lisez l'Histoire de Judith;
Vous y verrez comment ce scélérat maudit
Faillit, par des détours aussi fins qu'illicites,
    A perdre les Israëlites.
    Arphaxat, Monarque puissant,
Tranquile Directeur d'un peuple florissant,
    Idolâtre de sa soutanne,
    Avoit fait bâtir Ecbatane,
    Superbe ville, s'il en fût,
    Je m'en raporte à qui le lût.
On prétend qu'elle avoit pour borne une muraille,
    Bâtie de pierres de taille,
    De plus de cent piez de hauteur,
Dix chariots de front, rouloient sur sa largeur.
    Ses

DE JUDITH.

Ses tours étoient au moins de quatre vingts cou-
dées,
Ses portes de cinquante, & toûjours bien gardées.
Les temples, les autels, les palais, les maisons,
Tout, jusqu'aux hopitaux, & mêmes aux prisons,
    Avoient une Magnificence,
    Où l'art égaloit la dépense :
On n'y voioit qu'azur, argent, diamans, or,
Capable d'éblouïr Nabucodonozor,
    Qui pour lors régnoit à Ninive.
    Ce Prince altier, d'humeur active,
    Jaloux du bonheur d'Arphaxat,
Et guidé par Pluton, avant qu'on y pensât,
    Fit une armée formidable,
Le surprend à Ragau, derriére un mont de sable,
    Où ce Prince s'étoit posté,
    Et l'aiant bien tarabusté,
    Fait prisonnier le pauvre Sire,
    Et s'aproprie son Empire,
    Sans qu'aucun autre Potentat,
D'un seul de ses soldats seulement l'assistât.

CHAPITRE II.

Nabucodonozor enflé d'une Victoire,
    Se met dans l'esprit que sa gloire

Demande, à grands cris redoublez,
Que sur ses ennemis, plus qu'à demi troublez,
Il venge le méprix, qu'ils ont faits de ses armes :
    Et pour avoir dans ses alarmes,
    Refusé de le secourir,
Quand mêmes de leurs yeux, ils le verroient perir.
Il convoque les grands, il apelle Holoferne,
    Je veux, lui dit il, qu'on me berne,
Si je ne fais danser ces petits Roitelets,
Et servir de laquais un jour à mes valets.
    Tu representes ma personne,
Je t'ai fait Général, l'apui de ma couronne,
    Prens soin de ses moindres festons :
Douze mille chevaux, cent vingt mille piétons,
Sufiront pour punir cette indigne canaille,
Mais dussé-je en venir à ma derniére maille,
Je la verrai passer avec bien du plaisir.
    Pour satisfaire à mon desir.   (ges,
Prens leurs villes d'assaut, brûle bourgs & vila-
De ceux, qui se rendront, exige des autages :
Aux rebelles au moins, ne donne aucun quartier,
Fais les écarteler, broier dans un mortier,
Afin que de leur sang la terre reste teinte,
Et que leur race immonde à jamais soit éteinte.
Holoferne à ces mots, assemble tous ses gens,
    Aussi braves, que diligens
    A suivre ses ordres barbares,
Et comme un fier lion, au milieu des fanfares,
                      Court

Court assaillir ses ennemis,
Qu'il ne découvre pas, qu'il ne lui soient soumis.
Il rase Phud & Lud, bad les Ismaëlites,
Des Rasses, dans un jour, il franchit les limites,
L'Euphrate ne l'arrête pas,
Pour gagner le Ponent, il traverse d'un pas,
La vaste Mésopotamie,
Sans seulement songer à la force ennemie.
Il n'est point de rampart, qui le puisse arrêter,
Et le plus puissant Roi ne peut lui résister.
On eut dit qu'il vouloit subjuguer l'Arabie :
Plusieurs Monarques de l'Asie,
Oiant ce Jupiter tonner,
Se virent sur le point de tout abandonner.

CHAPITRE III.

Les peuples les plus à portée,
Redoutant l'humeur emportée
De ce formidable guerrier,
Députerent d'entre eux, des gens pour le prier
D'user envers eux de clémence.
Dès que ces Envoiez furent à l'audience,
Où, pour le dire franchement,

Il les reçût civilement :
On sait, lui dirent ils, aux quarte coins du monde,
   Que ta valeur est sans seconde,
  Et nous n'ignorons pas encor
Qu'après le Roi des Cieux, Nabucodonozor
Est un Prince puissant, belliqueux, & sage,
A qui tout l'Univers rend un profond hommage:
   Nos Maîtres le savent aussi,
Ils implorent, Seigneur, ta grace & ta merci.
   Le païs, qui s'est dit le nôtre,
   Des maintenant devient le vôtre;
   Entrez y, quand il vous plaira :
Voulez vous des Soldats, on vous en fournira;
Munitions de bouche, aussi bien que de guerre,
L'abondante moisson d'une fertile terre,
Bétail, gros & menu, huile, vin & froment,
Vous pouvez disposer de tout également.
   Cela, repartit Holoferne,
Est fort satisfaisant, pour ce, qui me concerne,
Mais enfin, je dépens, comme vous le savez,
D'un Prince chatouilleux, que souvent vous bra-
   Je dois agir suivant son ordre,   (vez,
   Penser en vouloir rien démordre,
   Ce seroit enfreindre sa Loi,
Il ne manqueroit pas de s'en venger sur moi:
Nous verrons cependant ce, que nous pourrons
    faire;
Et s'étant avancé, comme à son ordinaire,
                Jusque

DE JUDITH.

    Jufque fur les bords de la mer,
Les peuples, qu'on avoit eu foin de defarmer,
S'envinrent l'affurer de leur obéïffance,
    Avec cris de réjouiffance :
Ainfi s'étant faifi des villes & des forts,
Sans que fon monde eut fait le moindre des éforts,
    Il mit Garnifon dans les places,
Capables d'opofer la force à fes menaces,
    Incommoda les habitans,
    Et fans perdre un moment de tems,
    Mit la coignée à leurs bocages,
Confacrez aux objets de leurs divins hommages,
Prétendant que l'on dût adorer en éfet,
Nabucodonozor, comme l'Etre parfait.
    Puis abandonnant la campagne,
Il vint camper au pié d'une haute montagne,
    A l'ambouchure du détroit,
    Qui conduit le paffant tout droit,
    D'Ifdraëlon jufqu'en Judée,
    Où, fon impitoiable Armée,
Que rien, de fa fureur, ne pouvoit garantir,
    Mit un mois à fe divertir.

TOM. I.   O   CHA-

CHAPITRE IV.

LE bruit des progrès d'Holoferne,
Epouvante Israël, l'aflige, le consterne;
Fraichement de retour de la captivité,
L'excellence du temple est une nouveauté,
Dont le charmant aspect le ravit en extase;
  Il n'en parle qu'avec emphase.
Solimme tellement ocupe son esprit,
Qu'il choisiroit la mort plutôt qu'on le reprit,
Et que les pauvres Juifs échapez du naufrage,
  Retournassent en esclavage.
Le pieux Joakim, grand sacrificateur,
  Comme un véritable Pasteur,
  S'intéresse pour ses oüailles,
Il enferme les bourgs de solides murailles,
Fortifie Belmen, Béthoron, Ezora;
  Il pourvoit de vivres Hoba,
Se saisit des détroits des montagnes cornuës,
  Et de toutes les avenuës
  Par où leurs cruels ennemis
  Pouvoient entrer dans leurs païs.
A ces moiens humains, ils joignent des priéres;
Hommes, femmes, enfans, serviteurs, chambriéres,

       Tout,

DE JUDITH.

Tout, d'un zéle enflamé, jeune dévotement,
Et suplie son Dieu de vouloir promtement
Décendre de son trône, armé de sa puissance,
  Et batailler pour leur défence.
  Leurs vœux parvinrent jusqu'à lui,
Il leur promit d'abord de leur servir d'apui.

CHAPITRE V.

Holoferne rempli du succès de ses armes,
 Est ravi de causer en tous lieux des alarmes,
Joakim, selon lui, mérite chatiment,
D'y vouloir aporter le moindre empéchement.
  Il trouve l'action hardie;
Cependant, pour ne rien tenter à l'étourdie,
Il apelle les Chefs des Peuples d'alentour.
Dites moi, leur dit il, mais sans aucun détour,
Ce que c'est proprement que des Israëlites,
  Leurs forces, leur culte, leurs Rites,
  Et tous ce, que je dois savoir,
Pour ne point m'écarter des régles du devoir,
  Et hazarder mes gens d'élite.
 Alors Achior, Amonite,
  Autant éloquent que guerrier,
  S'étant avancé le premier,

Dit,

Dit, cette Nation, ou bien, ou mal fondée,
Aiant, Sire, quité le païs de Caldée,
Où le peuple adoroit à des divinitez,
Sujettes, comme nous, à mille infirmitez,
  Et par conséquent méprifables,
S'alla réfugier, fous les foins adorables
   Du feul Monarque Souverain
   Qui fit tout de fa propre main,
Dans un riche Canton de Méfopotamie,
   Mais une famine, ennemie
Des mortels, nonobftant fon crédit & fes biens,
Lui fit tourner les yeux vers les Egiptiens.
Lors que ces pauvres gens pafférent en Egipte,
Jofeph, Fils de Jacob, homme d'un grand mé-
   rite,
Faifoit fous Pharao, tout ce qu'il defiroit,
   Mais enfin, comme il le paroit,
L'homme n'étant que trop fujet à l'inconftance,
Après avoir long-tems vécu dans l'abondance,
   Et joui de tous les plaifirs,
   Convenables à leurs defirs,
   Leurs patrons devinrent des diables,
Ils en furent traitez comme des miférables.
   Dans cette horrible afliction,
Le Dieu, qu'ils invoquoient, en eut compaffion.
   Pour les tirer de leur mifére,
Il afligea le Roi, cruel & téméraire,
Qui les tiranifoit impitoiablement,

D'in-

D'infenfibilité, d'orgueul, d'aveuglement.
  Il rendit fterile la terre,
Força les élémens à lui faire la guerre,
Traverfa hautement fes indignes projets,
Et de diférents maux, afliga fes fujets.
  Tant de plaies épouvantables,
  Portérent ces gens intraitables,
Egalement frapez de honte & de terreur,
A forcer les objets de leur noire fureur
  De vuider au plutôt l'Egipte.
  Ainfi la troupe Ifraëlite,
Chargée du butin, fait fur fes ennemis,
Marcha vers la mer rouge, où fon divin Commis,
  Moïfe, fage perfonnage,
Au travers de fes eaux, lui fraia le paffage,
Et ravageant par tout, fans aucune merci,
La conduifit enfin jufques en Sinaï.
  De forte que fous les aufpices
De celui, qui feul peut nous pardonner nos vices,
Ce Peuple bien heureux, vainquit l'Amorrhéen,
Batit les Phéréfiens, le fier Cananéen,
  Et défit en un mot, les Princes
  D'un nombre infini de Provinces,
  Dont il jouït paifiblement,
  Tant qu'il vécut dévotement.
Mais s'étant tôt après abîmé dans le crime,
Il fervit à fon tour, aux autres de victime.
  Le Païen, comme un fier démon,

Souilla du sage salomon,
Le riche & magnifique Temple.
Le ravage fut sans exemple :
On n'épargna, ni bourg, ni fameuse Cité,
Les pauvres Juifs menez loin en captivité,
Servirent de bêtes de sommes,
Aux plus cruels de tous les hommes ;
Et vrai-semblablement ils y seroient restez,
S'ils n'avoient pas mis fin à leurs iniquitez.
Mais témoignant à Dieu de l'horreur pour le vice,
A leurs cris redoublez, il a paru propice,
Il les a retirez de leur afliction,
Et remis en possession
Du temple, & de ses ustenciles,
De leurs Vilages, de leurs Villes,
Environnées de ramparts,
Et de monts escarpez, bien joints de toutes parts,
Où le Pas, le plus favorable,
Peut arrêter des mois, une armée innombrable.
Vous voiez bien, Seigneur, par ce, que je vous (dis,
Que les Soldats les plus hardis,
Tenteroient ici l'impossible. (ble
Tant que les Juifs auront leur Monarque invinci-
Devant leurs nombreux Escadrons,
En vain nous les ataquerons.
Ils mettront vos gens en déroute,
Et nous abîmeront, n'en faites point de doute.
Mais s'ils ont ofencé, ce que je ne sai pas,
Celui,

DE JUDITH.

Celui, qui doit guider leurs pas,
Leurs forces feront inutiles;
Vous pouvez faire fond que leurs meilleurs aziles,
Et leurs bataillons les plus forts,
Ne sauroient résister à vos moindres éforts.
C'est à vous maintenant à prendre vos mesures,
Et par les voies les plus sures,
Tacher d'aprendre, s'il vous plaît,
Ce, que dans le fond, il en est,
Car enfin, quoi que l'on en die,
Le cas est dangereux, c'est un coup de partie.

CHAPITRE VI.

La rélation d'Achior,
Où son esprit subtil s'étoit donné l'essor,
Donna la gêne aux Moabites.
Vouloir que les Israëlites,
Aussi fragiles qu'un fétu,
Dirent ils, soient doüez de force & de vertu,
C'est insulter toute la terre,
Puis qu'il n'est nation en guerre,
Plus lâche, & de moins de valeur:
A la vûë d'un glaive, ils changent de couleur,

Et nous voulons, grand Holoferne,
Que vôtre Roi, qui nous gouverne,
Nous punisse févérement,
Si deux des nôtres seulement,
Ne leur font faire volte face,
Et sans le moindre éfort ne leur donnent la chasse
Jusques au Pole boréal.
En éfet, dit ce Général,
Achior, ton extravagance
Choque mes amis, & m'ofence,
Sans un excès d'humanité,
Qui m'obséde aujourd'hui, tu serois maltraité.
Ces échapez d'Egipte en vain ont confiance
En un Dieu prétendu, qui marche en leur presen-
Nabucodonozor, ce formidable Roi, (ce,
Malgré lui, par mon bras, doit leur faire la loi.
Ce n'est point d'un discours frivole
Qu'on prétend t'éblouïr, je tiendrai ma parole,
Sors, je te le permets, va les joindre à grands pas,
Je veux qu'ils soient vaincus, témoins de ton tré-
pas,
Tu mourras avec eux, ou le ciel me confonde.
Et s'étant tourné vers son monde.
Allez, poursuivit il, mener ce criminel
Jusque dans Bétulie, aux enfans d'Israël.
Assurez les que dans peu d'heures,
Je ravagerai leurs demeures, (lieux,
Qu'un feu des plus ardens, brûlera leur saints

Et

Et qu'on égorgera les jeunes & les vieux,
Jufques à ce qu'enfin, la race en foit éteinte,
  Afin de donner de la crainte
  A ceux, qui refufent encor
D'accepter pour leur Roi, Nabucodonozor.
  D'abord un nombre de Gendarmes,
  S'étant munis de bonnes armes,
Menérent Achior jufques au pié des monts.
Mais les Bétuliens, fiers comme des démons,
Les voiant aprocher, fe mirent en campagne,
  Et du coupeau de la montagne,
Les auroient à l'inftant, de cailloux aterrez,
  S'ils ne fe fuffent retirez.
  Avant que de quiter la place,
Achior promtement fut lié de filace,
  Au folide tronc d'un buiffon.
Les Juifs, qui les croioient pris d'un mortel
  Voulant profiter de leur fuite, (friffon,
  Se mirent après, au plus vite:
  Mais aiant joint l'Ammonien,
Et coupé d'un revers, fon funefte lien,
  Ils le conduirent dans leur ville,
Où le Fils de Micha, Gouverneur très habile,
  En prefence des habitans,
Qu'il avoit convoquez, en un moment de tems,
  Voulut favoir du Capitaine,
Ce, qu'il avoit commis, pour mériter la haine
  Du Roi Nabucodonozor.

Il est vrai, lui dit Achior, (me:
Je suis Ammonien, mais au fond, honnête hom-
  Loin que pour une grosse somme,
  Je trahisse mes sentimens,
  Je ne connois point de tourmens,
  Que je n'endurasse sans peine,
Plutôt que de lâcher une parole vaine.
Holoferne, rempli de noire ambition,
Vouloit savoir à fond, d'où vôtre nation
  Avoit tiré son origine ;
  A quelle Majesté Divine
  Vous adressiez vos oraisons.
  Si vous aviez des liaisons
  Avec de redoutables Princes :
Si le bourgeois étoit riche, dans vos Provinces.
Si vous aviez bien soin de vous fortifier,
  Et si vous pouviez vous fier
  Aux généraux de vos Armées.
La dessus, ne voiant que des bouches fermées,
Des gens qu'un fier maintien avoit intimidez,
  Après les avoir regardez
  D'un œil, qui marquoit ma surprise,
  J'ai, sans plus user de remise,
  Exemt de toute passion,
  A chaque interrogation,
Répondu, mes amis, autant que ma mémoire
M'a permi de m'étendre, au sujet de l'histoire,
Passant légérement sur vos munitions,

         As-

DE JUDITH.

Armes, Soldats, Chateaux, fortifications,
J'ai sur tout insisté sur diférens Miracles,
  Prédits par vos Divins Oracles:
  Et j'ai conclu, sans hésiter,
Que tant que l'on verroit Israël persister
  Dans le culte de ses ancêtres;
   Que les Laïs, non plus que les Prêtres,
  N'encenseroient qu'au Roi des Cieux,
  Les plus forts de leurs envieux,
  En vain tacheront de lui nuire;
  Celui, qui l'a bien sçû conduire
Dans le riche païs, qu'il habite aujourd'hui,
Saura l'y conserver sans le secours d'autrui.
Holoferne, à ces mots, tout boufi de coléré,
  Par une troupe meurtriére,
  M'a fait conduire jusqu'ici,
  Avec serment, que sans merci,
Il viendra de sa main, par forme de vengeance,
  M'égorger en vôtre presence,
Et vous faire adorer Nabucodonozor.
  Assurément, brave Achior,
Dit alors Ozias, l'action est loüable,
Toute la Nation t'en sera redevable:
Et s'étant de concert, tous jettez à genoux;
Dieu, s'écriérent ils, aies pitié de nous.
Puis qu'en toi seul, Seigneur, nous prenons con-
  Arme toi, pour nôtre défence; (fiance,
  Tant que ta main nous gardera,

O 6   Point

Point d'ennemi mortel ne nous ofencera
  Sa force sera toûjours vaine.
  Puis aiant pris le Capitaine,
Et les plus distinguez de leur Gouvernement,
Il les acompagna dans son Apartement,
Où, de l'aveu public, il leur fit chére entiére.
Le reste de la nuit, chacun fut en priére,
Pour obtenir du ciel, leur unique recours,
  Un redoutable & promt secours.

CHAPITRE VII.

INcontinent après, Holoferne en furie,
  S'achemina vers Bétulie,
  Pleine de riches habitans,
Avec plus de deux fois cent mille combatans;
  Et s'étant saisi de la plaine,
  Ne laissa pas une fontaine
A la discrétion des pauvres assiégez,
Qui n'en furent pas peu dès l'abord afligez,
Craignant que la soif seule, au fond, insuportable,
  Sans penser au nombre innombrable
D'ennemis, qu'ils voioient prêts à les envahir,
  Ne les fit dans peu, tous périr.
En éfet ces Païens, Barbares, Moabites,
  Sachant que les Israëlites,
  Assis sur le haut d'un coteau,

N'avoient le plus souvent pas une goute d'eau,
> Ni dans pompe, ni dans citerne,
> Avoient de leur Chef Holoferne,
> Obtenu la permission
> De rester dans l'inaction,
> Et sans tendre aux Juifs aucun piége,
> Les afamer par un long siége.

Les pauvres gens ainsi bridez de tous côtez,
> En trente trois jours bien contez,
> Furent réduits à la misére.

Alors, Grands & Petits, transportez de coléra,
> De voir sur le point d'expirer

Leurs enfans faute d'eau, pour les desaltérer,
Taxérent hautement Ozias d'imprudence,
> De ce que, sans leur connoissance,
> Il exposoit, eux & leurs biens,

A la noire fureur des fiers Assiriens,
Pour n'avoir pas voulu peut être, les entendre,
Et comme les moins forts, doucement condécen-
> A quelque proposition, (dre
> Qui n'auroit à leur Nation,
> Pas été d'un grand préjudice :

Puis qu'il faut maintenant que la ville périsse,
Rends-la, lui dirent ils à ces fiers ennemis,
> Il vaut mieux leur être soumis,

Et que la liberté nous soit même ravie,
Que de voir nos enfans, de soif, perdre la vie.
Nous protestons autant que nous sommes ici,

Que si nous périssons ainsi,
Toi seul en es l'indigne cause,
Et que le Roi des Cieux, qu'en rime, comme en
    Nous Psalmodions avec art,   (prose,
    N'y peut avoir la moindre part.
Oui, grand Dieu d'Israël, se prosternant en terre,
    Dirent-ils, d'un ton de tonnerre,
    Puis que tu n'es que sainteté,
Et qu'il n'est rien en nous que pure iniquité,
    Nôtre mal vient moins d'Holoferne,
Que de nous proprement, & du Chef, qui gouver-
Au nom de nôtre Dieu, dit alors Ozias,   (ne.
    Fréres, ne vous alarmez pas ;
J'aprens que contre moi, le Peuple se récrie,
    Mais patience, je vous prie ;
Dieu sait que je ne fais rien qu'avec son concours,
    Je ne demande que cinq jours,
    Pour en convaincre tout le monde,
Par un œuvre du Ciel, qui n'eut point de seconde ;
    Ce Monarque n'est point menteur :
Comme il fut de tout tems, nôtre Libérateur,
    Et d'une complaisance extréme,
    Il le sera toûjours de même.
Vous savez qui je suis, mon nom est Ozias,
    Si le secours n'arrive pas
Au tems, que j'ai fixé, j'aprouve, sans remise,
La résolution, Messieurs, que l'on a prise,
    De se rendre à discrétion.

Gar-

Gardez cependant l'union,
Et que chacun retourne au plutôt à son poste,
De peur qu'Holoferne n'aposte
D'intrépides Soldats, qui nous aiant surpris,
Mettent de nos Bourgeois, plusieurs têtes à prix,
Jettent les autres dans les flammes,
Et du sang innocent des enfans & des femmes,
Fassent un rapide torent,
Qu'ils verront bouillonner d'un oeil indiférent.
Quoi qu'à quatre doigts de leur perte,
Ce discours proféré par la bouche diserte
D'un homme sage & bien apris,
Fit tant d'impression sur leurs foibles esprits,
Qu'espérant une bonne issuë,
Ils vuidérent d'abord la ruë,
Et chacun, selon son pouvoir,
S'alla ranger à son devoir.

CHAPITRE VIII.

CEpendant Bétulie avoit alors la gloire
De posséder Judith, d'éternelle mémoire,
Propre Fille de Mérari;
Laquelle avoit eu pour mari
Manassés, de son parentage;
Femme riche, dévote, sage,

Charmante par son air, par son teint, par sa voix,
Et veuve, tout au plus, depuis quarante mois.
Cette Dame acomplie, & par tout estimée,
 Quoi qu'incessamment renfermée,
 Dans un pavillon fait exprès,
 Où ceux, qui la voioient de près,
Savoient qu'elle jeunoit trois jours de la semaine,
 Et ceinte d'un gros sac de laine,
 Ne cessoit d'invoquer son Dieu:
Dans ce sombre manoir, ce solitaire lieu,
 Elle ne laissa pas d'aprendre
Le procédé du peuple, & ne pouvant compren-
 Qu'Ozias, Chabris, & Charmis,   (dre
Anciens de Bétulie, & fort de ses amis,
 Eussent par complaisance vile
 Promi de remettre la ville,
A ceux, qui sans raison, la vouloient conquérir,
 Les envoia vite quérir.
Je ne suis point, Messieurs, surprise, leur dit elle,
Qu'en certains cas pressans, le Bourgeois se re-
 Et maltraite ses supérieurs: (belle,
 Mais que de sages Gouverneurs
Mettent en compromis, par pure complaisance,
 Les Conseils de la Providence,
 C'est ce, qui surpasse les sens:
Ignorez vous, Anciens, quoi que forts & puissans,
Qu'il vous sied toûjours mal de lui prescrire un
 Il est vrai, sa parole est ferme, (terme?
Dans

Dans les adverſitez, il nous doit ſecourir,
  Il ne ſauroit nous voir périr;
  Mais il faut être téméraire
Pour en fixer le tems: on doit le laiſſer faire,
  Avoir à lui ſeul ſon recours,
Et ſans aucun murmure, atendre ſon ſecours.
Pendant l'obſcurité de la noire tempête,
Qui d'un deuil acablant, menace nôtre tête,
Nous avons, Dieu merci, la conſolation,
  Que nôtre auguſte Nation
  Ne ſert, ni les ſaints, ni les Anges,
  Ni n'a recours aux Dieux étranges:
L'objet de nôtre culte eſt un Dieu Souverain,
Qui de tout tems exiſte, & n'eſt point fait de main.
  Nos Péres ont eu l'imprudence.
  De marquer de l'obéïſſance
  A l'airain, à la pierre, au bois:
Dieu les en a punis, malgré lui, pluſieurs fois;
  Mais étant francs d'idolatrie,
  Nous devons pour nôtre Patrie,
De défendre nos murs, nous faire un point d'hon-
  Perſuadez que le Seigneur   (neur,
  Combatra pour nôtre défence:
J'admire, encore un coup, vôtre condécendance:
  Ses ſuites, qui me font frémir,
Altérent ma ſanté, je n'en pourrai dormir.
S'il n'étoit queſtion que d'une ſeule ville,
Mais nous le ſavons tous, il ſeroit inutile

D'en

D'en parler, la rédition
De ce lieu, je le dis, Messieurs, sans passion,
Intéresse en un mot, tous les Israëlites.
Nos fêtes à l'instant nous seront interdites;
   Nôtre sanctuaire polu,
Par le zéle indiscret d'un peuple dissolu,
   Sera l'azile des idoles.
   Il n'est secte entre les deux poles,
Qui nous voiant périr dans la captivité,
N'en impute la cause à nôtre lacheté.
Servons aux autres Juifs d'un généreux exemple,
   Hasardons pour nôtre saint temple,
   Et la vie, & la liberté:
C'est le plus court chemin à l'immortalité.
   Nous sommes à l'Etre des êtres,
Il nous veut éprouver, comme il fit nos Ancêtres:
Dieu fait souvent sentir sa verge à ses enfans,
Abraham & ses fils n'en furent pas exemts.
Ce discours proféré par ta charmante bouche,
Judith, dit Ozias, jusqu'à l'ame me touche;
   On ne sauroit disconvenir,
   Que le Dieu fort, pour réunir
Les vertus, aux humains échuës en partage,
N'ait fait dans ton grand cœur, le superbe assem-
   Je te donne par tout raison,   (blage.
Mais les expédients sont souvent de saison,
Tu dois me l'acorder; il est indubitable.
   Que la soif n'est pas suportable:

Ce

Ce peuple impatient, en étant tourmenté,
    M'a tellement persécuté,
Qu'à son fatal projet, il a falu souscrire,
    Et je ne saurois m'en dédire.
Le Ciel t'aiant donné du zéle & de la foi,
    C'est le seul moien, que je voi,
    Pour nous tirer de nos miséres,
Que tu pousses vers Dieu tes ardentes priéres :
Peut être qu'à tes cris, il ouvrira les yeux,
    Et nous envoiera des Cieux,
    Des eaux douces en abondance.
Je ne veux rien prescrire à la toute, puissance,
Interrompit Judith, elle a mille moiens,
    Pour conserver nos Citoiens :
    Mais je médite un stratagéme,
S'il est permi, Messieurs, de le dire moi même,
    Dont nos Neveux s'entretiendront,
Tant que sur leur pivot, les Astres tourneront.
Ne me demandez pas où se borne ma vûë,
Mon dessein est caché, vous en verrez l'issuë,
Avant que le moment, que vous avez fixé,
    Soit éfectivement passé.
Tenez vous seulement cette nuit à la porte,
    Par laquelle il faut que je sorte ;
Je ne veux avec moi qu'une fille d'honneur.
    Hé bien, lui dit le Gouverneur,
    Va-t-en en paix, Dieu te conduise,
Et qu'à jamais sur nous, sa Majesté reluise.

CHA-

CHAPITRE IX.

Judith, des yeux à peine, a perdu ses amis,
Que d'un cœur pénétré, brisé, droit & soumis,
    Elle adresse à Dieu sa priére,
Tu me vois, lui dit elle, ô Pére de Lumiére,
    Couchée à tes piez humblement,
    Pour t'avoüer ingénument,
    Que je suis couverte de crimes,
Dont le moindre en éfet, mérite les abîmes,
    Mais je t'en demande pardon,
Et te suplie, ô Dieu, de m'acorder le don
De tes divins conseils, pour l'auguste entreprise,
Qui remplit mon esprit, où toi même l'as mise,
    Et fais que l'exécution
En tourne un jour au bien de nôtre Nation.
Souviens toi maintenant des signalez Miracles,
    Que nonobstant divers obstacles,
    Tu fis autrefois, Eternel,
Pour ton Peuple choisi, les enfans d'Israel.
Comment tu les tiras d'une terre maudite,
Fis passer la mer rouge, en détruisant l'élite
    De leurs détestables tirans;
Repus du pain du ciel, & de mets diférens;
Dans de vastes deserts, des campagnes arides,

Et quoi que foibles & timides,
Comment, par ta direction,
Ils se sont vaillamment mis en possession
D'un païs découlant, & de miel, & de crême,
Où tu le conserves toi même.
Les barbares Assiriens,
Ennemis de nos corps, avides de nos biens,
Comme autant de lions avec la gueule ouverte,
Nous menacent de nôtre perte.
Ne permets pas, Seigneur, que tes pauvres enfans
Deviennent aujourd'hui la proie des méchans.
Au lieu que nous courons à toi, dans nos alar-
Ils se confient en leurs armes : (mes
Le nombre des Soldats, la vigueur des chevaux,
Habiles à courir, & par monts, & par vaux,
Leur donne de l'orgueil, augmente leur courage :
De l'univers entier ils ont fait le partage,
Ils veulent l'envahir, ils en viendront à bout,
Nabucodonozor doit régenter par tout.
Borne cette fougue & l'arrête,
Fais qu'une simple femmelette,
Une veuve afligée, un objet de mépris,
Traverse leur dessein, & qu'eux mêmes soient pris
Au mortel trébuchet, qu'ils ont osé nous tendre
Afin que l'on voie s'étendre,
De plus en plus, ta gloire, & l'auguste renom
Du peuple, qui t'adore, & respecte ton nom.

CHA-

CHAPITRE X.

Judith, après ces mots, passa dans une chambre,
    Où le musc, la civette & l'ambre,
    Rendoient une charmante odeur ;
On y voioit par tout, des marques de grandeur,
Des meubles précieux, des habits magnifiques,
Force diamans fins, perles Asiatiques,
Dans un grand cabinet, ouvrage du Pérou,
Que l'on avoit bien soin de fermer au verrou.
    Là, posant ses habits de veuve,
    Elle passe une robe neuve,
    Faite d'un excellent velours,
Et n'oublie pas un de ses riches atours.
Les oignemes exquis, les paremens de tête,
Tout ce que l'on peut mettre à la meilleure fête,
Carcans, bagues, joiaux, bracelets & rubans,
Doivent servir ici, pour enchanter les gens.
Ajoutons que la Dame, & vigoureuse & saine,
Avoit la taille grande, & le port d'une Reine,
    Un teint de roses & de lis,
Des doigts tournez au tour, des bras ronds &
    La bouche petite & vermeille,   (polis
    Le nez parallele à l'oreille,
L'un & l'autre taillez dans la perfection,

Une gorge à donner de l'admiration,
    Et l'on conviendra que Cibéle
Ne fit rien, que l'on put comparer avec elle.
    Dans cet Equipage pompeux,
Après avoir chargé, pour des jours deux fois deux,
De vivres sa suivante, aussi leste & jolie,
Elle prit le chemin des murs de Béthulie.
    Le Magistrat, qui l'atendoit ;
    Au vif éclat, qu'elle rendoit,
    Lui témoigna de la surprise,
Et la complimenta sur sa haute entreprise.
    Le Dieu de bénédiction,
Dit Ozias, pour tous, de son mont de Sion,
    T'acompagne, & te fortifie.
    C'est en lui seul, que je me fie,
Reprit Judith, adieu, Messieurs, sans compliment,
Le tems presse, je sors, & m'en vai promptement.
    A peine elle est hors de la porte, (te:
Qu'on diroit en éfet, qu'un doux Zéphir l'empor-
D'un œil fort diférent, chacun voit ce départ,
La crainte & l'espérance y prennent tous deux
    Aiant décendu la Montagne, (part.
Et traversé de même, une vaste Campagne,
Un Soldat avancé, l'arrête le premier,
Et les armes au poing, apèle un Oficier,
    D'où venez vous ma belle Dame,
    Lui dit ce guerrier, une femme,
D'un port Majestueux, & de si grand éclat,

A tort de s'expofer aux fureurs du Soldat ?
Je fuis, lui dit Judith, de race Ifraelite,
  Mais que par une prompte fuite,
Je viens d'abandonner aux rigueurs de fon fort
  Afin d'échaper à la mort.
Vôtre Chef belliqueux eft puiffant & terrible,
  Et quoi qu'il paroiffe impoffible
  Aux Hébreux, de lui réfifter,
  Ils veulent pourtant le tenter.
  Ils doivent faire une fortie,
Dans trois ou quatre jours, mais quoi que la partie
N'ait, fuivant mon calcul, aucune égalité,
On ne peut éviter, d'un & d'autre côté,
  De voir un horrible carnage.
Pour prévenir ce mal, je connois un paffage,
  Que je fuis prête d'indiquer,
  Et par où l'on ne peut manquer
  De les furprendre par derriére,
  Et hâter leur ruine entiére,
  Sans y perdre un feul de vos gens ;
  Mais il faut être diligens,
Dans l'exécution de ce deffein tragique,
Puis que, s'il fe découvre, ils nous feront la nique
  C'eft fort bien dit, je vous entens,
Répondit l'Oficier ; & fans perdre de tems,
Il fit venir un char de nouvelle ftructure ;
Voila, pourfuivit il, Madame, une voiture,
Et la troupe de gens, qui doit avoir l'honneur
        De

DE JUDITH.

De vous acompagner jufqu'à nôtre Seigneur.
  Etant fage, bien faite, belle,
  Et lui portant une nouvelle,
Qui doit fans contredit, lui faire du plaifir,
Il ne fauroit manquer, fuivant vôtre defir,
De paroitre à vos yeux, humble, civil, honnête,
  Et même de vous faire fête.

CHAPITRE XI.

EN éfet, auffi tôt qu'Holoferne eut apris
Sa venuë, il fortit, & demeura furpris
  De voir des femmes la merveille,
  Qui d'une grace nompareille,
  Ouvre la bouche librement,
  Pour lui faire fon compliment.
  Voici, Monfeigneur, ta fervante,
Qui fait vœu pour jamais, de t'être obéiffante,
  Dit elle, à ce grand Général,
Quoi que, fans t'ofencer, tu ne fois que Vaffal
  Du premier Prince de la Terre,
Nabucodonozor, rien ne t'égale en guerre.
  Déja ta réputation
A paffé du midi jufqu'au feptentrion.
  Enfin, je ne connois perfonne

Plus digne au fond, d'une Couronne;
Je t'en félicite Seigneur,
Et voudrois te pouvoir porter à cet honneur.
Certe, répondit Holoferne,
Ton compliment est doux, en ce, qui me concer- (ne:
Mais qu'est-ce, qui t'améne ici ?
Seigneur, reprit Judith, la crainte & le souci.
Tant que le peuple Hebreux observa ses maximes,
Célébra les Sabats, jeuna, païa les dimes,
Et reconnut son Dieu pour le Dieu Souverain,
Il ne craignit jamais, ni le fer, ni l'airain.
Achior te l'a dit en face,
Tu l'en as rudement repris, avec menace
De l'en punir un jour avec sévérité:
Cependant il t'a dit la pure vérité.
Mais aussi quand ce peuple, inconstant, témé-
raire,
S'abandonne au péché, ce Dieu si débonnaire,
Loin de le protéger, permet qu'il soit soumis,
Tôt ou tard, à ses ennemis.
Tu les as afamez, ils n'ont plus rien à boire,
Personne d'entre eux n'a mémoire
Qu'on se trouvât jamais en telle extrémité.
Se voiant en nécessité,
La résolution depuis hier, en est prise,
Ils doivent de concert, sans aucune remise,
User de certains alimens,
Défendus par la Loi, sous de grands chatimens.

Con-

Connoiſſant à ce prix, leur perte inévitable,
J'ai cru devoir quiter ce peuple abominable,
Et me réfugier ſous un Prince clément,
Qui d'un rapide cours, doit indiféremment,
   Soumettre les Rois & les Princes,
Etre le conquérant de leurs riches Provinces,
  Et mettre tout à l'interdit :
  Nos Oracles nous l'ont prédit.
  Et le Souverain que j'adore,
   Vient de m'en aſſurer encore,
   Par une révélation,
  Qui n'a point l'air de fixion.
Afin de concourir, ſuivant nôtre puiſſance,
   Aux décrets de la Providence,
Je reſterai de jour, chez toi, ſi tu le veux,
Et ſortirai de nuit, pour lui rendre mes vœux,
Tant que j'aprenne enfin, que ceux de Béthulie
Soient d'un commun acord, tombez dans la folie
   De tranſgreſſer leur ſainte Loi :
Alors nous reviendrons, mon Domeſtique & moi,
   Et t'en avertir, & t'aprendre
Un moien aſſuré de les aller ſurprendre,
   En nous ſervant d'un nouveau pas,
Par où ces malheureux ne nous atendent pas.
   Aſſurément, dit Holoferne,
   Vous méritez qu'on ſe proſterne
   A vos piez, pour vous adorer :
   Madame, je puis vous jurer

Que vous avez charmé mon ame :
Jamais mon œil ne vit de femme
Posséder à la fois, tant de perfections.
Comme vous secondez mes inclinations,
Vous pouvez demême être seure,
En quelque endroit que je demeure,
Que vôtre volonté me servira de loi,
Et que jusqu'à la mort, vous serez avec moi.

CHAPITRE XII.

CEpendant, poursuivit, ce galant Capitaine,
Vous aurez faim, prenez la peine
De vous rendre dans mon bufet,
Ce, que vous y ferez sera toûjours bien fait.
Hola hé, qu'on donne à Madame,
Tout ce, que desire son ame.
Seigneur, reprit Judith, on t'est fort obligé :
Quand depuis quatre jours je n'aurois rien mangé
Je ne pourrois te satisfaire ;
J'ai, pour me substanter, ce, qui m'est nécessaire ;
Tes mets sont excellens, il n'en faut point douter,
Mais la Loi me défend seulement d'en goûter.

Et

Et quand ce, qu'on a pris, dit il, pour le voiage,
Aura fini, comment en avoir davantage?
Je n'ai personne ici pour vous en préparer.
    Seigneur, j'oferois vous jurer,
Lui répondit Judith, qu'avant que ma corbeille
    Soit vuide, Dieu fera merveille;
Lui même doit remplir mes vûës promtement.
En suite, aiant passé dans un apartement,
    Aproprié pour sa demeure,
    Elle y dormit autour d'une heure,
    Et sans faire le moindre bruit,
Avec permission, en sortit à minuit,
    Pour faire à son Dieu sa priére,
Elle en usa trois jours de la même maniére,
    A bout desquels, le Général
S'avisa de donner un superbe régal
A ceux, qui le plus près, aprochoient sa personne,
    A dessein, comme on le soupçonne,
D'abuser de Judith, qu'il fit aussi prier,
    Par Bagoas, son Ecuier.
    Loin que cette femme pieuse
    Afectât d'être scrupuleuse,
    Dans une telle ocasion.
Révelons le secret de mon intention,
Je n'eusse jamais cru, dit elle, qu'Holoferne,
    Qui, dans les armes, se dicerne
    Des Héros de l'antiquité,
Eut eu tant de douceur, tant de civilité,

Pour une femme de ma forte :
Dites lui, Bagoas, que mon devoir me porte
A profiter toûjours de l'honneur, qu'il me fait,
Et que j'en veux ici profiter en éfet.
Et s'étant équipée en grande diligence,
  Elle parut en la prefence
Du Général, avec tant de nouveaux atraits,
Que le Fils de Vénus, de fes fenfibles traits,
Ne fit jamais dans cœur, un ravage femblable
A celui, que fentit cet amant vénérable.
  Comme il cherchoit l'ocafion
De marquer à Judith, fa tendre paffion,
Il lui fit un prefent de fa coupe d'ivoire,
  Et la pria fouvent d'y boire,
  Efpérant par cette liqueur,
  De la mettre de bonne humeur.
Judith de l'enivrer, avoit la même envie :
  Je ferois, dit elle, ravie
  De pouvoir, felon vos defirs,
  Contribuer à vos plaifirs ;
  Depuis le tems que je fuis née,
  Je n'ai point paffé de journée,
  Où j'aie reçû tant d'honneur ;
  J'en veux profiter, mon Seigneur,
  Et vuider avec toi bouteille.
Elle fit la deffus, aporter fa corbeille,
  Mangea de fes mets goulument,
  Et s'humecta gaillardement.
        Enfin,

DE JUDITH.

Enfin, tout bût, mais Holoferne
Avala ce jour là, tant de vin de Falerne,
Qu'il en perdit le jugement.

CHAPITRE XIII.

Etant tard, on sortit de son apartement,
Judith seule y resta ; la porte étant fermée,
Il ne faut pas douter qu'elle ne fût charmée
De trouver là, l'ocasion
D'assouvir, sans danger, sa sainte passion.
Holoferne ronfloit d'une horrible maniére,
De sorte qu'aiant fait une ardente priére,
Elle s'aprocha de son lit,
Et, sans apréhender les suites d'un délit,
Qui devoit éclater jusqu'aux bouts de la Terre,
Elle empoigna le cimeterre,
Dont il usoit dans les combats,
D'un formidable coup, lui mit la tête à bas,
Et la recommanda bien fort à sa suivante,
Qui la voiant toute sanglante,
La fourra dans le sac, qu'elle avoit aporté,
Où leurs livres avoient été.
La débauche qu'on avoit faite,
Semblant les assurer d'une heureuse retraite,
Elles sortirent hardiment,

Et marchérent hâtivement
Jufqu'aux murailles de la Ville;
Judith cria; d'adord un Oficier agile,
Et fit avertir le Confeil,
Qui vint, avec grand apareil,
Par tout acompagné d'une nombreufe efcorte,
Pour lui faire ouvrir une porte.
Alors Judith, à haute voix,
Dit, béniffez à cette fois,
Peuple du Souverain, vôtre Seigneur & Pére,
De ce que par mon bras, fa dextre vient de faire.
Holoferne, autrefois la terreur des humains,
N'exifte plus, voici fa tête entre mes mains,
Mon regard la deçû, mais loin de me féduire,
J'ai moi même trouvé moien de le détruire,
Et de jetter par là, ceux de fa Nation
Dans les noires horreurs d'une confufion,
Qui mettra fin à leur audace.
La deffus, chacun rendit grace
Au grand Dieu d'Ifraël. Pour l'Illuftre Judith,
L'éloquent Ozias, au nom de tous, lui dit;
O fille de Sion, ô Femme Ifraëlite,
Qu'à jamais vous foiez benite
Des fils du Souverain, qui viendront après nous,
Que d'un Zéle ardent, à genoux,
Ils exaltent la Providence,
De ce que maintenant, pour nôtre delivrance,
Elle a, fans rien vouloir remettre au lendemain.

Em-

Emploié de Judith, la belliqueuſe main;
Et le peuple en jettant des cris d'éjouïſſance,
Dit Amen.

CHAPITRE XIV.

C'Eſt bien fait, mais uſons de prudence,
Preuez, reprit Judith, parlant aux habitans,
Cette maudite tête, & ſans perdre de tems,
  Plantez la ſur vôtre muraille,
Puis ſortez ſur le jour, en ordre de bataille,
  Donnez l'alarme aux ennemis:
  Ceux d'entre eux, que l'on à commis
A la garde du camp, craignant quelque deſordre,
Courront au Général, pour recevoir ſon ordre,
Et le trouvant ſans poux, la fraieur les prendra,
Et Dieu, par vôtre main, les exterminera.
Mais avant néanmoins, que de rien entreprendre,
Aiez ſoin qu'Achior ici ſe vienne rendre;
Il eſt juſte qu'il ait la conſolation
De voir que la terreur de nôtre Nation
Ne peut à ſon bonheur, aporter plus d'obſtacle.
  Il s'y rendit, & ce ſpectacle
  Le ſurprit tellement d'abord,

Qu'il pensa lui donner la Mort.
Mais revenu de sa surprise,
Il se prosterna sans remise,
Devant Judith, criant, loüé soit l'Eternel.
Que ne te doit pas Israël,
Femme, digne à jamais, d'une heureuse mémoire:
Du salut de Judas tu remportes la gloire.
Mais de grace fais nous une rélation
Lui dit il, du succés de ta sainte action,
Car enfin, il ne fut jamais rien de semblable.
Elle le satisfit, & le nombre innombrable
De gens, qui l'écoutoient, furent aussi contens.
Je vous prens à témoins, reprit il, tout d'un tems,
Vrais élus de la Providence,
Que je renonce à ma croiance:
Après ce, que je viens de voir
Faire en vôtre faveur, il est de mon devoir
D'embrasser sans délais, le parti de vos Péres.
En suite on observa les conseils salutaires
De l'Illustre Judith, jusques au moindre mot.
On atacha sur un pivot,
La tête d'Holoferne, on se mit en campagne,
Un gros d'Enfans perdus décendit la montagne,
L'Assirien s'en étonna:
La dessus, dans son camp l'alarme se donna;
On court au Général, Bagoas en soupire,
Il le croit, vrai comme il respire,
Entre les bras charmans de la belle Judith,

Et

DE JUDITH.

Et ne prétend pas qu'il soit dit
Qu'un Ecuier fut assez bête,
Pour troubler une telle fête.
Mais voiant sans cesse augmenter
Le nombre d'Ajudans, qui ne font que pester
 Contre sa lenteur, il s'avance,
Il heurte, ouvre la porte, & demande audience;
 Personne ne lui répond mot;
 Enfin, jamais le pauvre sot,
Frapé comme des coups d'un foudroiant ton-
   nerre,
Ne fut plus démonté, de voir couché par terre,
 Sans tête, ce grand Général,
Au simple nom duquel, le plus fier animal
 Trembloit d'une crainte mortelle.
O ciel ! s'écrie-t-il, qu'est ceci ? sentinelle,
Viens vite, vois l'éfet de mon étonnement.
 Puis passant dans l'apartement
De Judith, c'en est fait, continuë l'Eunuque,
Arrachant des deux mains, le poil de sa perruque,
L'infame a disparu, c'est sa barbare main,
Qui vient d'exécuter ce projet inhumain.
 Fut il jamais d'acte semblable?
O! peuple criminel, nation exécrable,
N'en doutez nulement, Nabucodonozor,
 Dût il épuiser son trésor,
Se vengera sur vous, du meurtre de mon Maître.
Cependant il est seur, ce n'est point un peut être,

Depuis que le caos enfanta l'univers,
Jamais Roi ne reçût un semblable revers.

CHAPITRE XV.

LA vûë d'Holoferne, égorgé dans sa tente,
Les susprend, les abat, leur donne l'épou-
vante,
Pour sortir au plutôt de ces riches cantons,
  Ils fuient comme des moutons.
Les Hébreux non contens d'une telle retraite,
Poursuivent les fuiards, pour hâter leur défaite;
Ils en jonchent la terre, à coups de coutelas,
Et les ménent batans jusque près de Damas.
  Les habitans de Béthulie,
Laissant leurs aliez faire une boucherie
De leurs fiers ennemis, s'acharnent au butin,
Pendant un mois entier, le soir & le matin.
  Ces dépouilles les enrichirent;
  Leurs voisins après eux, s'y mirent,
  Et furent bien récompensez,
Par les nipes de ceux, qu'ils avoient terrassez.
Ceux de Jérusalem, après cette conquête,
Voulurent sans délais, avoir part à la fête,
Le pieux Joakim, grand Sacrificateur,
Lè Clergé, le Conseil, avec pompe & grandeur,

Acom-

Acompagnez des Chefs de chaque Confrérie,
    Furent de la cérémonie.
Ils loüérent Judith de sa belle action,
Et passérent des jours dans la dévotion.
    Pour marquer leur reconnoissance
    A l'auteur de leur delivrance,
    On conclut unanimement,
    De lui donner dans le moment,
La tente d'Holoferne avec l'argenterie,
    Le lit & la tapisserie,
L'or, dont il avoit eu le soin de se munir,
Et son bagage entier, sans en rien retenir.
    Ajoutons qu'à peine une femme
Resta dans Israël, qui ne vit cette Dame.
Et pour répondre mieux à l'obligation,
Qu'à son bras belliqueux, avoit la Nation,
Lors que de sa ruine, elle étoit toute prête,
    Elles lui mirent sur la tête,
    Une couronne d'olivier.
    La suivante, pour obvier
A de pareils honneurs, que l'on vouloit lui rendre,
    Obligea la Dame de prendre,
    Comme elle, un rameau dans la main,
    Et dancer jusqu'au lendemain,
    Devant ces honorables bandes,
Couvertes de festons, & de riches guirlandes.
    Les hommes, qui venoient après, (près,
L'épée au poing, chantoient des himnes fais ex-

Au Maître Souverain du Ciel & de la Terre,
Qui leur donnoit la paix au milieu de la guerre.

CHAPITRE XVI.

Judith, de son côté, haussant sa belle voix,
Venez à moi, dit elle, & tambours & haut-bois;
  Peuple élu, chantez un cantique,
  Sur vos instrumens de Musique,
  A la loüange du grand Dieu,
Qui nous veut à jamais conserver en ce lieu.
Avoüons de concert, que ce Pére Céleste
Vient de nous arracher de la gueule funeste
D'un dragon enflamé, dont le dessein cruel,
Etoit d'anéantir la maison d'Israël.
  Assur, ce Monstre détestable,
  Avec une armée innombrable,
Avoit comme innondé nos fertiles valons,
D'un million entier de dangereux frélons.
  Ces exécrables Boanerges
  Menaceoient d'enlever nos Vierges,
De tüer nos Anciens, égorger les enfans,
Et chargez de nos biens, retourner triomphans,
  Dans leur infernal réceptacle;
  Mais le Seigneur, par un miracle,
  A nul miracle inférieur,

Les

Les a navrez en fa fureur,
En la personne d'un infame,
Par les finesses d'une femme.
Judith, par un motif de pure charité,
Connoissant la lubricité
D'Holoferne, élevé dans le libertinage,
A posé pour un jour, l'habit de son veuf âge,
Et pris de riches vêtemens,
Couverts d'or & d'argent, garnis de diamans.
L'odeur de ses parfums, l'éclat de son visage,
Son port, son air, son beau langage,
Joint à ce superbe apareil,
Comme la belle Aurore, au lever du soleil,
Ont enchanté cette ame, aux crimes asservie,
Mais d'un enchantement, qui lui coute la vie.
Judith l'a mis dans le cercueil,
Les Médes en portent le deuil,
Et les Perses en pleurs, en ont pris l'épouvante.
Pendant que le Païen gemit & se tourmente,
L'air ferain retentit de joie en Israël,
Et Sion rend en paix, ses veux à l'Eternel.
Il est vrai que nos gens d'élite,
A ces lions mordans, ont fait prendre la fuite,
Mais c'est, ô Roi des Rois, par ta direction :
C'est un signe certain de ton afection,
Soutenuë de ta puissance,
Qui mérite à jamais nôtre reconnoissance.
Tu n'es que foudre & flamme à l'égard des mé-
chans,
Mais

Mais ta bonté pour tes enfans,
 Eſt une ſource intariſſable.
Bref, ce peuple doüé d'un zéle inexprimable,
 Inimitable en piété,
Parvint, tout en chantant, dans la ſainte Cité.
Alors vous euſſiez vû faire des ſacrifices,
 D'agneaux, de boucs & de geniſſes,
 Par milions aſſurément :
Jamais Jacob n'agit plus généreuſement.
 Les Grands & les Petits, par bandes,
 A l'envi, faiſoient des ofrandes
 De leurs biens les plus précieux :
Judith, pour renchérir ſur ces hommes pieux,
 Ofrit à Dieu, de bon courage,
La tente d'Holoferne, & ſon riche bagage.
 Trois jours après, préciſément,
 Elle reprit, tout doucement,
 Avec la même Compagnie,
Le chemin le plus court, du Temple à Béthulie.
Bien loin de profiter de cette ocaſion,
Et tirer vanité de ſa noble action,
 Elle reprit l'habit de veuve,
Et de ſa ſainteté donna nouvelles preuves.
Cependant il eſt ſeur, tant qu'elle reſpira,
Qu'avec empreſſement un chacun l'honora,
Et que bien des Seigneurs, de tout rang, de tout
 La requirent en Mariage ; (âge,
 Mais ſe bornant à Manaſſés,
         Elle

DE JUDITH.

Elle crut qu'un Epoux lui devoit être assez.
  Avant que de quiter la vie,
  Sa suivante fut afranchie ;
Elle distribua ses biens à ses parens ;
Enfin, elle rendit l'esprit à cent cinq ans,
  Laissant dans le deuil & la crainte,
  D'Israël la Nation sainte,
A laquelle pourtant, long-tems après sa mort,
  Aucun ne fit le moindre tort.

L'HISTOIRE

De la chaste & vertueuse

SUSANNE,

Mise en vers François.

Par

Mr. TYSSOT Sr. DE PATOT,

P. O. E. M.

CHAPITRE I.

Il n'est rien de plus détestable
Qu'un pecheur endurci, qui se
    sentant coupable,
Sait couvrir sa Méchanceté
Du Manteau de la piété.
Sous ce masque trompeur, il déçoit la prudence,
Abuse la sagesse, oprime l'innocence,

Et

Et commet plus de mal, un Rosaire à la main,
Qu'un brigand, dans un bois, de son glaive inhu-
main.
Le Monarque des Cieux voit son fard, je l'avoüe,
  Il sait assez quand on le joüe,
Mais comme il est souvent assez lent à benir,
Il ne peut qu'à regret, se résoudre à punir.
  Il a ses raisons & ses vûës,
  Qui rarement nous sont connuës :
Mais enfin, qu'il benisse, ou ne benisse pas,
Qu'il punisse en la vie, ou punisse au trépas,
  En soi, le mal est haïssable,
  Et la vertu toûjours aimable.
Joakin, prudent, sage & très homme de bien,
Quoi que sujet aux loix d'un Babilonien,
  Etoit dans la même pensée ;
  N'aiant point l'ame intéressée,
Il préfera Susanne, Unique d'Helcia,
Qu'aux Mistéres d'Amour, l'Himen initia,
  Chez ce célébre personnage,
Aux plus riches partis d'un nombreux parentage.
Il est vrai qu'elle avoit beaucoup de Majesté,
Le port grand, le teint frais, & que nule beauté
  Ne l'égaloit dans la Province ;
  C'étoit un Bijou pour le Prince,
Au cas qu'elle eut été de sa religion :
Sur tout, on l'admiroit, pour sa dévotion.
  Joakin savoit que sa Mére,
        Adroi-

Adroite, vertueufe, & bonne ménagére,
N'avoit rien épargné pour la bien élever.
En éfet on eut eu de la peine à trouver
Une Fille de Juif, qui fçût mieux la mufique;
Orphée, à fon égard, n'étoit qu'une bourique,
  Elle jouoit des inftrumens,
A quoi joignant la voix, & d'autre agrémens;
  Compagnons de la fimphonie,
On n'entendit jamais de plus douce harmonie.
Ses geftes, fon langage, égaloient fa candeur;
  Elle brodoit comme un brodeur,
Coufoit, piquoit, brochoit & filoit à merveille:
Ce, qui charme les yeux, & chatouille l'oreille,
Métiers, Siences, Arts, Fils de l'invention,
Elle avoit tout apris dans la perfection.
Elle favoit la Loi, Moïfe, les Prophétes,
Obfervoit avec foin les Sabats & les fêtes;
Mais ce, qui raviffoit en admiration,
C'eft qu'elle faifoit tout fans oftantation.
  Son Epoux, homme affez commode,
  Avoit fait bâtir, à la mode,
Une belle maifon, ornée d'un Jardin,
Qui n'auroit pas manqué de charmer Commandin
Tant fes proportions étoient bien obfervées;
Point de couches de fleurs, avec foin cultivées,
Où l'on ne vit aux bouts, un vafe de criftal,
  Apliqué fur un pié-d'eftal,
  De la plus fine porcelaine.

La

La rose, le muguet, le tim, la marjolaine,
Et ce qu'en un mot, Flore a de plus précieux,
Embaumoit ce séjour, rare, & délicieux.
  Deux ruisseaux, se croisant au centre,
   Après avoir rempli le ventre.
De huit Dauphins dorez, poussoient par leurs na-
Un flux impétueux de leurs fluides eaux, (seaux,
Qui d'un rapide cours, par bonds, & par casca-
  Alloient passer sous quatre arcades, (des
A balustres d'airain, d'où, sur tout le matin,
On voioit badiner sur leur fond argentin,
De fretillans poissons, de toutes les espéces.
A ces rares objets, ajoutons les caresses,
Que le Maître faisoit à ceux, qui l'alloient voir,
Et je ne pense pas qu'on puisse concevoir
  D'endroit, sur la Machine ronde,
  Où l'on dût voir plus de beau monde.
Sempronius le grave, & l'obligeant Caius,
  N'étoit pas des moins assidus
A rendre leurs devoirs à cet Israëlite:
Comme Juges du peuple, ils en étoient l'élite:
Leur âge, outre cela, les faisoit respecter,
  Et l'on venoit les consulter
  Chez Joakin, où l'on s'assemble,
Au moindre démélé, qu'on peut avoir ensemble.
  A midi, la foule sortoit,
Et Susanne à l'instant au Jardin se rendoit,
Où sous l'éclat pompeux d'un habit de parade,
Elle prenoit plaisir seule à la promenade. Nos

Nos deux viellards chenus la voiant chaque jour,
    Dans cet agréable séjour,
    Etaler ce, que la nature
A de plus précieux, chacun d'eux en murmure,
    Ils avoüent que Joakin,
    Bien loin d'être un sot, un faquin,
    Est un homme de conséquence,
Mais ils ne voient pas pourquoi la Providence
L'a plutôt que l'un d'eux, honoré d'un tresor,
Qui vaut mieux que des monts du plus précieux
Leur esprit criminel, sans songer à la peine, (or.
    Se donne jour & nuit, la géne,
A chercher un moien, bien ou mal concerté,
    Pour joüir de cette Beauté,
    Sans se faire part du Mistére,
Car au fond, l'un & l'autre, étant d'un caractére
    A devoir conserver leur réputation,
    Et n'aiant point fait d'action,
    Dont ils dussent rendre aucun conte,
    Ils seroient plutôt morts de honte,
    Que de s'expliquer sur un fait,
Qui les eut décriez, & perdus en éfet.
Cependant leur dessein étant en tout le même,
Et voulant emploier un même stratagéme,
    Allons, se dirent-ils, un jour,
    Quoi que ce ravissant séjour,
En beauté mille fois, sur les nôtres excelle,
Il faut l'abandonner, la cloche nous apelle :
    Mais après s'être dit adieu,   Ils

Ils restérent confus, lors qu'en un même lieu,
Ils virent tôt après, qu'ils venoient en cachette,
A l'ombre d'un buisson, emploïer la lunette,
Pour tacher de s'unir, par des regards lacifs,
A l'adorable objet, qui les rendoit pensifs.
  Cette rencontre inopinée,
Faillit à les priver, pour plus d'une journée,
  Et de la parole & des sens :
Mais s'étant reconnus, il est vrai, j'y consens,
  Dit Caius, je me sens coupable,
  Et si vous étes équitable,
  Vous m'avourez ingénument,
Que nous sommes frapez d'un même aveugle-
  Que serviroit-il de le taire,   (ment.
Reprit sempronius, la chose est assez claire,
Sans doute, nous butons, l'un & l'aute à Suson;
C'est une amour, qui n'a, ni rime, ni raison,
Et dont l'âge & l'honneur nous forcent de nous
   taire,
Cependant après tout, il nous faut satisfaire;
L'ingénieux auteur des tendres passions,
  Est fertile en inventions,
  Après nous avoir mis en tête,
Le consumant desir de faire une conquête,
  Il saura si bien régler tout,
Que, tôt ou tard, mon cher, nous en viendrons
En éfet, ne cessant de faire sentinelle, (à bout.
  Ils virent un jour que la Belle

En-

Entroit dans son Jardin, sous de nouveaux atraits,
Pour s'y baigner à l'ombre, & badiner au frais.
Elle aimoit la senteur des corps aromatiques,
  N'aiant pris que deux Domestiques,
Elle leur ordonna de fermer en dedans,
Les portes de l'Enclos, & sans perdre de tems,
  Courir lui prendre dans sa chambre,
  De l'huile de Jasmin & d'Ambre,
Du savon parfumé, diférens oignemens,
  Et quelques rafraichissemens.
A peine la servante avec la chambriére,
  Furent sorties par derriére,
Que les deux vieux ribauds parurent sur les bancs.
  Quoi que le fardeau de nos ans
  Soit en horreur à la jeunesse,
Suson, lui dirent ils, l'amour & la tendresse,
Que nous avons pour toi, suplée à ce défaut :
Oui, nous te chérissons, & sommes s'il le faut,
Prêts, pour te le prouver, d'abréger nôtre vie,
  Si, pour contenter nôtre envie,
Tu veux bien aujourd'hui, t'abandonner à nous:
  Nous t'en suplions à genoux.
Ne nous éconduis pas, adorable Princesse,
Le feu, qui nous consume, & le mal, qui nous presse
  Ne demandent point de délais :
  Si tu veux nos bagues, prens les,
Voici deux bourses d'or, grosses comme la tête;
Jouis avec plaisir, d'une telle conquête,
       Mais

Mais réciproquement, acorde nous un bien,
Qui nous doit rendre heureux, sans qu'on en sache rien.
Avec de jeunes gens, vôtre sexe a beau faire,
Des graces, qu'on leur fait, ils ne sauroient se taire;
Avec nous, ton honneur ne court aucun danger,
Nôtre interêt le veut, il faut nous ménager.
Assurement, Messieurs, leur repliqua la Dame,
Ce discours suborneur, me perce jusqu'à l'ame,
    Je n'eusse point cru que Sion,
    Nourrissoit, pour sa perdition,
    De tels Monstres dans ses entrailles,
    Et que Jacob eut des oüailles,
    Parmi son célebre troupeau,
Qui n'en ont simplement que la trompeuse peau.
Des Magistrats, ô Ciel ! deux hommes vénérables,
Aux yeux de l'Univers, ennemis inplacables
    Du vice & de l'impiété,
Tendre un sinistre piége à ma pudicité;
Eloignez vous de moi, malheureux, impudiques,
    Ou j'apelle mes Domestiques,
    Qui vous alant roüez de coups,
    Vous traineront à mon Epoux,
Et ne manqueront pas de vous faire connoître.
Suson, reprirent ils, tu nous fais bien paroître,
    Par tes innocentes raisons,

Que tu méprifes deux grifons,
Qui ne manquent d'efprit, de moiens, ni d'adreffe,
Pour te pouffer à bout, penfe-z-y, le tems preffe,
Ne nous oblige pas à te jouër un tour,
Qui nous afligeroit, & feroit fans retour.
Connoiffant nôtre caractére,
Ignores-tu qu'aiant entamé cette afaire,
Nous ne pouvons pas reculer ?
Veux-tu nous forcer de parler ?
De dire hautement que nous t'avons furprife,
Avec un jeune homme, en chemife,
Qui jouïffoit de tes faveurs ?
Tu connois de nos loix, la force & les rigueurs,
Perfonne ne pourra t'exemter du fuplice.
Il eft vrai, fource de malice,
Dit Sufanne, d'un air, qui marquoit fon courroux,
Qu'il ne tient maintenant qu'a vous
De me faire mourir, mais la mort temporelle
N'eft rien, au prix de l'éternelle.
En me donnant à vous, je flétris mon honneur,
Je trahis Joakin, j'ofence le Seigneur:
Ces crimes font irrémiffibles.
Puis que vous reftez inflexibles,
J'aime mieux tomber en vos mains,
Et fervir de victime à de fiers inhumains,
Certaine de mon innocence,
Que de fouiller mon lit, charger ma confience,
Et provoquer contre Ifraël,

La

DE SUSANNE.

La colére de l'Eternel.

La dessus cette chaste & vertueuse femme,
  Voulant d'une réponse infame,
  Tout d'un coup, arréter le cours,
  Se mit à crier au secours.
  Eux, pour donner aussi l'alarme,
  Firent un terrible vacarme,
Et coururent ouvrir les huis par tout fermez,
  A ce bruit des valets armez,
  Acourent avec diligence,
Mais voiant deux Anciens, amateurs de sience
  Gens d'autorité, de respect,
Dont le comportement ne peut être suspect,
  Acuser Susanne d'un crime,
Qui méritoit la mort, on eut dit que l'abîme
  S'entrouvroit pour les engloutir :
Jamais étonnement ne se fit mieux sentir.
  Un pilier de Jérosolime,
Que le peuple exaltoit, en prose comme en rime,
  Que tout Israël estimoit,
  Et que bien souvent on nommoit,
  Comme un modéle de sagesse,
  A la pétulante jeunesse,
  Avoir en plein jour, sur son lit,
  Eté prise en flagrand délit :
D'un côté, rien ne peut être moins vrai-semblable,
  De l'autre, le fait est palpable,
  Ce, qu'en avoient dit les témoins,

Q 2   Doit

Doit être aussi vrai, pour le moins,
Que les réponses de l'Oracle :
Ainsi l'on trouvoit de l'obstacle,
Lors qu'on en vouloit décider.
Le lendemain matin, que l'on devoit plaider
Chez Joakin, à l'ordinaire,
Sempronius, l'atrabilaire,
Et Caius l'imposteur, s'y trouvérent aussi.
Chacun sait, dirent ils, que nous sommes ici,
Pour administrer la justice,
Récompenser le bien, & réprimer le vice.
Nous ne pouvons pas tout savoir,
Mais dans des faits connus, c'est bien nôtre devoir
De tenir la balance égale,
Punir ceux, que l'on croit de naissance Roiale,
Comme le moindre roturier.
Sur ce pié, peuple saint, sans en rien, varier,
Qu'on amène en nôtre presence,
La Fille d'Helcia, pour ouïr sa sentence :
Elle passe ses jours dans un déréglement,
Qui mérite un promt chatiment.
La prétenduë criminelle,
A cet ordre parut, elle avoit avec elle,
Son pére, ses enfans, sa mére, ses parens,
Qui par des gestes diférens,
Donnoient d'un deuil profond, de si sensibles
   Que les inexorables Parques (marques,
Ne causérent jamais de si vives douleurs,
          Qu'à

Qu'à ce triste spectacle, on vit couler de pleurs.
 Celle, dont on tramoit la perte,
Devoit, suivant la Loi, comparoître couverte,
Ses infames bourreaux, charmez de sa beauté,
Pour satisfaire encore à leur lubricité,
Chargérent un Huissier de lui prendre son voile:
Ils ne pouvoient soufrir que la brillante étoile,
Qui nonobstant leur haine, est l'objet de leurs
  vœux,
Restât en leur presence, éclipsée à leurs yeux.
Alors ses scélérats, tenant sur la victime,
Leurs criminelles mains; Citoiens de Solime,
Peuple élu, dirent-ils, de grace, écoutez nous,
 Il n'en est pas un entre vous,
Qui ne sache que Dieu, pour l'homme s'intéresse;
Souvent il a pitié d'une ame pécheresse,
Ailleurs, il la chatie avec sévérité;
Il condanne, il absoud, selon sa volonté:
 Nous ne saurions faire de même,
 Sans enfreindre sa Loi supréme:
L'article est positif, il faut qu'en Israël,
L'adultére périsse, ou le Pére Eternel,
 Tôt ou tard, en tire vengeance,
Ou sur le criminel, qui commet cette ofence,
 Ou sur toute la Nation.
Craignant Dieu, l'honorant avec afection,
Nous sommes obligez d'acuser cette femme,
De ce crime maudit, épouvantable, infame,

Qui procure au coupable une honteuse mort.
   Hier, nous promenant sur le bord
D'un ruisseau poissonneux, qui traverse un bocage,
Où l'ombre, que rendoit un verdoiant feuillage,
Pour profiter du frais, nous avoit arrêtez :
   Là, regardant de tous côtez,
   Nous aperçûmes cette Juifve,
   Dans une posture Lacive,
   Entre les bras d'un grand garçon,
Qui nous sembloit de loin, avoir bonne façon.
   Nous nous flations de les surprendre,
Mais nous voiant venir, on ne sauroit compren-
   Avec quelle rapidité,   (dre.
   Le galant craintif s'est porté
   Jusqu'à la premiére barriére, (triére
Où grimpant comme un chat, que la main meur-
D'un fier chasseur menace, il s'élança dans l'air,
   Et disparut comme un éclair.
   Nous avons voulu savoir d'elle, (velle,
Comment il s'apelloit, mais non, point de nou-
Müette comme un thon, sur ce vilain sujet,
   Elle a craint que ce cher objet
   De son amour, de sa tendresse,
Et pour lequel son cœur fortement s'intéresse,
   Au moindre mot, qu'elle eut lâché,
N'eut été découvert, convaincu de péché,
   Et puni selon ses mérites.
   Voila, dirent ces hipocrites,
         Mes-

Messieurs, de mot à mot, comme tout s'est passé:
Le Juge Souverain, le plus intéressé,
  Dans un fait de cette nature,
  Connoit à fond nôtre droiture,
Nous sommes, il le sait, de fidéles témoins;
Si de nôtre candeur on doute néanmoins,
  Qu'on examine la coupable,
  Quoi que le cas soit reniable,
  Qu'elle a commis devant nos yeux,
Elle n'a pas l'esprit assez pernicieux,
  Pour nous soutenir le contraire.
La réputation, l'âge, le caractere,
Firent sur les Anciens de cette nation,
  Une si forte impression,
Que bien loin de delais, de graces d'amnesties,
  Sans confronter les deux parties,
Ni savoir qui devoit ou pouvoit avoir tort,
Elle fut à l'instant condannée à la mort.
  Alors tenant toûjours la vûë,
  Vers les cieux, fortement tenduë,
D'où cette chaste femme atendoit du secours,
  C'est à toi, que j'ai mon recours,
S'écria-t-elle, ô Dieu du Ciel & de la Terre,
Devant qui les humains, plus fragiles qu'un verre,
  Ne sont qu'ordure & vanité :
Toi, dont l'œil pénétrant, de toute éternité,
  Voit nos plus secrétes pensées;
Qui tiens un conte exact de nos fautes passées,

Tu sais que je n'ai point commis
Ce, que m'ont imposé mes cruels ennemis;
J'apelle de leur fole & barbare Sentence,
Au juste Tribunal de ta divine Essence,
  Ce n'est point faire abstraction
  De Cour, ou Juridiction,
  Je ne puis en être reprise;
Si tu le veux, je meurs, sans marquer de surprise,
Mais fais voir que je meurs, au moins, innocem-
  Dieu, qui continuellement,   (ment.
  Du haut de son Palais auguste,
  Veille pour la garde du juste,
Sensible à ses soupirs, touché de ses regrets,
Exauça sa prière, & comme ils étoient prêts
  De l'immoler à leur vengeance,
  Daniel, que la Providence
  Avoit sucité pour cela;
Fend la presse, s'avance, & mettant le hola:
  Fréres, dit il, à gorge ouverte,
  Vous allez procurer la perte
  De cette Illustre nation,
  Par cette maudite action. (ne,
La raison nous l'enseigne, & la Loi vous l'ordon-
  Vous ne devez juger personne,
Qu'après, chacun à part, avoir deux fois au moins,
  Bien examiné les témoins.
Caius & son ami vous trompent par leur âge,
  Leur gravité, leur beau langage,
         Tout

Tout cela n'a qu'un vain dehors,
Qui, jusqu'ici, les tient hors de prise de corps,
Mais dont le faux brillant va maintenant paroître.
Si vous voulez, Messieurs, aprendre à les connoî-
      Vous mêmes reconduisez-les   (tre,
      Jusqu'à la sale du Palais,
Et je vous ferai voir que ces gens vénérables,
      Sont deux hommes abominables,
Qui, cent fois en leur vie, ont mérité la mort.
Le Prophéte étoit vif, son discours étoit fort,
      On l'écoutoit avec surprise,
      Plusieurs trouvoient que l'entreprise
      Passoit les bornes de beaucoup;
Mais comme il insistoit, le peuple tout d'un coup,
      Curieux d'en savoir l'issuë,
Retourne où l'assemblée avoit été tenuë.
Alors les Magistrats dirent à Daniel,
Puis qu'il paroit ici que le Dieu d'Israël
T'a choisi pour vuider une afaire épineuse,
      Qui paroissoit si peu douteuse,
      Qu'après ce que deux Citoïens,
Deux Docteurs de la Loi, deux célébres Anciens,
Déclaroient par serment, sous une rude peine,
D'en savoir de sience évidente & certaine,
      Sans ta prompte intervention,
Nous en serions venus à l'éxécution.
Prens place auprès de nous dans cette conjonc-
      Et nous explique la Nature   (ture,

Q 5

De cet événément, rare & miſtérieux.
A ces mots, Daniel, d'un ton impérieux,
Ordonna que tandis que l'un de ces Compéres
  Reſteroit à l'écart, les Fréres.
Lui fiſſent amener l'autre chargé de fers.
Hé bien, ſerpent ancien, vieux tiſon des enfers,
  Hipocrite, ſonge-malice,
Lui dit il, qui foulant à tes piez, la juſtice,
  Exerçois ton eſprit malin
A ruiner la veuve, & fouler l'orfelin,
Sans penſer qu'à tes maux, ſuccéderoit la peine,
  Aujourd'hui ta méſure eſt pleine,
  Elle verſe de tous côtez ;
Le Ciel va mettre fin à tes iniquitez,
  En trenchant le fil de ta vie :
  Avant qu'elle te fut ravie,
Tu voulois immoler une femme d'honneur
A ton reſſentiment, le Ciel, pour ſon bonheur,
  Veut que j'examine la choſe :
  Voions maintenant ſi ta cauſe
  Eſt fondée ſur l'équité.
  Pour couvrir ta méchanceté
D'un prétexte aparent, qui te va rendre infame,
  Tu veux que cette même Dame
  Soit digne de punition,
  Pour une impudique action,
  Où tu l'as toi même ſurpriſe ;
  Dis nous, où a-t-elle commiſe ?

Sous

Sous un fertile cérifier,
Répondit le viellard. Ton infernal gofier,
 Après ce menfonge exécrable,
N'en doit, dit Daniel, plus vomir de femblable;
Tu mourras aujourd'hui, par l'infame cordeau.
 D'un impitoiable bourreau,
Qui t'acompagnera dans ta lugubre Hiftoire,
Faites, pourfuivit il, fortir cette ame noire,
 Et m'amenez fon compagnon.
 Voions, infernal Lumignon
 D'une chandelle diabolique,
 Ce que ta langue fatirique,
Répondra pour hâter ta condannation,
 A mon interrogation?
 Depuis ta plus tendre jeûneffe,
 Satan admire ton adreffe
 A cultiver l'impiété;
Tu fus toûjours ami de l'impudicité.
 Pour peu qu'une innocente fille
Te parût bien tournée, agréable, gentille,
Tu n'as guére manqué, par de riches prefens,
Par des vers amoureux, touchans, tendres, plai-
 Ou par menace, ou par promeffe, (fans,
 D'en faire enfin une Maîtreffe.
La Fille d'Helcia, belle comme le jour,
T'a demême, à ton âge, infpiré de l'Amour,
Quoi qu'aux loix de l'Himen, elle fut affervie,
Tu l'as, pour la corrompre, ardemment pour-
 fuivie,

Il n'est moien humain, que tu n'aies tenté:
 Par tout, elle t'a rétisté.
Un procédé si dur t'afflige, te desole,
Tu jures de la perdre, il faut tenir parole,
Elle voit un Garçon fort familiérement,
 Et le traite amicalement.
 Mais où les as-tu vûs ensemble? (tremble?
Est-ce à l'ombre d'un frêne, ou d'un pin, ou d'un
Non, je les ai surpris, dit il, sous un prunier
C'est fort bien répondu, l'on ne peut le nier,
 Reprit nôtre saint personnage:
On t'aprendroit, menteur, à devenir plus sage,
Mais vieux, & scélérat, tu ne le vaudrois pas,
 Il vaut mieux hâter ton trépas.
Cependant, s'il te reste encor quelque espérance
 D'obtenir de la Providence,
Le pardon de ce crime, & de tes vieux péchez,
Vers son trône Roial tiens les yeux atachez,
 Implore sa miséricorde;
Ce qu'on demande à Dieu d'un cœur droit, il l'a-
 Les véritables repentans (corde,
 S'en aprochent toûjours à tems: (dre
Ce n'est que malgré lui, qu'il songe à les confon-
Le criminel, confus, ne savoit que répondre:
 Il n'occupoit plus son cerveau,
Qu'à tracer des gibets, dépeindre le bourreau,
Et l'horreur de la mort, à son ame troublée.
 L'Illustre & nombreuse assemblée

        Ad-

Admira Daniel, loüa ses beaux talens,
 Et témoigna, par ses élans,
Toûjours acompagnez de cris d'éjouïssance,
Qu'elle donnoit les mains à sa juste sentence.
Loüé soit, dirent ils, le grand Dieu d'Israël;
 D'un consentement mutuel :
Rendons lui maintenant nos actions de graces,
De ce que, par ses soins, & ses dons éficaces,
Le méchant est puni, le juste protégé,
Et que son pauvre peuple, en ces lieux outragé,
Ne laisse pas de voir qu'il en a souvenance,
Et qu'il veut l'honorer par tout de sa presence.
 Sur tout, le bon homme Helcia
Lui fit des vœux nouveaux, & le remercia
 De ce que sa Fille Susanne
Avoit visiblement, par son Divin organe,
Le sage Daniel, évité de périr.
Sa femme, & Joakin, faillirent à mourir
D'une joie, en éfet, qui n'eut point de pareille.
Enfin, leurs chers enfans, de Jacob la merveille,
Firent, & de leur voix, & de leurs instrumens,
 Par de justes remercimens,
Retentir les rochers, les plus inébranlables,
 Et s'étant saisis des coupables,
Qui portoient sur leur front, l'image de la mort,
Pour répondre aux rigueurs de leur malheureux
 Ils furent conduis sans remise, (sort,
Dans un champ, où selon les statuts de Moïse,

Ils subirent le chatiment,
Qu'ils avoient imposé malicieusement,
A la plus chaste femme, & vertueuse Juifve,
    Que l'Ecriture nous décrive.
Les chatimens sur l'homme, ont beaucoup de
    Mais on ne sauroit concevoir   (pouvoir,
L'éfet que celui-ci fit dans toute l'Asie ;
La Nation des Juifs sembloit être saisie
D'horreur, au moindre mal, qu'on faisoit à ses
    yeux :   (mieux
Les Grands & les Petits vivoient, à qui mieux,
Et s'excitoient au bien, par de pieux exemples ;
Depuis un siécle au moins, les autels & les Tem-
    N'avoient été plus fréquentez,   (ples,
Les Païens en étoient eux mêmes, enchantez.
Pour porter Jupiter à leur être propice ;
Avec beaucoup de soin, ils s'abstenoient du vice,
La charité régnoit, l'amour pour le prochain,
La Justice & la Paix se tenoient par la main,
    Et jamais le Dieu du tonnerre
N'avoit vû jusqu'alors, le Ciel avec la Terre,
    Dans une si belle union,
Et mériter si fort sa bénédiction.

L'HISTOIRE
de l'Idole

BEL, & du DRAGON,

Mise en vers François.

Par

Mr. S. TYSSOT. Sr. DE PATOT,

P. O. E. M.

A Stiages, nous dit l'Histoire,
N'eut, ni le plaisir, ni la gloire,
D'être chéri de ses sujets:
Ses sinistres desseins, ses injustes projets,
N'avoient souvent pour but qu'une fole dépense:
Ne pouvant subvenir à sa magnificence,
  A remplir ses sales desirs,
  Et se donner les vains plaisirs,
  Dont il se faisoit une étude,

Il se rongeoit d'inquiétude.
Son sang, de fluide & vermeil,
Devient épais & noir, & lui cause un sommeil
Acompagné d'horribles songes,
Qui, quoi qu'ils ne soient que mensonges,
Donnent la gêne à son esprit,
Entre autres, celui ci, tellement le surprit,
Qu'il en pensa perdre la vie.
S'étant un soir couché, baigné de malvoisie,
Il lui sembla naïvement
Voir sortir assez brusquement,
Du ventre de sa fille, un sep à grand feuillage,
Capable de mettre à l'ombrage,
Les bien heureux climats, où se forme le jour.
Ce Prince, à son réveil, fit venir à sa Cour,
Des Mages, des devins, d'habiles Astrologues,
Qui, bien ou mal fondez, mais également rogues,
Soutinrent que ce sep seroit
Un fils de son beau fils, qui le détrôneroit.
Tôt après, Cirus prit naissance;
Astiages craintif, & dans la défiance,
Fait exposer cet innocent:
Mais le ciel plus benin, qui rarement consent
A des faits de cette nature,
Prend soin de cette créature,
Et malgré la fureur d'un père déloial,
Le fait enfin monter sur le trône Roial.
Ce jeune Prince, plus traitable,

Avoit

Avoit de la douceur, il étoit charitable,
Il s'atiroit l'amour des hommes & des Dieux,
  Par des actes religieux.
  Daniel, célébre Prophéte,
Trouvoit chez ce bon Roi, la table toûjours prête,
Un Ecléfiastique y pouvoit trinquer frais,
  Et s'arondir à peu de frais.
  La piété de ce Monarque,
Au dire de l'Auteur, plus grave que Plutarque,
  Prévaloit néanmoins à son humanité,
  Il adoroit les Dieux, avec humilité,
Et n'auroit pas soufert qu'on leur eût fait insulte.
  Entre les objets de son culte,
Bel, Idole glouton, à gros ventre afamé,
Etoit dans Babilone, un Dieu fort renommé;
Les génuflexions, les parfums, la priére,
Peu propres en éfet, à se donner carriére,
N'étant pas de son goût, ne l'acommodoient pas,
  Il étoit amateur des solides repas.
  Autant délicat que vorace,
  Il faisoit fort laide grimace,
Si l'on ne lui donnoit tous les jours sans man-
  Quarante moutons à croquer, (quer
  Quinse sacs de fleur de farine,
  Vingt gros pâtez à croute fine,
  Deux foudres de vin de schiras,
  Et grand nombre d'etcéteras.
Ses délices étoient le manger & le boire.
         Cirus

Cirus étoit charmé d'une telle avaloire,
Il en entretenoit Daniel chaque jour.
Croit-on, lui disoit-il, me bien faire sa cour,
  De s'éloigner de ma maxime?
  Parce qu'en prose, comme en rime,
  J'exalte par dessus les Cieux,
  Un Dieu, que je voi de mes yeux,
  L'ennemi juré de Bellone,
  Le Protecteur de Babilone,
  Modéré dans ses actions,
  Et Maître de ses passions,
  Qui chérit le jus de la tonne,
Vit bien avec Cérés, ne fait mal à personne,
Et n'a, je le puis dire, avec sincerité,
  Nule mauvaise qualité.
Tu révéres, dis-tu, le Maître du tonnerre,
Un Dieu, qui selon toi, fit le Ciel & la terre,
Mais selon moi, plutôt, un vent une vapeur,
Qui, pour te parler net, est un masque trompeur.
  Car enfin, la Machine ronde,
L'univers tout entier, le Ciel, la Terre l'Onde,
  Furent de toute éternité,
Toûjours indépendans d'une divinité,
  Qui n'éxiste que dans l'idée,
  D'une ame basse, intimidée,
Mais dont les esprits forts ont droit de se moquer.
Grand Roi, dit Daniel, je pourrois rétorquer
  Cet argument contre vous même,

       Et

Et prouver que l'Etre suprême,
N'est point un être de raison ;
Mais soufrez, pour user d'une comparaison,
Que je dise qu'ainsi que bien des femmelettes
Nous soutiennent que les commettes
Causent les grands événémens :
Un fait, dont on dévroit acuser des gourmands,
Vous l'assignez à Bel, qui n'en est point capable,
Oui, Sire vôtre Dieu se fait couvrir la table,
Mais c'est pour y traiter les Prêtres, ses supots :
Eux nétoient les plats, eux seuls vuident les pots.
Immobile comme une souche,
Bel se trouve au repas, & jamais il n'y touche.
Le Roi, surpris de ce discours,
Fut cent fois sur le point d'en arrêter le cours,
Par un promt chatiment, conforme à sa colére,
Mais voulant s'éclaircir sur ce rare mistére,
Il envoia querir les Sacrificateurs ;
On vous acuse ici d'être des imposteurs,
Qu'un milion de fois je meure,
Si vous ne me montrez, leur dit-il, à cette heure,
Que c'est éfectivement Bel,
Qui consume les mets, qu'on porte à son autel,
Vous mourrez d'une mòrt cruelle ;
Au lieu que si la chose est telle,
Que vous la soutenez devant tous les humains,
Daniel, c'en est fait, périra de mes mains :
Il faut qu'à l'un ou l'autre, il en coute la tête,
Amen.

Amen, répondit le Prophéte :
Quoi que ces Cafarts, en éfet,
Soient septante, de conte fait,
Leur témoignage, en une somme,
Ne sauroit égaler celui d'un honnête homme.
Leur imposture paroîtra,
Et le Dieu fort triomphera
De leur infâme hipocrisie.
Bien loin que cette punaisie
Dût s'alarmer à ce propos,
Ils paroissoient fort en repos,
Et parlérent au Roi, sans témoigner leur crainte.
Sire, lui dirent-ils, la Religion Sainte,
Qui Domine dans tes Etats,
Doit malgré le venin d'un tas
D'incrédules pervers, subsister d'âge en âge.
Les Juifs en sont boufis de rage,
Et voudroient, religieux Roi,
Nous décrier auprès de toi,
Mais ils n'en seront pas capables :
Leurs calomnies détestables,
Vont se découvrir à tes yeux.
On acuse l'un de nos Dieux,
De stupidité, d'impuissance,
On en fait une Idole, à qui donna naissance
La main d'un artiste ouvrier,
Un Dieu qui ne se fait bouger, ni remûer,
Dont l'oreille n'entend, ni l'œil rien ne dicerne,

Qui

Qui fait peu fi le peuple à fes piez fe profterne;
  Lequel ne fauroit faire un pas,
Ni humer que du vent, à fes meilleurs repas;
Nous allons aujourd'hui vous prouver le con-
   Faites, Sire, à vôtre ordinaire,   (traire,
   Mettre au temple la portion,
Qu'exige le Dieu Bel, pour fa colation,
    Commandez que chacun en forte,
    Vous même fermez en la porte,
    Et de vôtre propre cachet,
    Sellez haut & bas le guichet.
    Si demain, avant que l'Aurore
    Ait vû le blond Phœbus éclore,
   Les émaux de nos chams fleuris,
De la chair, du poiffon, du pain, du vin, du ris,
    Il fe trouve aucune relique,
    Nous voulons fans nule replique,
    Soufrir également la mort;
    Mais fi le faux prophéte à tort,
Nous vous prions, Seigneur, d'exercer la juftice,
Et lui faire foufrir un rigoureux fuplice.
    Pour contenter les deux partis,
Auffi tôt que le Roi vit les premiers fortis,
    Il fit mettre devant l'idole,
    Jufqu'à la valeur d'une obole,
De vivres précieux, fa jufte portion.
Daniel, qui favoit, par révélation;
   Comment les Ecléfiaftiques

         En-

Entroient dans le faint lieu, par des chemins obli-
    Obfcurs, cachez & fouterrains,   (ques,
    Pour exécuter leurs deffeins,
    Fit femer quantité de fable
    Autour de la fuperbe table,
Où, comme on le difoit, Bel prenoit fes repas;
    Puis aiant fermé haut & bas,
    La troupe fonna la retraite.
Les Prêtres cependant fongeant à leur défaite,
    Moins qu'a courir participer
Au plaifir, que devoit leur caufer le fouper,
Dont le Dieu, tout couvert de fleurs & de guir-
    landes,
Les vouloit régaler, & leurs nombreufes bandes,
    Atendoient l'heure du départ.
Le tems étant venu, chacun montra fon art,
    A bien remüer la machoire:
    Sans ceffe, ils s'excitoient à boire
A la fanté du Roi, qui païoit leur écot,
Et qu'ils fe promettoient de mener comme un fot.
    A peine font ils hors du temple,
Que Cirus ôcupé des tourmens fans exemple,
Qu'il doit faire foufrir au pieux Daniel,
    Pour avoir dégorgé fon fiel
Contre le Dieu, qu'il craint, qu'il aime, qu'il ré-
    Aperçoit poindre la Lumiére,   (vére,
Le defir de punir l'auteur d'un tel délit
    Le fait fauter à bas du lit,

                    Et

Et s'étant fait d'abord amener le Prophéte ;
Allons voir, lui dit il, aux dépens de ta tête ;
Si Bel a cette nuit, été sans apétit ;
Nous le saurons bien tôt, le trajet est petit.
Vois-tu les seaux entiers, tout n'est il pas dans
 l'ordre ?
Se découvre il rien, sur quoi tu puisse mordre ?
Tout est au même état, que nous l'avons laissé,
Qu'on ouvre, O juste Ciel ! je l'avois bien pensé :
Non, il n'a pas laissé dequoi paître une mouche.
Qu'en dis-tu ? te voila müet comme une souche,
N'avoüeras-tu pas enfin, que dans les Cieux,
 Il n'est rien d'égal à mes Dieux ?
Et que s'il est permi de juger de leur gloire,
Par ce, que chacun d'eux peut, & manger & boire,
Il n'en est en éfet, & n'en fut point de tel,
Que le fort, le puissant, le redoutable Bel.
Sire, dit Daniel, auquel la simple vûë
 Avoit découvert la bévûë,
Je demande pardon à vôtre Majesté,
Mais vous me paroissez un peu précipité,
 A nous décider une afaire,
 Qui n'est pas tout à fait si claire,
Que vous croiez, Seigneur, devoir l'imaginer ;
Il est vrai que bien loin de pouvoir déjeuner
De ce qu'un Dieu d'airain, que vous traitez d'O-
 Auroit dû laisser, sans miracle, (racle,
Du souper, qu'on lui fit hier, sur la fin du jour,
 On

On a tout dévoré ; mais voiez vous le tour ?
  Jettez un peu les yeux à terre.
Qu'eſt-ceci, dit Cirus ? ô Maître du tonnerre,
  Soufre-tu de tels impoſteurs ?
Voila les piez marquez, des indignes Acteurs
  De cette horrible comédie ;
Il le faut avoüer, l'action eſt hardie.
  Hola ho, pourſuivit le Roi,
Que l'on m'améne ici les Prêtres de la Loi,
  Avec leurs enfans & leurs femmes.
  Hé bien, hipocrites infames,
C'eſt ainſi, leur dit il, que vous en impoſez
Au crédule public, & que vous abuſez
  Des droits, que vous donne l'Egliſe ;
La réſolution maintenant en eſt priſe,
  Vous périrez également.
Avant que d'exercer ce juſte chatiment :
Montrez nous à l'inſtant ce funeſte paſſage,
  Qui facilite un brigandage,
  Couvert avec ſubtilité,
  Du manteau de la piété.
Comment, là, dans ce coin, vous avez une porte,
Par où vient vôtre indigne & nombreuſe Cohorte ?
  Et là, ſous ce banc, un réduit,
  Dont la ſortie vous conduit
  Juſque dans les noirs réceptacles,
  Où ſe rendent vos faux Oracles ?
Sans aucun contredit, pour inventer le mal,

L'homme est un cauteleux, & maudit animal :
Et s'étant expliqué sur le nouveau suplice,
　　　Très conforme à leur maléfice,
　　　Il remit le temple de Bel
Au pouvoir absolu du pieux Daniel,
Qui d'abord les réduit, l'un & l'autre en fumée.
　　　Outre cette idole afamée,
Il avoient un dragon, d'une horrible grandeur,
　　　Que ce Monarque, avec ardeur,
　　　Et d'un Zéle extraordinaire,
　　　Adoroit, comme le vulgaire.
　　　En causant de ce monstre hideux,
　　　Dont il étoit fort hasardeux,
　　　D'aprocher de deux pas la tête ;
　　　Hé bien, regardant le Prophéte,
　　　Que diras-tu de ce Dieu ci,
Lui dit-il, voudras-tu nous soutenir aussi
　　　Qu'il est fait de bois, ou de pierre ?
Il mange, tu le vois, court, s'élance de terre
　　　Jusqu'à la hauteur du plancher :
Etant de chair & d'os, que chacun peut toucher,
Douteras-tu qu'il vive, & faudra-t-il encore
Te prouver qu'il est bon que mon peuple l'adore
Et que tu ne saurois mieux te faire estimer,
　　　Qu'en me témoignant de l'aimer,
Et d'avoir en ce Dieu la même confiance,
Que les Fils de Jacob ont en la Providence ?
　　　Qui n'est qu'un Dieu, qu'on ne voit pas,

Tom. L.　　　　　R　　　　　Qui

Qui ne sauroit bouger un pas,
Du trône, où le vulgaire, à tort se le figure,
Un Dieu, pour trencher net, purement en peinture ?
Je n'ai point d'autre Dieu, repliqua Daniel,
    Que le Protecteur d'Israël,
Qui donne de tout tems, des Loix à la Nature,
Au lieu que vôtre Dieu n'est qu'une créature,
    Et que, sans arme & sans éfort
Je pourrois à l'instant aisément mettre à mort.
Tu te vantes d'un fait, dont tu n'es pas capable,
    Ce Dragon est épouvantable,
Dit Cirus, son regard sufit pour t'abîmer,
    Et tu voudrois l'exterminer,
Sans mentir, Daniel, tu te rends ridicule.
Tu n'as qu'à l'aprocher, tu verras s'il recule,
Ne le ménage point, frape-le hardiment,
S'il en meurt, tu seras exemt de chatiment,
    Des-à present, je te fais grace.
    Mais si pour punir ton audace,
De ses mortelles dents, il hâte ton trépas,
Je te le dis tout net, on ne te plaindra pas :
Tu n'auras simplement que ce, que tu mérites.
Sire, repartit il, nous en verrons les suites.
    Et prenant quatre onces de poix,
    Pour ne le pas faire à deux fois,
Une livre de lard, cent dragmes de farine,
    Et du poil d'une vielle fouine,

Il en fit des gateaux, que le fier animal
Eut à peine avalez, qu'il s'en trouva si mal.
    Que la mort termina sa gloire.
Daniel cependant, trop fier de sa victoire,
    S'aplaudissoit du bon succès.
Les Babiloniens, emportez à l'excès,
    En penférent crever de rage.
Nôtre Roi, dirent-ils soufrir un tel outrage?
    Il faut qu'il soit devenu Juif;
On n'en sauroit douter, le fait est positif;
    Il a détruit Bel & ses Prêtres,
Le Dragon, redoutable au plus puissans des êtres,
    A malheureusement péri
Sous les barbares mains de son fier favori:
Nous serions criminels, si d'une telle ofence,
Aux yeux de l'univers, nous ne tirions vengeance:
Et la dessus, s'étant transportez au Palais,
    Sire, nous voulons, sans délais,
Dirent ils à Cirus, redoutable Monarque,
Que pour donner au monde une sensible marque
    D'un très juste ressentiment,
Tu nous mettes en main le maudit instrument,
    L'unique auteur de nos desastres,
    Ou le plus éclatant des Astres
    Ne t'éclairera plus demain.
Le Prince, qui craignoit un revers inhumain,
Leur aiant malgré lui, presenté le Prophéte,
L'un d'entre eux s'avança pour lui fendre la tête,

Mais d'autres trouvant à propos
De lui faire foufrir les douleurs qu'atropos
  Deftine aux objets de fa haine,
Furent l'abandonner à la rage inhumaine
  De fept grands lions afamez,
  Que le Roi tenoit renfermez,
Entre les animaux de fa Ménagerie,
Aufquels, des corps humains, jettez à la voirie,
On en expofoit deux à leur difcrétion,
Avec deux moutons gras, c'étoit leur portion
Pour le jour & la nuit, vingt quatre heures en-
   tiéres.
Mais afin de porter ces bêtes carnaciéres
  A devorer l'homme de bien,
Pendant fix jours complets, on ne leur donna rien.
  Loin que leur faim nuife au Prophéte,
  Ces fiers animaux lui font fête,
Le jeune feul l'abat, & faute d'aliment,
  Il va paffer dans le moment.
Cependant Jupiter, qui jamais ne fommeille,
Aux cris de Daniel, enfin prête l'oreille,
Il apelle Habacuc, Prophéte d'Ifraël,
Va vite, lui dit il, fecourir Daniel,
  Tes Moiffonneurs peuvent atendre,
Tu leur as fait bouillir un mouton gras & tendre,
La foupe eft toute prête, elle a bien mitonné,
Depuis fix jours entiers il n'a point déjeuné;
  Le bon homme eft en Babilone,

Dans une fosse afreuse, où le Fils de Bellone,
Cirus, mais malgré lui, l'a fait précipiter,
Pour apaiser des gens prêts à se révolter.
Grand Dieu, je ne connois ces lieux que par la
        carte,
Répondit Habacuc, pour peu que je mécarte,
Dans le chemin lassant, épineux, incertain,
Qui conduit de Judée en ce païs lointain,
Je pourrai visiter, & l'un & l'autre pole,
Avant que de pouvoir découvrir Babilone;
Dans ce tems Daniel sera mort mille fois.
J'avoüe, dit Jupin, qu'il te faudroit des mois,
        Pour faire à pié, ce long voiage,
Mais tien, vois-tu, de loing, venir ce gros nüage?
        C'est le char, qui t'y portera.
        Au moment qu'il t'aprochera,
        Entres-y, chargé de tes vivres;
Pesassiez vous ensemble un milion de livres,
Avant que le soleil ait plongé dans les eaux,
Tu verras Daniel avec ses lionceaux.
En éfet, pour partir, la voiture étant prête,
        A peine Habacuc le Prophéte
Se fut fourré dedans, qu'un vent impétueux
        L'enleva jusqu'au haut des cieux,
        Et le rendit en moins d'une heure,
Au trou, que Daniel avoit pour sa demeure.
        Se doutant bien qu'il étoit là.
        Hola ho, Daniel, hola,

Se mit il à crier, tien, voila les viandes,
Que l'Ange du Seigneur acorde à tes demandes;
  Pren-les, mange-ſ-en largement,
Et ſois reconnoiſſant, à cet événément.
A ces cris redoublez, Daniel le Prophéte,
  Léve avec ſurpriſe la tête,
  Et cherche des expreſſions,
Pour mieux marquer au Dieu des bénédictions,
  Sa ſenſible reconnoiſſance.
O Maître des humains, qui m'as donné naiſſance,
Dit il, comment répondre aux biens, que tu me
  Chaque jour, je ſens des éfets (fais?
De ton Amour Divin, prévenant & ſincére.
  Je n'ai pas fini ma priére,
  Que déja tu m'as exaucé.
  Maintenant, que je ſuis preſſé
De la faim que me cauſe une longue abſtinence,
Tu m'envoies, Seigneur, des biens en abondance:
  Ton ſaint nom en ſoit exalté,
Et tout d'un tems, après un Bénédicité,
  Il ſe jetta ſur la pitance,
  Et ſe remplit ſi bien la pance,
Qu'il auroit aiſément pû jeuner tout un jour.
Cependant Habacuc, auquel ce beau ſéjour,
N'avoit rien, dont au fond, ſon ame fut charmée,
Deſiroit ardemment de revoir la Judée.
  L'Ange, qui l'avoit aporté,
  Le voiant tout déconcerté,
         Lui

ET DU DRAGON.

Lui donna de nouveau, pour voiture, une nuë,
Et lui fit recevoir chez lui, sa bien venuë
  Avant qu'on eut pû conter dix.
Le Roi, fort inquiet, croiant en paradis,
Le séjour des Hébreux, dont un Païen se gausse,
Son ami Daniel, se rendit à la fosse,
  Sept jours après le chatiment,
  Pour l'y pleurer amérement.
  Mais aiant avancé la tête,
Pour regarder dedans, la vûë du Prophéte
  L'étonna si terriblement,
Que de joie, il pensa mourir dans le moment.
  Ne pouvant douter du Miracle,
  Sans aller consulter l'Oracle,
O Ciel, s'écria-t-il, le Dieu de Daniel,
Sans contestation, doit être un Dieu réel,
  Puissant, terrible, redoutable,
Auquel nos foibles Dieux n'ont rien de compa-
    rable;
Je ne veux desormais point croire en d'autre Dieu;
Et l'aiant retiré de ce funeste Lieu,
Il y précipita ses cruels adversaires, (res
Qui, nonobstant leurs cris, & leurs larmes amé-
Furent incontinent saisis des lionceaux,
Qui comme furieux, les mirent par morceaux.

       T A-

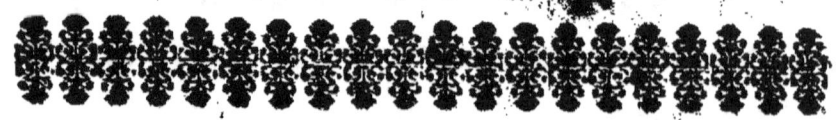

TABLE

Des piéces contenuës dans le premier tome, des œuvres Poétiques de Mr. Tyſſot.

Diſſertation de l'exiſtence de Dieu &c.

Le Livre de la Reine Eſter.	Pap. 1
Le Livre de la patience de Job.	41
Le Livre du pieux Tobit.	255
Le Livre de la belliqueuſe Judith.	307
Le Livre de la vertueuſe Suſanne.	354
Le Livre de Bel & du Dragon.	375

www.ingramcontent.com/pod-product-compliance
Lightning Source LLC
Chambersburg PA
CBHW071109230426
43666CB00009B/1883